JN083200

Gスピリッツ選集

第一巻 昭和・新日本篇

Gスピリッツ編

辰巳出版

目次

※本書は小社刊のGスピリッツ（タツミムック）に掲載
された記事を抜粋し、再編集した書籍になります。

鼎談——闘魂実況コンビ×過激な仕掛け人

金曜夜8時の『ワールドプロレスリング』

櫻井康雄×舟橋慶一×新間 寿

聞き手＝小佐野景浩　撮影＝原 悦生（P17）

金曜夜8時——。それはテレビの普及に合わせて発展・繁栄してきた日本のプロレスにとって、〝栄華〟の象徴である。

1958年9月5日、日本テレビは『三菱ダイヤモンドアワー』として日本プロレスのレギュラー放送を開始。力道山を主役に、金曜夜8時のプロレス中継が定着する。この伝統の時間帯を引き継ぎ、新たに黄金期を築いたのが〝燃える闘魂〟アントニオ猪木とテレビ朝日（当時はNETテレビ）だった。

旗揚げから約1年後の73年4月6日、「まさに日本のプロレスの夜明けです！」というフレーズと共にNETの新日本プロレス中継『ワールドプロレスリング』がスタート。舟橋慶一アナウンサーの熱い実況、東京スポーツ新聞社・櫻井康雄氏の名解説に乗せて猪木の戦いのロマンを全国に伝え、無数の信者を生み出すことになった。

本項では元祖・闘魂実況コンビ、そして昭和の新日本マットで数々の大一番を実現させた〝過激な仕掛け人〟新間寿氏の御三方に、あの熱い時代を語り合っていただいた。永遠に色あせないプロレスがここにある！

——73年2月に新日本プロレスのアントニオ猪木と日本プロレスの坂口征二が共同会見を開き、両団体の合併が発表されました。しかし、この計画は実現せず、日プロを離脱した坂口さんが4月に新日本に合流します。それを機に、NETの『ワールドプロレスリング』も日プロから新日本の中継に移行しましたね。

新間　あれはね、最初に猪木さんの方から坂口さんに電話を入れたんですよ。

櫻井　まあ、NETも下工作を随分とやっていたんだろうけれども、日プロから新日本に切り替える時は手際が良かったよね。

舟橋　当時のNETの編成局長だった辻井（博＝後の新日本プロレス会長）さんも動いたかもしれないけど、そういう時にテレビ局は絶対に表面に出ませんから。3月中は日本プロレスとの契約が残っていましたし。

新間　坂口さんが日プロを辞める時、大阪のロイヤルホテルにいた猪木さんのところに電話がかかってきたんだよね。会話を聞いていたら、猪木さんが「タクシーを用意しておけ。試合が終わったら、着替えないで飛び乗って会場からすぐに出ろ！」と指示しているの。凄い会話をしてるなと思ったよ。

櫻井　坂口が出る、出ないで日プロ側は殺気立っていたよね。選手会長の大木金太郎よりも、グレート小鹿やミツ・ヒライ、それに桜田（一男＝ケンドー・ナガサキ）辺りがエキサイトしていたな。栃木での最後の試合（73年3月8日＝佐野市民体育館）では坂口に従って新日本に合流することになっていた大城（大五郎）が桜田と試合をしたんだけれども、リング上で殺されるかと思った。桜田はぶん殴って、蹴っ飛ばすだけ。坂口がそこに飛び込むわけにはいかないし、大城は頭を抱えて倒れているだけで何もできない。いやあ、あの時の桜田は凄かったよ。

舟橋　日プロの最後の頃は、お客さんが5～6人ですよ。レスラーや中継スタッフの方が多いんです（笑）。

櫻井　後楽園ホールへ取材に行ったら、客が全然入っていなくて、リングサイドにいた舟橋君は僕の顔を見て両手を広げていたよね（笑）。

73年2月8日、アントニオ猪木と坂口征二が京王プラザホテルで共同会見を開き、新日本プロレスと日本プロレスを合併して新団体を設立すると発表した。しかし、同月16日に日プロの選手会長・大木金太郎がこのプランに反対するコメントを出したことで事態は急変する。

舟橋　「お手上げ状態ですよ」というポーズですよ（苦笑）。大阪の堺市体育館でやった時も、お客さんより関係者の方が多かった（笑）。

櫻井　その頃はもう社長の芳の里も発言権がなくなってて、篠原（長昭）リングアナが興行から何から仕切っていたしね。

新間　でも、新日本だって苦しいなんてもんじゃなかったよ。坂口さんが来てくれて、テレビが付いてくれなかったら終わりだったな。借金が最初の1年間で、1億円を超えたんだから。いくら命懸けでやっていると言ったって、ネームバリューがあるレスラーがいなきゃ、やっぱり客は来ないよ（笑）。

櫻井　外国人レスラーもロクなのがいなかったもんね（笑）。

新間　「インカ・ペルアーノが来ます！」と宣伝カーで怒鳴ったって、誰も知りやしない（笑）。

櫻井　テレビが付いていない時代の新日本で、まともな外国人レスラーはカール・ゴッチだけだった。苦肉の策で、アベ・ヤコブに赤いマスクを被せて「レッド・ピンパネール」にしたりね（笑）。

新間　あれは素顔の宣材写真の上に、マスクの絵を描いて発表したの。それだけ当時の新日本には金がなかったんだよ（笑）。その頃、私はまだアルバイトみたいなもんだったね。

櫻井　だから、いろいろな企画が出るようになったのは、新間さんが入社してフロントで本格的にやるようになってからですよ。

新間　昔、私がリキパレスに通っていた時代の仲間が櫻井さん、竹内（宏介＝月刊＆別冊ゴング編集長）の坊やなんだよね。結果的に、あの頃に自分は新日本プロレスの財産作りをしたんだよ。だって、新日本のいいイベントは全部、櫻井＆竹内コンビが噛んでいたからね。だから、私の企画というよりも東スポとゴングが新日本の相談役だったわけよ。報道してくれる東スポとゴング、放映してくれるテレビ朝日のバックアップがあったからこそやれたの。

――第1回目の放送は73年4月6日、栃木県営スポーツセンターの試合で、メインのカードはアントニオ猪木＆柴田勝久vsジャン・ウィルキンス＆マヌエル・ソト戦でした。

新間　舟橋さん、島崎藤村じゃないけど、初回の放送で〝夜明け〟という言葉が出たというのは？

舟橋　前の週（※日プロ中継＝ジョニー・バレンタインvs高千穂明久のUN戦、坂口征二＆大木金太郎vsキラー・カール・クラップ＆ルーベン・ファーレス）とあまりにギャップがあったので、その言葉が出たわけですよ。3月30日に日プロの最後の放送を終えて、翌週いきなり新日本の中継が始まった。あの喜びをどう表現したらいいか…。前の週はスタッフの方が多かったのに、この日の栃木県営スポー

鼎談中に出てくる73年3月30日、大田区体育館のポスター。坂口の合流は決まっていたが、挨拶のみで試合には出場しないため写真は掲載されていない。この日は金曜で、夜8時から日本プロレスの最後のテレビ中継（録画）がNETで放映された。

ツセンターはお客さんで溢れていた。そのギャップですよね。まさに日本のプロレスの夜明け、新しい時代がいきなり来たという感じでしたよ。

櫻井　中継は4月6日の金曜日から始まったんだけど、坂口は4月1日の鹿島大会から新日本のリングに上がってね。

新間　3月30日の大田区体育館のシリーズ開幕戦にも来て、背広姿のまま場外でガイジンとやり合ったけど、その前から控室に来て猪木さんと話をしたりしていたよ。でも、3月いっぱいまで日プロとの契約が残っていたから、「リング上には一歩たりとも上がりません」って。あの人は、そういう点は非常に真面目だったよね。

櫻井　テレビ中継が始まって最初のビッグマッチは、蔵前国技館での猪木&坂口のゴールデンコンビ復活だったよね（4月20日）。ウィルキンス&ソトと戦ったけど、あまりいい試合じゃなかったな（苦笑）。最初の頃は、視聴率もなかなか上がらなくてね。

舟橋　ええ、12～13%辺りで推移していましたね。

櫻井　やっぱりウィルキンスなんかがトップじゃねえ。猪木&坂口がルー・テーズ&カール・ゴッチと戦った『世界最強タッグ戦』（同年10月14日＝蔵前国技館）までは、イマイチな試合も多かった。

新間　当時は大物を呼ぶといってもカール・ゴッチさんのルートしかなかったから、新日本は猪木vsゴッチでしか勝負ができないんだよ（笑）。櫻井さんに「ルー・テーズも一緒に呼んでくれ」と言われたけど、当時の新日本にそんな金はなかったからね。

櫻井　じゃあ、ギャランティーは東スポが全部持ちましょうということになってね。あの頃、プロレスの人気が落ち込んでいたから、少しぐらい東スポがお金を出してでも盛り上げた方がプロレス復興に繋がると考えて。

――猪木&坂口vsテーズ&ゴッチの『世界最強タッグ戦』は東スポの主催で行われ、日本で初めてプロレスの試合で国旗を掲揚し、国歌吹奏をやったんですよね。

櫻井　プロレスも品格が大事だということでね。イメージはボクシングの世界戦というより、オリンピックですよ

新日本プロレスに移行した『ワールドプロレスリング』の第３回放送（生中継）となる73年4月20日、蔵前国技館で遂に猪木＆坂口の黄金コンビが復活。坂口と共に日プロから合流してきた田中米太郎レフェリーが試合を裁いた。田中は猪木にとってプロ初勝利の相手でもある。

73年10月14日、蔵前国技館の『世界最強タッグ戦』は主催＝東京スポーツ新聞社、後援＝NETテレビ、提供＝新日本プロレスリング株式会社という形で開催された。同年4月の蔵前大会は観衆＝6200人だったが、この日は約２倍の１万2000人を動員している（主催者発表）。

（笑）。国歌吹奏に関してはコネがなかったから、当時、東スポの大株主だった児玉誉士夫（政財界のフィクサーとして暗躍した大物右翼）氏に相談したんです。そうしたら、「そんなのは簡単だ。自衛隊から行かせろ」ということで、第一秘書だった今の東京スポーツ新聞社会長の太刀川（恒夫）さんが自衛隊に掛け合ってくれて音楽隊が来てくれた。あの試合で少し視聴率が上がったんですよ。それと、やっぱりタイガー・ジェット・シンだよね。この年の5月にシンが初来日して、暴れ出してから視聴率がどんどん上がり始めた。僕はシンが最大の功労者だと思うな。そこから新日本の黄金時代が始まったよね。

新間　シンはね、赤坂でゲーム機を販売していた遠藤幸吉さんの友達の吉田さんという人物が猪木さんに直接、話を持ってきたの。

櫻井　彼がシンガポールで見つけてきたんだよね。

新間　「身体も顔もいいし、彼を使ったらどうだ？」と薦められてね。サーベルをくわえさせるというのは、猪木さんのアイディアだった。シンは初来日の時から反響が大きくてね。そういえば、暴行罪で逮捕（被害者の狂言が判明して不起訴）された歌手の吉田拓郎が面会に来た人間に「昨日の猪木とシンの試合はどうなった？」って聞いたことが東スポに載ったこともあったよね（笑）。

櫻井　あれは当時、吉田拓郎の奥さんだった浅田美代子がウチの芸能記者に喋った話を記事にしたの（笑）。本格的に猪木vsシンの抗争に火が点いた発端は、11月5日の新宿伊勢丹前の猪木襲撃事件ですよ。これでシンは、ヒールとして日本のファンに強烈なインパクトを与えた。後でシンに話を聞いたら、猪木を一番殴ったのはジャック・ルージョーだったみたいだけどね（笑）。彼があのグループのボスだから。カナダ・ケベック州のプロモーターでもあって、シンはモントリオールでルージョーに使われていたから。

舟橋　僕は「プロレスの研修だ！」と言って、後輩アナウンサーの古舘（伊知郎）、佐々木（正洋）を会場へ連れて行ったことがあるんですよ。彼らはシンを見てビビっちゃって、逃げ惑っていましたね（笑）。古舘は、その時に初めてプロレスの控室に入ったんじゃないかな。

櫻井　シンはマスコミにも手を出したからね。僕も2度、殴られてますよ（笑）。広島でシンが猪木を破ってNWF

タイガー・ジェット・シンは『ゴールデン・ファイト・シリーズ』開幕戦となる73年5月4日、川崎市体育館に突如、出現。同月25日、岐阜市民センターで猪木との初一騎打ちが組まれた。結果は反則絡みではあったが、2-1でシンが勝利。

王座を獲った時（75年3月13日）、控室で「コングラチュレーション」と話しかけた途端、叩かれて眼鏡が割れてね（笑）。

舟橋　あの時は眼鏡のレンズが飛びましたよね（笑）。

櫻井　それから2～3日後に、外国人の世話係をやっていたレフェリーのミスター高橋が「これはシンからです。眼鏡を直してください」と1万円持ってきたよ。シンは、そういうところがあるんだよね。本当は紳士。一緒に飯を食いに行ったら、凄くマナーがいい。

――シンとの一連の抗争で、猪木さんは〝燃える闘魂〟と呼ばれるようになりました。

櫻井　シンの試合では、我々も随分と放送席でわめいたもんね（笑）。あの腕折り事件の時（74年6月26日＝大阪府立体育会館）は、舟橋君が「折れましたか!?」って3回くらい念を押して聞いてくるんだよ（苦笑）。

舟橋　あの時は客席にインド人がいて、櫻井さんに「あのインド人は？」と振ったんだけど、ただのお客さんでね。そりゃあ、櫻井さんだってわかるわけがない（笑）。

櫻井　舟橋君は試合にのめり込んじゃうから。それまでのプロレス中継は、アナウンサーが一歩引いて外からリングを見ていたよ。日本テレビの初代実況アナの佐土一正さん、清水一郎さん、以後も徳光和夫さん、倉持隆夫さんと続いたけれども、舟橋君ののめり込む実況スタイルがプロレス中継の規範みたいになったよね。今、主流になっている絶叫型の元祖が舟橋君だったんだよ。

新間　試合の途中で、立ち上がって実況していたこともあったよね。昔、猪木さんも「そこまで熱くなって喋ってくれるのは嬉しいことだよ」と言ってたよ（笑）。

舟橋　54年2月に初めてシャープ兄弟が来た時に、NHKで実況した志村正順さんの冷静な絶対に感情を入れないというスタイルを佐土さん、清水さんは継承していましたよね。客観的に情景を描写しているだけなんですよ。そのやり方だと、僕はプロレスの実況はできないですね。

櫻井　舟橋君はプロレス担当になる前に競馬の実況をやっていて、ホームストレッチ（ゴール前の直線走路）の熱狂をプロレス放送に持ち込んだよね。それが舟橋君の凄さだよ。

舟橋　僕の場合は、常にファンの立場で見ていましたね。そうしないと、いい放送ができないんですよ。驚きの連続の中で「これはどうなってるんですか!?」と振るから、櫻井さんも乗ってくる（笑）。僕のファンの心と櫻井さんの専門的な解説がうまく噛み合ったということですよ。

櫻井　あの頃の中継が良かったと思うのは、舟橋君は知っていても知ったかぶりをしないの。

舟橋　アナウンサーには二通りあるんですよ。自分が調べたものを全部喋っちゃうアナウンサーもいるんだけど、僕はそれが嫌いなんです。事前に調べて、さも自分が見たように喋ってもしょうがないわけですよ。それよりも解説者をいかに有効に活かすかを考える。リング上で展開されている一挙手一投足を伝える僕の実況があって、それ以外のことは櫻井さんが全部フォローしてくれる。これが本当の実況と解説の間合いじゃないかと思うんですよ。

櫻井　僕は古舘君とも組んだけど、彼は試合前の僕への取材が凄いんだな。そして、聞いたことをノートに書き込む。それを本番で喋るから、（山本）小鉄ちゃんと僕は放送中に相槌を打つだけになることもあったよ（苦笑）。小鉄ちゃんも、あまり余計なことを言わない解説だったよね。舟橋君の頃は、もう一人の解説が遠藤幸吉さんだったけど、遠藤さんは何もわかっていないから喋りやすかった（笑）。僕が解説をする上で一番大事にしたのは、試合のバックグラウンド。あとは技の背景や歴史だよね。誰が最初に使って、どう効くのかとか。

舟橋　だから、僕はファンの気持ちで「櫻井さん、これは？」って振っちゃう（笑）。

櫻井　とにかく舟橋君のツッコミは巧かった。絶妙なタイミングで振ってくれるんだよ。

新間　舟橋さんにしてもそうだし、私の周りの人たちはみんなファンの気持ちを持ち続けて、新日本プロレスとアントニオ猪木を応援してくれていたのよ。月刊プロレスという雑誌を除いてね。だから、私は月刊プロレスを20冊ぐらい持って、ベースボール・マガジン社の池田（恒雄）社長のところに行ったことがあるんだよ。「東スポ、ゴングは公正公平ですけど、この本は何ですか？」、「20冊のうち、全日本の表紙が19冊、新日本は1冊。これはどういうことですか？」って。池田社長も並んだ表紙を見て、「これはちょっとヒドイなあ」と言ってたよ。まあ、全日本が表紙の本を選んで持っていったんだけどね（笑）。

――この時期の猪木さんはシンとの抗争と並行して、次々と大勝負に打って出ましたよね。特に74年3月19日、蔵前国技館のストロング小林戦は〝力道山vs木村政彦以来の超大物日本人対決〟として大きな注目を集めました。

新間　あの試合の発端は、猪木さんが「国際プロレスがゴタゴタしているから、ストロング小林を新日本に入れた方がいいんじゃないか」という話をどこかから持ってきてね。それで私は櫻井さんに電話して、竹内も呼んで、「何か仕掛けようか」って。

櫻井　新間さんの家に行ったら、2階で小林がコタツに入っていたのを憶えてますよ（笑）。

新間　それは随分と後の話で、最初は違うんだ。私が東スポの社屋近くの寿司屋で櫻井さんと会って、そこに竹内を呼んだのよ。竹内が住所を調べてくれて、その晩すぐに私は青梅にある小林の自宅まで行ったんだ。新日本プロレスの車が来ているのが近所に知られるとマズいと思って、

74年3月19日、蔵前国技館における猪木のNWF世界ヘビー級王座初防衛戦の相手は国際プロレスを離脱し、東京スポーツ所属選手となったストロング小林。東京スポーツ、ゴング誌、NETといった援軍を得て、この頃から新間氏の過激な仕掛けは加速していく。

300メートルぐらい前で停めて歩いて行ったの。最初は家に上げてもらえなかったな。「新間と申します。新日本プロレスから来ました」と挨拶したら、小林のお母さんが出てきて、「どんな御用でございましょうか？」って。でも、2日目には「お兄ちゃん（小林）がいるから、上がってお茶でも飲んでいってください」と言ってくれてね。それから毎日、自宅に行ったよ。当時、馬場派だった月刊プロレスの藤沢（久隆＝編集長）が「どうも新間が小林の周辺で動いているらしい」というのを聞きつけたみたいで、私がいなくなると小林の家に行って「馬場さんの方がいいですよ」と勧めたり、新日本の悪口を散々言っていたらしいんだよ。

舟橋　水面下で馬場さんも獲得に動いていたということですか？

新間　そうそう。でも、最後の決め手は猪木さんの電話だったね。ある時、「猪木に電話を入れさせますから」と言ったら、「明日の夜8時半頃なら、いいですよ」ということになったんだけど、その話をお母さんが藤沢にしちゃったんだよ。それで馬場さんは、猪木さんより先に8時に電話を入れたの。あそこの家は親子電話でね。お母さんたちは、2人の会話を別の受話器で聞いてたんだって。馬場さんは「小林か？　ウチに来いよ」と言ったみたい。よく考えろ。猪木のところに行くんだって？

――小林さんが最終的に新日本を選んだのは、どういう理由からだったんですか？

新間　私は猪木さんにね、「あそこは過保護な家庭だから頼みます。親子電話で会話は筒抜けですよ」と教えたの。「俺は女房が女優（倍賞美津子）なんだから」と猪木さんは笑ってたな。小林のお母さんは、「猪木さんはいい方ですね。馬場さんは呼び捨てでしたが、お兄ちゃんのことを〝小林さん〟と呼んでくれました。お兄ちゃんが良ければ、猪木さんにお世話になります」と言っていましたよ。

――76年には異種格闘技戦がスタートしましたが、その第1弾となった2月6日、日本武道館のウィリエム・ルスカ戦は『ワールドプロレスリング』の最高視聴率（34・6％＝ビデオリサーチ・関東地区調べ）を弾き出しましたね。

舟橋　あの試合は生中継で放送時間枠に入らなかったから、翌週に改めて放送したんですよね。

新間　その件で、新日本に抗議が殺到してね（苦笑）。当初、猪木さんはコインをトスして、1本目は裸、2本目は柔道衣というような形式でやると言っていたんだよ。だから、私は柔道経験者として「社長、甘く見ちゃいけませんよ！」と忠告したの。それでも猪木さんは「お前の肩固めなんか効かないじゃないか」なんて言ってるから、柔道衣を着て坂口さんと道場でやってもらったんだよね。そうしたら、ガッチリ抑えられちゃって逃げられない。そういう経緯で猪木さんは裸、ルスカは柔道衣というお互いのスタイルで試合をすることになったんですよ。

櫻井　柔道界はやらせたくなかったんだよね、あの試合は。

新間　あの頃、私が講道館に四段の申請書を出したら却下

72年ミュンヘン五輪で柔道2階級制覇を果たしたオランダのウィリエム・ルスカがプロに転向。猪木との対戦に向けて76年1月3日に来日し、同月9日には日本大学レスリング部の道場で公開練習を行った。この時、相手を務めた学生の中に谷津嘉章（同年のモントリオール五輪代表）がいた。

されたよ。「新日本プロレスの新間？　段位を取り消せ！」みたいな感じで（笑）。

――ところで、当時は日本テレビの人気刑事ドラマ『太陽にほえろ！』（主演＝石原裕次郎）が裏番組でしたが、やはり意識されましたか？

舟橋　日プロから新日本の中継に代わって、『太陽にほえろ！』に視聴率で勝ちましたからね。その後に、TBSで『3年B組金八先生』（主演＝武田鉄矢）がスタートした時は苦しんだんですけど。

新間　倍賞さんがそっちに出てたんだよね（笑）。

櫻井　確かに『太陽にほえろ！』は、あまり意識しなかったな。

舟橋　勝つ自信がありましたから。それに『全日本プロレス中継』を意識したこともなかったし。

櫻井　逆に向こうは、こちらをかなり意識していたよ。NETの日本プロレス中継は69年7月から始まったけれども、日本テレビが放送していた金曜夜8時の時間帯が欲しくてしょうがなかったんだよね。

舟橋　最初は水曜の夜9時からで、その後に月曜の夜8時に移行したんですよ。

櫻井　「いずれ金曜夜8時の枠を奪ってやる」というギラギラした気持ちが見え見えだったよ（笑）。だから、72年に馬場の試合がNETの画面に映ったことで、日本テレビが「契約違反だ！」と中継から手を引いた途端、NETは金曜夜8時に変えたもんね。

舟橋　日プロの放送を始めた頃は、地方の体育館に行くと焼酎を抱えてネジリ鉢巻きをしたお客さんが野次を飛ばしているという風景でしたけど、宇都宮で「日本のプロレスの夜明けです！」と新日本の放送を始めた頃から客層が変わっていきましたよ。若い人たち、子供たち、それに女性も増えてきて、あれは不思議でしたね。

――力道山時代から続く伝統の枠というだけでなく、純粋にテレビ番組として金曜の夜8時というのは、かなりいい時間帯ですよね。

櫻井　最高の時間でしょうね。毎週ゴールデンタイムに1時間放送して、20％以上の視聴率を取っていたということは、まさにその時代の『文化』なんですよ。

舟橋　僕と櫻井さんが実況していた頃は、どんなものを持ってきてもプロレスに勝てなかった時代だったと思うんですよね。中継の時間帯がどんどん深夜に移動していったのは、寂しいことですよ。テレビは視聴率だけでなく、〝視聴質〟というものがあるんです。結局、購買力があるかどうかという問題でね。例えば、競馬ファンは馬券を買っちゃうから物はほとんど買わない。プロレスは、それに近いんですよ。マニアックだから、プロレスのグッズや専門誌、新聞しか買わない。そういう視聴質のデータが出るようになってから、プロレス中継の時間帯が厳しくなりましたね。かつてはフォークリフトなどを作っている小松製作所が番組スポンサーでしたけど、それはその当時の視聴者層と合っていたからなんですよ。小松製作所がスポンサーから降りたのは、ファンが女性や子供たちになっていったからという理由もあると思うんです。これは民放の宿命なんですけどね。

櫻井　かつて日本プロレス中継のスポンサーは三菱電機の1社だけだったけど、プロレスはそれだけの経済効果があったということなんですよ。三菱電機の大久保（謙＝当時の社長）さんは、猪木の結婚式の仲人までやってくれたしね。

舟橋　今、中継が30分ということは試合がダイジェストでしょ。それは野球でホームランのシーンばかりを見せられるのと一緒ですよ。そこに至るまでの流れがわからないと、面白さは半減しますよね。僕は一番いい時代に実況していたと、つくづく思いますね。猪木さんはテレビを物凄く有効に使った人で、カメラに向くアングルなんか最高でしたよ。我々には言わないけど、卍固めにしても必ずテレビカメラを意識してやっていたはずだから。なおかつ観客の歓声も全部聞こえているし、相手との間合いも計算して、瞬時に今、自分は何をするべきかを判断できる人でしたね。

櫻井　そして、とにかく絵になる。それは力道山も同じでね。金曜夜8時に何を観るのかといったら、昔は力道山で、その時代はアントニオ猪木。馬場と猪木の違いは、〝眼〟だよね。試合をやっている時の猪木の眼は凄いよ。

舟橋　それと全身の筋肉に〝精神〟が表れるか表れないかの違いですよ。

櫻井　絵的に言うと、筋肉が生きていたよね。全盛期の猪木は躍動していましたよ。

舟橋　プロレスは他のスポーツ、他の競技とは違って、積み重ねたものをいかに身体で表現するかということだと思うんですよ。演技ということではなく、その場の観客との呼吸の中で、いかに自分が鍛えたものを発揮できるか。あの過酷な試合の中で、頭のてっぺんから爪先まで神経を研ぎ澄まし、さらに表からの情報をすべて受け取って、瞬時に〝自分が今、なすべきことは何か〟を判断しながら試合を進めるというのは並大抵の体力、並大抵の精神力ではできませんよ。

――毎週、アントニオ猪木は『ワールドプロレスリング』で対戦相手を変えながら、それをやり続けていたわけですよね。

舟橋　それを考えると、最高の時間帯で何年も主役を張り、そういう試合をやり続けた猪木さんというのは凄い人ですよね。誤解してほしくないんですが、「世界最大のアクター」と言っても過言ではないでしょう。舞台俳優は何ヵ月間か同じ出し物をやるけれども、猪木さんは毎週、試合の中で同じ場面になることはないわけですから。櫻井さん、猪木さんは力道山より頭がいいでしょ？

櫻井　猪木の方が考えが柔軟で、幅があった。力道山も時々、物凄いことを考えたけど、あの当時いろいろと考えていたのはグレート東郷。そして、猪木には新間寿という名参謀がいた。猪木は、坂口にはあまり相談しないんだよね。坂口は堅実派だから。銀行には一番信用があったけど（笑）。

新間　舟橋さんが最後に喋ったのは、どの試合？

舟橋　日本武道館の猪木vsボブ・バックランド（78年7月27日、WWFヘビー級戦）ですね。翌年のモスクワオリンピックをテレビ朝日が独占中継することになって、僕がアナウンサーのチーフになっちゃったから。

新間　私は猪木さんの引退の時に、「何で舟橋さんを呼ばないんですか？」と坂口さんに言ったのよ。「プロレスの夜明けと言った舟橋アナウンサーが締め括りをするべきじゃないですか？」って。

舟橋　僕が喋れば、いいクロージングができたと思いますね。僕は、猪木さんは全盛期が長かったと考えているんです。物凄くピークが長かった。それはトレーニングの積み重ねですよ。伝統や伝説というのは、普段のひとつひとつの練習の積み重ねからしか生まれてこないですからね。いきなりスターは生まれてこない。多少の空白もあるけど、

後見人的な立場で新日本プロレスをバックアップしていたテレビ朝日の三浦甲子二専務が80年モスクワ五輪の独占放映権を獲得したことで舟橋アナの運命が変わる。写真は最後に実況を務めた78年7月27日、日本武道館のWWFヘビー級戦。

日プロ中継の時代から〝テレビの主役〟であり続けたわけですから、猪木さんの全盛期というのは相当長いと思います。

新間　ハッキリ言って、私が新日本にいた時代の猪木さんが最強だったよ。しかし、新間寿が去ることによって落日…上りきったところから段々と落ちていった。全盛期の最後があのハルク・ホーガンとの第1回IWGP決勝戦になってしまったね。

櫻井　確かに、新間さんが辞めるまでが昭和の新日本プロレスの全盛期と言えるね。新間さんがいなくなった83年は、新日本にとって動乱の時期。それ以降、視聴率もどんどん

左から新間氏、櫻井氏、舟橋氏。この鼎談は2012年に収録されたもので、3人が揃うのは久しぶりのことだった。4年後の2016年10月7日に、新間氏は後楽園ホールで『昭和の新日本プロレスが蘇る日』と題したイベントを開催。舟橋氏が司会進行を務め、櫻井氏もトークバトルに参加した。

落ちていったから。

新間　まあ、ああいう大会が実現したのはビンス(・マクマホン・シニア)の力が大きかった。私が新日本を辞めさせられた後も、ビンスは「あと4ヵ月待て。ニュージャパンとの契約が切れたら、選手を全部、お前のところ(旧UWF)に回してやるから」と言ってくれたの。これで私は勝ったと思ったもん。でも、彼の寿命が尽きるのが先だった。

――ビンス・シニアは旧UWFが旗揚げした翌月、84年5月に膵臓ガンで亡くなったんですよね。

新間　でも、今になって考えると、新日本に反旗を翻してビンスのところの選手をウチに呼んだところで、プロレス界は良くならなかったと思う。逆に混乱だけを招いてしまっていたかもしれない。そう考えると、やっぱりプロレスの神様というのはいますよ。あの時は、プロレスの神様が「お前はデタラメなことを言い過ぎる!」ってことでね(笑)。あれで終わりになって、私は良かったと思っているんだよ。最盛期のアントニオ猪木に関わったというのが私の心の財産になっているし、櫻井さんだって、舟橋さんだって、そうだと思う。だから、今は自分たちの経験を語れる喜びに浸っているだけでいいんですよ。

『格闘技世界一決定戦』の表と裏

証言 大塚直樹

■元新日本プロレス営業部長

聞き手＝小佐野景浩

写真・資料提供＝大塚直樹

昭和のファンを熱くさせた新日本プロレスの『格闘技世界一決定戦』シリーズは、ご存じのように1975年4月22日付のサンケイスポーツに掲載された記事が発端となって生まれた。

前月に日本レスリング協会の八田一朗会長（当時）がアメリカでプロボクシング世界へビー級王者のモハメド・アリと会った際に、「100万ドルの賞金を用意するから、俺に挑戦してくる勇気ある東洋人はいないか？」と言われた逸話が紹介されたのである。

八田会長自身はアリ一流のジョークとして受け取ったが、これに対して本気になったのがアントニオ猪木だった。新日本プロレスはアリの世界戦をプロモートしていたドン・キング宛に〝挑戦状〟ではなく、〝応戦状〟を送付。さらに同年6月9日、アリがマレーシアのクアラルンプールで行われるジョー・バグナーとの防衛戦を前に日本に立ち寄った際、新日本の杉田豊久渉外部長が応戦状を本人に手渡すことに成功した。

以降も猪木はアリを追い続け、その過程で72年ミュンヘン五輪の柔道無差別級&93キロ超級で金メダルを獲得したウィリエム・ルスカとの異種格闘技戦も実現。そして、「世紀のスーパーファイト」と謳われた76年6月26日のアリ戦で世界的な名声を得た猪木は、その後も国内外で他

大塚直樹氏（後方）は新日本プロレスの旗揚げメンバーで、当初はリングアナウンサーを担当していたが、その頃からシリーズオフには営業の仕事も手伝っていた。74年に自ら希望して営業部へ転属となる。

ジャンルの格闘家たちと数々の戦いを繰り広げていくことになる——。

猪木の格闘ロマンが最も魅力を放っていた時期、『キング・オブ・スポーツ』を標榜する新日本プロレスは他ジャンルの格闘技といかにして対峙し、その裏では何が起きていたのか？　本項では当時、新日本で営業部長を務めていた大塚直樹氏にフロントの要職の立場から『格闘技世界一決定戦』シリーズを振り返ってもらった。

——大塚さんは、どの時点からアリ戦を本当に実現できるという感触を得ましたか？

「アリが日本に立ち寄った時に杉田が応戦状を持っていったら、あっさり受け取ったので、〝あれっ⁉　もしかしたら…〟という感じでした（笑）。ただ、この時は半信半疑ですよ。話題作りという意味ではアリに応戦状を渡すことができて、それが大きく報じられたというだけでも新日本としては良かったわけですからね。あの頃、猪木社長が我々に常々仰っていたのは、〝市民権を得るためにはスポーツ紙じゃなくて朝刊紙に載らないといけない〟と。それを目標にしていましたから、たとえプロレスの話題ではなくても、新日本はまずアントニオ猪木の名前が朝刊紙に載るように、という方向性でした。アリの話に反応して、こちらが動けば活字になる。当然、そういう計算が猪木社長にはあったと思います。ある意味では売名行為的なアクションでしたけど、新間（寿）営業本部長は最初からアリ戦を実現できると本気で信じていたと思います。そこが本部長の凄さですよね」

――その後、新日本はアリ戦実現に向けて本腰を入れていくことになりますが、設立からまだ3年ほどの会社にもかかわらず、世界のアリを相手にビジネスを仕掛けていったんですから、かなりの冒険でしたね。

「本当に大それたプロジェクトですよね。お金の算段をする前に動いちゃいましたから（笑）。興行関係でアリに太いパイプを持っているロナルド・ホームズ（リンカーン・ナショナル・プロダクション代表）が話に乗ってきて、彼の知り合いの佐藤幸一さんという方を通じて交渉が始まったんですよ。新間本部長とホームズは、その佐藤さんを通訳として話を進めていました。これは本人から聞いた話ではなくて、一連の流れの中で聞いたことなんですけど、アリ自身はリアルファイトとして考えていなかったようです。パフォーマンス…要するにプロスポーツショー的な気構えで日本に来たんですよ。ところが、猪木社長が本気で勝負しようとしているのを知り、アリ側はルールで社長を縛って…という、よく語られている話になっていくんですよね」

このアリ戦の前に副産物として実現したのがウィリエム・ルスカとの一戦である。

アリへの挑戦をアピールする猪木の記事をドイツの雑誌で目にしたルスカは、日本レスリング協会の福田富昭氏を通じて新日本に挑戦状を送り、猪木が受諾したというのが表向きの流れ。76年1月3日にルスカはオランダ・アムステルダムのスポーツクラブで記者会見を行い、プロ転向を宣言した。

同月7日、東京・日比谷の帝国ホテルで猪木とルスカが同席の上、『格闘技世界一決定戦』として両者が対戦することが正式発表され、舞台は2月6日、日本武道館に決まる。

会場の隣にある靖国神社でアド・サンテルらアメリカのプロレスラーが講道館柔道の庄司彦男らと対抗戦を行ってから55年の時を経て、世間の注目を集めた「プロレスvs柔道」の果し合いは猪木がバックドロップ3連発で激勝。この一戦を放映したテレビ朝日『ワールドプロレスリング』も歴代最高視聴率をマークするなど大成功を収め、アリ戦に向けて大きな弾みを付けた。

――新日本初の異種格闘技戦となった猪木vsルスカ戦は営業の立場からすると、どうだったんですか？

「良かったですね。発表数はわかりませんけど、実際の観客の入りはアリ戦よりルスカ戦の方が多かったですから」

――主催者発表ではルスカ戦＝1万2600人、アリ戦＝

1万4000人になっていますね。

「アリ戦は当初、日曜日の午後6時半のスタートを考えていたんですけど、全米でクローズドサーキットをやることになったので、それを優先して向こうの金曜日の夜の時間に合わせたんです。だから、日本では土曜日の午前10時半に大会開始で、アリとの試合は11時30分スタートになってしまったんですよ。当時は週休2日ではなかったですから、興行的にはいい条件ではなかったですよね」

――あの時代はプロレスの興行で日本武道館をあまり使わなかったですし、満員にするのは簡単ではなかったと思います。

アントニオ猪木vsウィリエム・ルスカ戦のパンフレット。通常の『新春黄金シリーズ』最終戦だったが、「会社はレギュラー外の特別放映料をもらっているはずです。シリーズ終了後に、ハワイへ社員旅行に行かせていただきました」（大塚）。

「ええ、使いづらかったですね。話は逸れますけど、ルスカ戦の2年後の日本武道館（78年2月8日）なんかは前売りが伸びなくて、1週間前に札幌中島スポーツセンターからのテレビ中継で猪木社長と上田馬之助さんの究極のデスマッチ…ネイルデスマッチを急遽宣伝したら、試合当日は1400万円の収益があったんですよ。当時、興行のコースは僕が切っていたんですが、札幌の2日前、社長に〝何で武道館の切符は売れてないんだ？〟と聞かれたので、〝イメージが悪いです。どうせ決着は付かないだろうとファンが思っているので、食い付きが悪いんですよ。だから、これは決着が付きますというメッセージを発さないと売れません〟と答えたんです。そこで〝じゃあ、どうすればファンは納得して来てくれるんだ!?〟という話になって…。先に社長に〝俺はデスマッチはやらないよ。国際プロレスじゃないんだから〟と言われたので、〝リングの中で必ず決着が付く形式を考えましょう〟ということになったんです。最初は真冬の試合だということでリングの周りに水槽を置いて、その中に氷を入れようというプランが出たんですね。でも、それは重すぎて設置が大変だということでボツ。その次はリングの下にビニールを敷いて、その上にビール瓶の破片を敷きつめようかと。でも、もし破片が飛んだらお客さんが危険だし、映画やドラマで使う細工だと言われちゃうだろうから、これもボツ。そのうちに社長自身が〝そうだ、五寸釘だ！〟と言い出して、〝ベニア板に五寸釘を打ちますか？〟、〝そうだ、それだな！〟と。ネイルデスマッチと命名したのも社長ですよ。その後、デザイナーにネイルデスマッチのイメージ画を描いてもらって、テレビで宣伝してもらったんです」

――あの時代もビッグマッチには、いろいろな苦労があったんですね。

「それを考えると、猪木vsルスカ戦は大会1ヵ月前に急に決まった試合でしたけど、お客さんの食い付きは良かったですね。あの時は講道館からのクレームなども想定して、ギリギリのタイミングで正式発表したんだと思います。実際、ルスカは講道館から出入り禁止にされましたからね。その頃、64年東京オリンピックの柔道無差別級金メダリスト、アントン・ヘーシンクが全日本プロレスに上がって日本テレビで売り出されていたじゃないですか？　それに対抗すべく、新間本部長が次のミュンヘン五輪で2つの金メダルを獲ったルスカにコンタクトを取ったという流れだったと記憶しています。アマレスの福田さんから〝ルスカが猪木さんに興味を持っている〟と聞いた本部長が仕掛け人として動いたんですよ。福田さんは、長州力を新日本に紹介してくれた方でもあるんです。当時、プロレス界とアマレス界は密接でしたからね。ルスカ戦は緊張感がヒシヒシと伝わってくる手に汗を握るような素晴らしい内容でしたから、営業の人間としては〝格闘技戦はビジネスになる！〟と思いました。試合が進むにつれて、どんどん身体が赤くなっていくルスカはまさに〝赤鬼〟の迫力がありましたよね」

――ルスカ戦の成功から一転、続くアリ戦は世界中から酷評されてしまいました（※大塚氏による詳細な回想は別項に掲載）。その後、新日本の興行には影響が出ましたか？

「テレビ中継の視聴率も落ちたと思いますけど、興行的にも冬の時代を経験しましたね。アリ戦の後、新日本はテレビ朝日の管理下になって、あちらから役員の方が出向してきたんです。僕個人のことを言えば、アリ戦後のブラジル遠征（76年8月）の前に社長に呼ばれて、〝大塚、お前が営業部長をやれ〟と言われたんですが、当時の僕は営業次長として大阪を任されていて、少なくともそちらをまだ1～2年はやるつもりでいたから固辞したんですよ。でも、再び社長の自宅に呼ばれて、電気を消されて〝大の字になって目を開けろ。何も見えないか？〟と。僕が〝真っ暗だから何も見えないですね〟と答えたら、〝あの先に何かが見えるだろ!?〟と言われまして。まあ、最終的には〝頼むよ〟と（苦笑）。社長としてはテレビ朝日に対抗できる若くて活きのいい人間を新たに営業部長にしたかったようで、当時27歳の僕を抜擢してくださったんです。いざ引き受けたら、やはり新日本のイメージは悪くなっていましたね。売り興行は成立しないし、手打ちでも何でもいいから興行を入れようということで年間２００大会を目標にして、たぶん2年目から、それを達成できたと思います」

――年が明けて、77年2月16日付のニューヨークタイムズに〝今度はアリとフリースタイルで戦ってみたい〟という猪木さんのコメントが掲載されて話題になりましたが、再戦をやろうという動きは実際にあったんですか？

「社長ご自身にはそういう気持ちがあったかもしれないですけど、実際に動きはなかったですね。それはアリ側に約束のお金が払えていないという流れの中でのコメントだったと僕は思います」

――つまり猪木さんは大規模なイベントをもう一回打つことで、アリ側との金銭問題を解決しようとしたわけですね（同年4月に和解）。

猪木vsモハメド・アリ戦で新日本は多額の負債を背負いこんだが、この時期は全国各地のプロモーターに興行を売った際の未回収金が「年間で１億円ほど」あり、こちらも社内で大きな問題になっていた。

さて、アリ戦で多額の負債を抱えてしまった新日本プロレスだが、76年12月9日の蔵前国技館における猪木vsルスカの再戦、同月12日のパキスタンにおける猪木vsアクラム・ペールワン戦を経て、沈滞ムードに光明をもたらしたのは77年8月2日に日本武道館で行われた全米プロ空手世界ヘビー級王者ザ・モンスターマンとの異種格闘技戦だった。

当時、プロレスファンにとって「プロ空手」という競技は馴染みがなかったものの、１９０センチ、１１０キロのスラリとした長身から繰り出されるモンスターマンの蹴りは華麗さと迫力を持ち合わせており、試合は予想以上のスリリングな名勝負となる。最後に猪木が元祖パイルドライバー（パワーボム）からギロチンドロップでモンスターマンをKOした瞬間、大観衆で埋まった日本武道館は熱狂に包まれ、感極まった猪木は控室で涙を見せた。

この試合は同年4月からテレビ朝日の単発枠としてスタートした特番『水曜スペシャル』（午後7時30分～9時）で放映され、その成功によって『格闘技世界一決定戦』シリーズは同番組の目玉企画として定着し、新日本はアリ戦で抱えた負債をこの番組の放映料によって返済していく。

また、モンスターマンと共に参戦した同ライト級王者ベニー・ユキーデが日本で人気者となり、この新興格闘技・プロ空手は「マーシャルアーツ」という呼称で注目されるようになった。

この猪木vsモンスターマン戦直後の8月23日に、新日本は『WMA（世界格闘技連盟）』の設立を発表している。この組織は「国際的な格闘技オリンピック開催」を目標とし、新日本の他に全日本キックボクシング連盟（代表＝岡村達視）、剛柔流空手正武館（代表＝鈴木正文）、全日本プロ空手（代表＝大塚剛）、世界キックボクシング協会WKA（代表＝ハワード・ハンセン）、国際プロ空手エンタープライズ（代表＝ロナルド・ホームズ）、プロボクシングのドン・キング・プロモーション、ムエタイ国際プロモーション、韓国ムエタイ、パキスタン国際レスリング委員会、イランのコシティ、個人名としてはオランダ柔道のルスカ、オランダ・サンボ協会代表のクリス・ドールマン（猪木vsルスカ戦でセコンドして来日）、さらにムエタイのルンピニー系やブラジルのバリツーズ（バーリトゥード）も名を連ねた。

また、デビュー2年目の若手だった佐山聡はWMAのエース候補として、キックボクシングの目白ジム（会長＝黒崎健時、後の新格闘術・黒崎道場）で本格的に練習を開始。同年11月14日、日本武道館における「全米プロ空手vsキックボクシング」と銘打たれた梶原一騎氏主催『格闘技大戦争』に参戦した佐山は全米プロ空手ミドル級1位のマーク・コステロと戦うも、7度のダウンの末に判定で敗れた。

結局、新日本のWMA構想はそのまま自然消滅してしまったが、これが後に佐山のシューティング創設、あるいは猪木&佐山のUFO（ユニバーサル・ファイティングアーツ・オーガニゼーション＝世界格闘技連盟）設立に繋がっていく。

――モンスターマンが猪木さんの相手に選ばれた経緯というのは？

「彼はマーシャルアーツの選手でしたから、プロレスのルートではなくロナルド・ホームズ辺りから繋がったんじゃないかと思います。ホームズはボクシングだけでなく、向こうで格闘技の興行を手広く手掛けていたようですからね。その関係で、〝こういう面白いファイターがいるぞ〟という感じで紹介されたんじゃないかと思いますよ」

――表向きにはモンスターマンはアリの用心棒をやっており、アリ側の刺客として猪木に挑戦してきたということになっていました。アリの宗教（ネーション・オブ・イズラム）上の指導者だったハーバード・モハメドの代理人チャールズ・ローマックスも立会人として来日しましたが、実際にはモンスターマン自身はアリとまったく接点がなかったようですね。

「そうでしょうね（笑）。それは興行的に盛り上げる常套手段ということで。ただ、興行の世界ということで考えれば、ロナルド・ホームズやハーバード・モハメドといったアリ周辺の人間とモンスターマン側のハワード・ハンセンに繋がりがあっても不思議ではないですよ。モンスターマンは本物でしたよね。一緒に来たベニー・ユキーデも人気が出ましたし。佐山がいろんなことをしたくてキックのジムに練習しに行った辺りから、黒崎先生と新日本が密接になっていったんですよ」

――当時、新日本はＷＭＡの設立を発表し、佐山さんがエース候補になっていますよね。

「正直に言いますと、その辺りは取って付けたような構想ですね（苦笑）。大きな組織をポンと立ち上げて話題を提供するというのは、新間本部長の手法ですよ。当時の猪木社長自身には、新日本プロレスとは別に総合格闘技団体を

一連の『格闘技世界一決定戦』の中で、屈指の名勝負とされる猪木 vs ザ・モンスターマン戦。「国内での格闘技路線の継続は、テレビ朝日と話し合って早くから決めていました。だから、早々に日本武道館を押さえたんです」。

日本における総合格闘技の萌芽、佐山聡 vs マーク・コステロ戦。佐山は猪木 vs モンスターマン戦が行われた大会で自身初の「他流試合」を希望していたが、挑戦者が現れず幻に終わっている。

やろうという気持ちはなかったと思います。根本は〝プロレスが市民権を得るためには〟でしたから。その一環としての話題作りだったと僕は思いますよ」

――あのモンスターマン戦から正武館の鈴木正文館長が異種格闘技戦の多くをレフェリーとして裁いていましたが、何か理由があるんですか？

「鈴木さんは、笹川良一（政財界の黒幕として知られた人物）さんの秘書をされていた方なんですよ。鈴木さんから後援者として佐川急便さんを紹介していただいたということで、新聞本部長一流の気配りもあったでしょうし、空手家ですから〝プロレス寄りではないレフェリー〟という部分も大きかったと思います。僕は大阪で営業をしていましたから、鈴木さんに紹介されて猪木社長より先に佐川清会長とお会いしているんですよ。佐川会長には随分とバックアップしていただきましたね。あの頃の企業の中では、ズバ抜けていました。あのモンスターマン戦は社長自身も、いい試合ができて感激していましたね。いろいろな思いが込み上げたんでしょう。この試合から『格闘技世界一決定戦』がシリーズ化され、テレビ朝日が新日本プロレスを立ち直らせようと『水曜スペシャル』の枠を増やしてくれて。あの枠で人気が出たのは大きかったですよ」

――モンスターマン戦の後には、プロボクシングの元統一世界ヘビー級王者ジョージ・フォアマンとの対決も取り沙汰されましたが、200万ドル（当時のレートで5億4000万円）のギャラを要求されて実現しませんでした。

「当時の新日本には、その金額を払える体力はありませんでしたからね。それで10月の日本武道館で、社長の相手はアンドレ・ザ・ジャイアントと異種格闘技戦をやったことがあるボクシングのチャック・ウェップナーになったんです。彼もホームズのラインで来たはずですよ。ウェップナー戦はヤマは作れましたけど、見せ場の少ない地味な試合でしたよね。ただ、お客さんはモンスターマンの時よりも入ったんです（主催者発表はモンスターマン戦＝1万

猪木vsレフトフック・デイトン戦のパンフレットに掲載された「世界格闘技審判部」の面々。多くの格闘技戦を裁いた鈴木正文・日本正武館館長の他、カール・ゴッチの娘婿で後に旧UWFに参加するミスター空中の顔もある。

1000人、ウェップナー戦＝1万3500人）。モンスターマンは無名でしたけど、ウェップナーはアリに挑戦したり、猪木vsアリ戦の日にニューヨークでアンドレと戦ったり、映画『ロッキー』のモデルということで知名度は抜群でしたからね」

78年には、異種格闘技戦が新日本からWWWF（現WWE）に輸出された。

まず3月20日のMSG定期戦で、坂口征二vsウィリエム・ルスカの柔道ジャケットマッチが実現。その2週間後となる4月4日にはペンシルベニア州のフィラデルフィア・アリーナで『ワールド・マーシャルアーツ・コンペティション』が開催され、ストロング小林が柔道ジャケットマッチでバッファロー・アレン・コージ（バッドニュース・アレン、76年モントリオール五輪の柔道重量級銅メダリスト）に勝利し、坂口はモンスターマンにKO負け、猪木は全米プロ空手世界ヘビー級王のザ・ランバージャック（ジョニー・リー）にKO勝ちした。

77年10月25日、日本武道館は猪木vsチャック・ウェップナー、坂口征二vsバッファロー・アレン・コージの2本立て。アレンはこの柔道ジャケットマッチがプロデビュー戦で、5R2分7秒、坂口の逆腕固めと送り襟絞めの複合技に敗れた。

日本ではフィラデルフィア大会の流れを受けて、6月7日に福岡スポーツセンターで異種格闘技戦を初開催。猪木はモンスターマン、坂口はランバージャック、ルスカは柔道ジャケットマッチでアレンに勝利した。

その後、猪木は11月にローラン・ボックに招聘され、「アリと戦ったキラー・イノキ」として初の欧州サーキットを敢行。ツアー中の同月9日、西ドイツ・フランクフルトでアリに挑戦経験のあるカール・ミルデンバーガーとグローブを着用して異種格闘技戦を行った。

さらに猪木は12月18日のMSG定期戦にも登場して初代WWWF世界マーシャルアーツ王者に認定され、テキサス・レッド（レッド・バスチェン）と初防衛戦を行っている。

――福岡で猪木vsモンスターマンの再戦が組まれましたが、あれは東京以外で初めて異種格闘技戦を開催した大会でしたね。

「それからちょうど1年後、猪木社長とレフトフック・デイトンの試合も福岡スポーツセンターでやりました。あの会場は西鉄の系列会社なんですが、副社長の坂口さんが同じ福岡県の久留米市出身ということもあって年に1回、新日本に優先的に貸してくださっていたんです」

――実はこの時期に『水曜スペシャル』で生中継したのは福岡の猪木vsモンスターマン戦、80年2月の猪木vsウィリー・ウィリアムス戦だけなんですよね。他は火曜日の試合の録画中継でした。

「生中継だと放送時間内に収まらないリスクがあるので、テレビ朝日が嫌がったんですよ。レギュラー番組ではないので、初めてのルスカ戦の時のように試合の途中で中継が終わって、次週で改めて放送するというわけにはいかないですからね。異種格闘技戦は渉外担当の杉田が様々なルートから〝こういう格闘家がいる〟と連絡を受けて、それを猪木社長と新間本部長に伝えて吟味してもらい、その後にテレビ朝日の『水曜スペシャル』と交渉するという流れでした」

――異種格闘技戦の相手に限らず、当時の新日本で招聘する外国人選手を決めたり、シリーズの流れを作るといった役割分担はどうなっていたんですか？

「旗揚げ当初は山本小鉄さんが取組（カード）を決めていて、それから坂口さんに代わって。僕が決めていたのは興行のコースです。外国人を杉田にリクエストするのも僕でしたね。例えば、九州を回るシリーズにタイガー・ジェット・シンを呼んだとしたら、次に九州に行く時のトップはスタン・ハンセンにするとか選手が被らないようにしていたんです。そして、外国人のメンバーが決まると、テレビ撮りの大会の取組の希望を坂口さんに伝えていました」

――初めて来る外国人選手は？

「向こうのプロモーターがトップの選手のオマケで付けてくることもありましたし、推薦してくる場合もあったり。基本は僕が杉田にリクエストして、彼が向こうのプロモーターに連絡していました。新間本部長はもっと上の立場で、

78年6月7日、福岡スポーツセンターは猪木vsザ・モンスターマン、坂口vsザ・ランバージャック、アレンvsルスカ（柔道ジャケットマッチ）の3本立て。この大会のルール委員には、劇画原作者の梶原一騎氏が名を連ねた。

各地のプロモーターと仲良くすることに重きを置いていましたね。NWA総会に行くとか、ニューヨークでWWFのビンス・マクマホン・シニアと折衝するとか」

――78年9月には、〝アリの顎を折った男〟として有名になったケン・ノートンが猪木さんの相手に浮上しました。ノートンは同年6月にラリー・ホームズに敗れてWBC世界ヘビー級王座から転落した直後というタイミングで、79年2月6日に日本武道館で実現するという具体的な報道もされましたが、なぜ立ち消えになってしまったんでしょうか？

「実際にそういう話はあって、進行していたと記憶しています。でも、最終的にギャラの折り合いが付かなかったのかな。フォアマンの話もそうでしたけど、ボクシングの世界チャンピオンクラスは法外なギャラを要求してくるので話をまとめるのが難しいんです。ノートンにとっては、ちょうど売り時のタイミングでしたよね。具体的な金額は憶えていないんですが、チャック・ウェップナー戦は彼のギャラが安かったから実現できたんですよ」

ノートン戦が立ち消えになった後、79年1月25日に世間を驚かせるプランが持ち上がった。猪木とウガンダ共和国のイディ・アミン大統領の対決である。

当時、同国で独裁政治を敷き、反対勢力の国民を数十万人虐殺したとして国際的に非難を浴びたアミン大統領は「殺した政敵の肉を食べた」と噂され、映画『アフリカ残酷物語 食人大統領アミン』が公開されるなど世界的な大ヒールだった。

そのアミン大統領と猪木が6月10日、ウガンダの首都カンパラにある3万5000人収容の国立サッカー競技場でモハメド・アリを特別レフェリーに迎えて戦うことが正式に発表されたのである。記者会見に出席した猪木は、「この話があった時に、ウチとしても賛否両論あった。受けようという気になったのは、プロレスというものを世界中に知らしめるいいチャンスと思ったから」とコメント。アリのトレーナーであるアンジェロ・ダンディがルール作成を担当することも明かされた。

仕掛け人はネッシーの捜索、チンパンジーと人間の中間の生物とされたオリバー君の招聘などを手掛けた伝説のプロデューサー、康芳夫氏。72年4月1日、日本武道館におけるアリの日本初試合（マック・フォスター戦）を手掛けた康氏は、アリ側を通じてアミン大統領とコンタクトを取ることに成功したという。

ギャラはアリが100万ドル（2億円）、猪木が50万ドル（1億円）、アミン大統領は公人であるためファイトマネーはなく純益の50％をウガンダの国庫に納めるという契約内容も発表され、このニュースは朝刊紙でも報道された。

2月16日にウガンダでアミン大統領、猪木、アリが同席して正式に調印が行われることも決定していたが、反対勢力のウガンダ民族解放軍の攻撃、国軍内部の離反もあってアミン大統領は失脚し、4月に国外へ脱出してリビア経由でサウジアラビアに亡命したため、この異色の格闘技戦は実現することなく終わった。

「康さんは、日本で一番有名な呼び屋でしたからね。猪木vsアリ戦にも少し絡んでいて、日本ボクシング協会の公認レフェリーだった遠山甲さんをジャッジとしてブッキングしていただいたはずです。そのアミン大統領との話が出た頃、新間本部長に接待するように言われて康さんとは銀座に2回飲みに行っていますね。話術は達者だし、勢いのある方で、〝この方に任せておけば、面白いことができるんじゃないのかな?〟と思わせてくれる人物でした。アミン大統領と戦うという有り得ない発想に社長が乗ったのは、やはり〝対世間〟、プロレスを世界中に知らしめたいという気持ちからだったと思います」

——あの時代は、そういう形で新日本に様々な企画が持ち込まれたり、猪木さんへの挑戦者が殺到したんじゃないですか?

「後に猪木社長と寛水流空手を創設する水谷(征夫)先生もそうですよね。当初は、〝自分は鎖鎌を持って戦う〟と

映画『アフリカ残酷物語 食人大統領アミン』のパンフレット。ウガンダ共和国を恐怖政治で支配していた"黒いヒトラー"ことイディ・アミン大統領は当時54歳(諸説あり)で、元ボクサー(東アフリカのヘビー級王者)と言われている。

社長に観客なしの野原での戦いを挑んだという話もありました。でも、仲が良くなってからは猪木社長も新間本部長も水谷先生を大事にしていましたよ。寛水流の何かのイベントに参加する時に、台風で新幹線が止まってしまったことがあったんです。それでもマイクロバスを調達して、何とか全員で向かいましたからね。売り込みがあった中で実現したものとしては、パキスタンのアクラム・ペールワンの腕を折ってしまった試合とか。僕は現地に行っていないですけど、帰国してから社長は〝実際、怖かった。もう折るしかないと思って、やった〟と言っていましたね。それと異種格闘技戦ではないんですが、僕は社長がパク・ソンナン（朴松男）をやってしまった韓国遠征には一緒に行っているんですよ」

——日本ではテレビ放映されなかった76年10月9日の大邱での初戦は、キラー猪木を象徴する試合とされています。

「試合を見ていて、社長が相手の目に指を突っ込んだのはわかりました。そして、僕は気付かなかったんですけど、さらに肛門にも指を突っ込んだそうです。それは、ご本人が言っていましたから。本当にあっという間…一方的に社長がやっちゃったもんだから、客席はシーンとしていましたよ。いざとなったら、そういうことをやってしまえるのがアントニオ猪木の凄さですよ」

79年初の異種格闘技戦は、2月6日に行われている。前述の通り、前年秋には同日に日本武道館で猪木がケン・ノートンと戦うという報道もあったが、舞台も相手も変わり、大阪府立体育会館で猪木に挑んだのは怪覆面ミスターXだった。

このミスターXは、前年に週刊少年マガジンで連載がスタートした劇画『四角いジャングル』（原作＝梶原一騎、画＝中城健）に登場する黒人の覆面空手家で、正体は不明。連載開始当初の『四角いジャングル』は赤星潮なる空手青年が〝打倒ベニー・ユキーデ〟を目指すストーリーだったが、途中から新日本の異種格闘技戦、大山倍達の極真空手などプロレス・格闘技界の現実の動きと連動するドキュメンタリーに近い内容に変更され、この一戦もその流れで実現した試合の一つである。

それだけに劇画に登場する謎の巨漢空手家ミスターXは大きな話題になっていたが、リングに上がった選手はイメージと明らかに異なる肥満体型。パンチも蹴りもほとんど出せず、猪木の軽いローキックにグラつく姿はファンの失笑を買い、「偽者説」も出るなど史上最低の異種格闘技戦となった。

——あのミスターXの正体は諸説ありますが、大塚さんはご存じですか？

「直接、契約書を見たわけではないので聞いた話になっちゃうんですけど、ミスターXは確かに実在していたんですよ。当初はマーシャルアーツ系のトップクラスの選手にマスクを被せるということだったようです。ところが、来日直前にその選手が怪我をしてしまって、急遽代役を呼んだんですよ。僕が渉外部長の杉田から〝実は中身が違うんです〟と聞いたのは、試合前日だったかな？ 杉田もどういう経歴の人間なのかはわかっていなかったと思いますよ。おそらくハワード・ハンセンが慌てて代役を見つけて、送り込んできたんでしょうね」

――ところで、78年半ば頃から劇画『四角いジャングル』が格闘技界の流れと連動するようになりましたよね。さらに新日本、マーシャルアーツ、極真空手などを取り上げた同名の実録映画が公開されるなど梶原一騎氏が格闘技ブームに大きく関わってきます。梶原氏の劇画＆映画＆リング上を同時進行させていくメディアミックス手法に、新日本はマッチメーク面でどこまで影響を受けていたんですか？

「いや、梶原先生が新日本の異種格闘技戦のマッチメークに関わるということはありませんでしたね。劇画を作る上で新間本部長が梶原先生に協力して情報を提供していましたけど、新日本がやりたいことを劇画で宣伝してもらえるので、あれは大きなメリットがあったわけです。あの『四角いジャングル』の一連の流れは、梶原プロが最終的に猪木社長とウィリー・ウィリアムスの試合を実現させることを目標に動いていたということだと思います」

――ミスターXの後に来日したのは、全米カンフー王者で猪木さんのマーシャルアーツ王座への挑戦権を賭けたトーナメントに優勝したという触れ込みのレフトフック・デイトンでした。無名の選手でしたが、最初のモンスターマン戦に匹敵するスリリングな試合になりましたね。

「ミスターXのお詫びとしてハワード・ハンセンがブッキングしたと記憶しているんですが、デイトンは良かったですね。コインを指で曲げたり、首をロープで吊ったりする

本日茲にアントニオ猪木（新日本プロレス）対ミスター・X（米国プロ空手）の格闘技世界一決定戦ならびに藤原敏男（新格闘術）対シンサック・ソーシリパン（タイ式ボクシング）、クレージー・レッグス（米国プロ空手）対ネービー・ハリケーン（同）の世界3大格闘技戦を開催の運びに至りましたが、関係各位のご尽力に対し深く感謝致します。

思うに今や異種格闘技戦を含む総合格闘技（マーシャルアーツ）は世界的なすう勢にあり、その口火を切ったのがプロレスリングNWFヘビー級チャンピオンのアントニオ猪木であることは、すでにファンの皆さま方の周知するところであります。

今般、そのアントニオ猪木とミスター・Xの格闘技世界一決定戦を始めとする格闘技戦、新格闘技、プロ空手の賛同により画期的なイベントを大阪において初開催致しますが、その意図するところは大阪のファンの皆さま方に私どもの格闘技に対する姿勢を認識していただくことにほかなりません。出場する選手一同は全力を傾倒することを茲にお約束し、今後ともファンの皆さま方の一層のご支援、ご鞭撻のほどをお願いする次第であります。

昭和54年2月6日
新日本プロレスリング（株）

猪木vsミスターX戦のパンフレット。謎の黒覆面は「世界で最も大きな体格を持つブラックベルトのプロ空手家」で、戦績は「46戦＝26勝20敗」、「26勝がすべてKO勝ち」、「20敗はすべて反則負け」と紹介された。

デモンストレーションで試合前から話題を作って盛り上げてくれましたし。身体は小さかったけれど、試合も動きも良かったですよ」

最初のルスカ戦から3年以上が経過し、この頃になると『格闘技世界一決定戦』シリーズは人材的な限界が見え始める。

79年10月5日に猪木は韓国・奨忠体育館でルスカと3度目の対決を行い、12月13日には京都府立体育館でカナダ・エドモントの現職警官にしてオールカナダ空手選手権者という触れ込みのキム・クロケイドと対戦した。

福岡スポーツセンターで猪木vsレフトフック・デイトン戦が行われた79年4月3日は『ビッグ・ファイト・シリーズ』開催中で、木戸修、藤原喜明、ジョージ高野は巡業を離れて、こちらの大会に参加。同日、残りのメンバーは宮城県亘理町体育館で試合をしていた。

クロケイドは、スチュ・ハートが主宰するカルガリー地区でカラテ・キッドを名乗っていた男。スチュのブッキングによりミスター・ヒト（安達勝治）をマネージャーに付けて来日したが、ミスターX戦と並び異種格闘技戦の中でワーストを競う内容だった。

もはや猪木が倒すべき相手は極真空手の〝熊殺し〟ウィリー・ウィリアムスだけとなったが、この一戦は実現するまで状況が二転三転している。76年12月に公開された映画『地上最強のカラテPART2』にグリズリーと戦うシーンが収録されたことで一躍注目を浴びたウィリーの猪木挑戦が表面化したのは、福岡でのモンスターマン戦直後。78

藤波辰巳の姿も表紙に掲載された猪木vsキム・クロケイド戦のパンフレット。クロケイドは「70年の全カナダ空手トーナメント優勝者」と紹介されたが、実際はプロレスラー。これ以前の77年に国際プロレスへの初来日が予定されていたものの、キャンセルとなっている。

年2月に極真空手の最高顧問でもある梶原氏、元師範の黒崎健時会長が渡米した際にウィリーが猪木との対戦を直訴し、6月のモンスターマン戦を観戦に訪れた梶原氏が新日本側に打診したというのが表の流れだった。

同年11月に京王プラザホテルで猪木、梶原氏、黒崎会長同席の上で猪木vsウィリー戦の正式決定が発表され、「79年4月に後楽園球場で実現濃厚」と話題になったが、いつの間にかこの話は消滅。続いて、79年5月にウィリー側から同年10月15日に日本武道館での対戦決定が発表されたものの、これも流れた。

最終的には79年8月に猪木とウィリーが同席して改めて記者会見を行い、翌年2月の開催が発表されたが、ここまで難航した裏には極真会館が他流試合を禁止していたこと、79年11月に『第2回オープントーナメント全世界空手道選手権大会』が開かれることなどが影響していたと考えられる。

その大会にウィリーは優勝候補の一角として参加。だが、準決勝で三瓶啓二に反則負けを喫して3位に終わる。

そして、猪木と雌雄を決するために晴れて80年1月17日に来日したが、その4日後に極真会館を破門され、さらにニューヨーク在住の最高師範でウィリーの師匠である大山茂氏も1年間の禁足処分となった。

また、ウィリーの来日直前には雑誌『GORO』に大山倍達総裁、梶原氏、極真の中村誠2段らによる座談会が掲載されたが、猪木に対して言いたい放題の内容で、新日本側が「何を根拠に猪木を誹謗するのか？　梶原氏は立会人でありながらの暴言。梶原氏が公の場で謝罪しない限り試合は白紙に戻す」、「中村ナントカには藤原喜明、荒川真、山本小鉄の中から一人選んで戦ってもらおう」と激怒。黒崎会長が仲介して事なきを得たが、極真側はウィリー支援の姿勢を見せているという印象があっただけに、〝もはや極真とは関係ない人間〟としてウィリーを破門処分にしたことは予想外の展開だった。

さらに大山総裁と梶原氏&黒崎会長は、この興行を巡って微妙な関係になっていたという話もある。

――猪木vsウィリー戦は話が浮上してから実現するまで、1年半以上も掛かりましたね。

「少なくとも、最初の後楽園球場でやるという話はなかったですね。僕たち営業サイドには、〝後楽園球場を押さえろ！〟なんていう話はなかったですよ。まあ、それも〝話は大きい方がいいだろう〟という話題作りだったと思います（笑）。個人的には梶原先生の劇画の方が現実よりも先行していたので、〝そっちを優先して試合を先送りにしているのかな？〟という印象を持っていましたね」

――梶原&黒崎両氏と大山総裁にしても、新日本と極真にしても、複雑な関係にあったようにも見えますが、75年に極真が第1回世界大会を開催する時、梶原氏が〝誰の挑戦でも受ける〟と劇画に書き、それに反応した新日本が参加を申し込んだこともありましたよね。

「申し込みをしたら、〝空手家なら誰の参加も構わないが、違う格闘技は受けない〟という答えが返ってきたと記憶しています。新日本と極真の間に、直接の繋がりはなかったんですよ。アリ戦の前に猪木社長が大山さんの元で空手特訓をしたというのもありましたが、すべて梶原先生ラインでの繋がりですから」

――猪木vsウィリー戦を実現させるにあたって、極真側からクレームが入るようなことは？

猪木vsウィリー・ウィリアム戦の立会人は梶原一騎氏で、パンフレットの巻頭にも檄文を寄稿している。この日は外国人初のムエタイ王者・藤原敏男の他、ベビー・フェイス、エル・グレコ＆エル・セルヒオのオカマコンビら本場のルチャドールも出場するという異色のラインアップだった。

「特になかったですね。だから、当日になって木戸御免（木戸銭＝入場料を払わずに会場に出入りすること）をやられてビックリしたんです。試合が始まる直前に、添野（義二＝当時は極真の都下埼玉支部長）さんの門下生が200人ぐらい入ってきたんですよ。〝どこに隠れていたんだろう？〟と、本当に唖然としましたね。後に2代目のタイガーマスク（三沢光晴）にキックを指導してもらったりして添野さんと仲良くなってから、〝あの日、何で来たんですか？〟と聞いたら、〝万が一ウィリーが負けるような状況になったら、試合を壊すために召集をかけていたんだよ〟と言っていました」

――添野さんは試合後にウィリー側の控室に行った新間さんに膝蹴りを入れるなど、当時は武闘派だったんですよね。

「たぶん、新間本部長は文句を言いに行って、そういうことになってしまったんじゃないかと思いますよ。お互いに極度の興奮状態でしたから。まあ、あれは異常でしたね。僕なんかも一番嫌な試合でしたから」

――まだ寛水流が創設される前でしたが、水谷館長が門下生を連れて上京し、猪木さんの護衛に当たったという話もあります。

「水谷先生が〝猪木さんに何かあってはいけないから〟と来てくれたんです。何もなかったから良かったんですけど…セミファイナルが終わった途端に黒いジャンパーを着た添野さんの門下生たちがザザーッと入ってきてリングを囲んだから、僕はパニックになりましたよ。変な話、僕は切符を売る側の感覚ですから、〝木戸御免はないだろう〟と思いましたし、それと同時にあの段階で僕は試合の内容はもちろん、ユセフ・トルコさんがレフェリーだったというのも吹っ飛んじゃって憶えていないんですよ。異常事態だったから、記憶が飛んでいるんでしょうね」

――結果的に、あの試合で『格闘技世界一決定戦』シリーズは一区切りになりました。

「社長も疲れたんじゃないですかね。それと会社も順調に借金を返すことができたというのが大きいと思いますよ。ウィリー戦が終わり、夏のNWA総会で新間本部長がアメリカのプロモーターたちに根回しして、暮れにプロレスの世界中のベルトを統一するというIWGP構想の流れに向かうわけです。IWGPの最初の発想は、やっぱり猪木社長だったと思いますよ。IWGP推進のために81年に入って新日本にあったすべてのベルトを返上しましたけど、社長は〝ベルトがなくても客は入るんだな〟と笑っていました（笑）。アリへの挑戦から始まった格闘技戦もそうですけど、社長は独特の感性でまず動いて、そこから帳尻を合わせていくんです。IWGPにしても最初、実行委員は坂口さんと新間本部長と僕の3人だけでしたからね（笑）。IWGPのマークが入ったお揃いのブレザーを3人分作って、リングで何か発表する時にはそれをちゃんと着て（笑）」

――猪木さんの発想を具現化させていく現場の人たちは大変ですね（笑）。

「僕も疲れましたよ（苦笑）。でも、社長は異種格闘技戦に強い思い入れがあったと思います。社長って勝利者トロフィーとかそういうものに一切執着がないのに、格闘技戦のものだけは全部、自宅に置いてありましたからね。格闘技戦が終わった後、新間本部長と僕は社長の自宅に呼ばれて、ズラッと並べた格闘技戦の勝利者トロフィーの中から〝2人とも頑張ってくれたから、記念に好きなのを一つ持っていっていいぞ〟と言われましたよ。僕は植木茂さん（抽象彫刻のパイオニア）がデザインしたという日刊スポーツさんのトロフィーをいただきました」

――最後に、大塚さんにとって一番印象深い格闘技戦はどれでしょうか？

「やっぱり猪木vsアリ戦ですかね。これに勝るものはないでしょう。あの当時、新日本プロレスの社員は全員がアントニオ猪木の強さを信じていましたよ。公開調印式で社長が〝勝った方が興行収益、ファイトマネーをすべて取るという勝負をしよう〟とアリに迫ったのも勝てる自信があったからだし、僕たちフロントの人間も〝勝てば、もうこれ以上はお金を払わないで済む〟と思っていましたから（笑）。結局、一晩でアリ側に白紙にされましたけどね。アリが契約書にサインした後、僕はすぐにコピーして今でも保管していますよ」

AGREEMENT

June 23, 1976

This agreement pertains to the fight due to take place between Muhammad Ali, U. S. A., and Antonio Inoki, Japan, on June 26, 1976, JST, at the Budokan Hall, Tokyo, Japan.

Notwithstanding the contracts and amendments concluded between Muhammad Ali and Lincoln National Productions, Inc., and Antonio Inoki and Lincoln National Productions, Inc., covering the conditions of the fight, it is hereby understood and agreed mutually by the undersigned that the winner of the fight shall receive all the prize monies, closed circuit revenues, and any other revenues accruing from the fight that under the aforementioned contracts and amendments were to have been distributed to both fighters.

Signed: Muhammad Ali　Signed: Antonio Inoki
Muhammad Ali　Antonio Inoki

Witnessed by: Dassaba Akita

大塚氏が保管している公開調印式で交わされた猪木vsアリ戦の契約書のコピー。大会の3日前にテレビの電波を使って「ファイトマネーの勝者総取り」を現役プロボクシング世界ヘビー級王者に約束させるとは…これぞ昭和・新日本！

極私的『今世紀最大のスーパーファイト』

証言 大塚直樹

■元新日本プロレス営業部長

聞き手＝小佐野景浩

前項で大塚氏には一連の『格闘技世界一決定戦』について詳しく述懐していただいたが、こちらは本誌12号に掲載されたアントニオ猪木vsモハメド・アリ戦の回想である。

この1976年6月26日に日本武道館で行われた「世紀の一戦」に大塚氏は営業次長として関わっただけでなく、当日はジャッジペーパーの集計係も担当していた。ご存じのように結果は判定の末に「引き分け」。当時、世間から猪木vsアリ戦は凡戦扱いされたが、ドロー裁定という不完全燃焼で終わったこともその要因の一つだろう。

全世界の注目が集まる中、交渉の過程も知る大塚氏はリング上で繰り広げられたスーパーファイトをどういう想いで眺めていたのか？

猪木社長が最初にアリ戦をぶち上げた時（75年6月）、詳しいことを知らなかったので実現は無理だと思っていましたが、これは本気なんだと思ったのは年が明けて76年1月にアリサイドに太いパイプを持っているというリンカーン・ナショナル・プロダクション代表ロナルド・ホームズが来日してからですね。ホームズはたぶん興行関係のアメリカンマフィアだと思うんですけど、凄く腰の低い紳士でしたよ。立場的にはアリサイドの人間でしたけど、中立というか、新日本プロレスに対しても誠意を持って接してくれましたしね。ホームズと親しい佐藤幸一さんという人物が通訳になって、京王プラザのスイートルームにずっと泊まっていました。

今、考えるとアリのギャラが６００万ドル、当時のレートで18億６０００万円なんて途方もない数字でしたよね。それでも、計算上は採算が取れていたんです。会場の日本武道館は満員になっても1万４０００人程度ですから、どんなに高い入場料を設定しても収益はせいぜい数億円ですけど、全米生中継のクローズドサーキットをやれば、20～30億円の上がりが出るから大丈夫だとアリサイドが言っていたんですよ。それだったら問題ないんじゃないかという話になって、僕たちは逆に儲かるぐらいの感覚でいたんです。

猪木vsアリ戦のポスター。NETはこの試合を昼に生中継で放映した後、当日の夜に再放送した。76年6月26日は全日本プロレスも国際プロレスもシリーズオフだったので、両団体の選手たちもどこかでブラウン管に映る2人の姿を眺めていたのだろうか。

ただ、間際になってアリサイドが来日前に前金を振り込めという話をしてきて、その調達には四苦八苦しましたね。昔、豊登さんが猪木社長に紹介した不動産会社の社長さんが大阪にいまして、そこから3億円を借りたんです。それも裏金で。あれは現金をジュラルミンケースに入れて、飛行機で運んだんですよ。それで1回目の支払いが済んで、正式にアリが来日することになったんです。

でも、社長自身はリスクも十分に考えていたみたいです。というのも、失敗した場合を考えてアリ戦の直前に『新日本プロレス興行株式会社』という新会社を登記していて、万が一の時にはレスラーと社員全員をその新会社にスライドさせることも考えていたんですよ。

結果的にアリ戦で新日本が借財を負ったことで、ＮＥＴ（現・テレビ朝日）から非常勤を含めて合計4名の役員が送り込まれたんですけど、このままでは新日本がＮＥＴ管理の会社になってしまうということで、「お前が壁になってくれないか」と猪木社長に言われたんです。それでその年の8月に僕は営業部長になったんですが、その時に初めて新会社の謄本を見させられたんですよ。「大塚、実はここまで腹を括っていたんだから、営業部長の話を受けてくれよ」と。それから8年後、僕が新日本から独立して興行会社を立ち上げる時に猪木社長が「新日本プロレス興行をお前にやるよ」と言ってくださったので、名前だけ頂きました。それが後のジャパンプロレスになったわけですから、運命というのはわからないですよね。

大会10日前にアリが来日してからはチケットを売る一方で、お世話係みたいな感じで京王プラザに待機しているように命じられて。京王プラザがエレベーターから部屋までフロアに赤絨毯を敷きましたから、まさしくアリは国賓待遇でしたよ。これには驚きましたね。

アリ軍団は総勢90名だったと記憶しています。ワンフロアを全部使っちゃっていましたね。新間本部長も京王プラザのスイートルームに泊まっていましたよ。アリ軍団は危ない噂もありましたけど、警察沙汰になるとか、そういうトラブルはなかったです。

アリの印象ですか？　一度、京王プラザで握手してもらった程度で…。とにかく周りにガードされちゃっているので接触らしい接触はなかったんですけど、「ああ、綺麗だな！」というイメージが強いです。ハンサムで、清潔感があって。

ホームズと通訳の佐藤さんに聞いた話ではアリはステーキを食べる時、一度焼いて出された物をさらにガーゼで絞って、油を取ってから食べていたそうですよ。それと来日した日は飛行機の遅れで記者会見が始まったのが午後11時近くだったんですけど、その数時間後にロードワークへ出かけたのはビックリしましたね。だから、どこの新聞も初日は写真を撮れなかったんじゃないですか。

猪木社長はアリが来日してからも余裕というか、自然体というか。緊張よりも、むしろアリとの戦いが実現するのを嬉しがっていたという感じでした。それに僕らもアントニオ猪木が一番強いと信じていましたしね。

だから、試合の3日前の公開調印式で、猪木社長が「勝った方が興行収益、ファイトマネーをすべて取るという勝負をしよう」とアリに迫ったのも作戦だったんですよ。挑発に乗ったアリが契約書にサインしたんですけど、あの勝者総取りの契約書はあらかじめ用意しておいたんです。すでに前金は払ってあるし、これ以上払わないで済む方法はないかと考えて。

もちろん、これは絶対に猪木社長が勝つという自信があったからこそですよ。つまり、あれは新日本サイドが公の場で仕掛けたわけです。もっともすぐに新間本部長がアリサイドに監禁されるような形で抗議を受けて、一晩で白紙撤回になりましたけどね。

この一件によって、アリサイドが態度を硬化させたんですよ。それによって、新たなルール変更を求めてくるという事態になってしまいましたね。当初はシンプルなルールだったはずが、試合前日になってスタンディングのキック、肘打ち、グラウンドの攻撃は5秒以内とか制限を求めてきたんです。アリサイドは「猪木は本気なんじゃないか」、

76年6月23日、京王プラザホテルで行われた公開調印式はNET『水曜スペシャル』で放送された。猪木がマイクで「勝者総取り」をアピールすると、意表を突かれたアリはエキサイト。参謀フレッド・ブラッシーが止めに入ったが…結果、アリ側が不信感を募らせ、試合直前までルール問題で揉めることとなる。

「アリを守らなきゃいけない」という怖さを感じたと思うんですよ。新間本部長がよく言っている公表できなかった〝裏ルール〟ですね。

ここから先は聞いた話ですけど、「そういうことを猪木が守ってくれないのであれば、アクシデントでアリは帰国し、明日のリングには上がらない」と言われたと。それでOKした後に…これも聞いた話なんですけど、アリサイドにピストルを持っている人間が4人いたらしく、新間本部長がそれを見せられて、「もし猪木が約束を守らなかったら、その場で撃ち殺す」と言われたと。そういう話を佐藤さんから聞きました。

アリサイドは当初、エキシビションマッチだと思っていたんでしょうね。アリが「道場に練習に行きたい」と言ったところ、そういうものはないと知らされて、「どういうことだ⁉」となったらしいですから。ただ、それがどの時点なのかは僕もわかりません。

アリサイドがエキシビションだと信じ込んでいたのは、それまでの契約書は金銭面ばかりのことだけで、試合内容にまで及ぶものではなかったからだと思います。だから、戦いに関しての本当の契約書はウチが公開調印式に用意してアリにサインさせた勝者総取りのアレだったと思いますよ。まあ、アリサイドにしてみたら、とんでもない話だったでしょうね（笑）。

そんな感じでしたから、試合当日は緊張この上ないというか。よく言われる鉄板入りのシューズを作ろうかという話は本当にありました。これも佐藤さん情報、つまりはホームズ情報だと思うんですが、「アリがシリコンを入れて拳を固めてくる」という事前の情報がありましたから。ただ、僕は実際には鉄板入りシューズを作っていないと思うし、社長は試合で履いてもいないと思います。

何でこんな話をしたかというと、78年2月にアントニオ猪木vs上田馬之助の釘板マッチを日本武道館でやることになった時、僕は「社長、シューズの中に鉄板を入れて、一度でいいから場外に落ちてください」と頼んだんです。そうしたら、社長は「それはそれでリアル感があっていいんだけど、シューズの中に鉄板なんか入れたら動けないよ。想像してみろ。無理なのがわかるだろ？　下駄を履いて、その上からリングシューズを履くようなものだぞ」と言ったんです。だから、アリ戦で社長が鉄板入りシューズを使おうとしたというのは、僕の中では有り得ないことなんですよ。

アリがグローブに何らかの細工をしていたというのも、あくまでも噂だったと思います。猪木社長は「かすっただけでコブができた」と言っていましたけど、それだけアリのパンチが凄かったということだと思いますよ。後にファイティング原田さんとお会いした時にアリ戦の話になったんですけど、「有り得ない話だな。バンテージをきつく締めたり、緩めたりすることはあったとしても、拳に細工をして固めたら、ボクサーは自分のパンチ力で拳を骨折しちゃうよ」と言っていましたから。

当日、僕はジャッジペーパーの集計を任されていたので、リングアナウンサーの倍賞鉄夫さんの隣、一番前で試合を見ていました。僕自身はどんな不利なルールだろうが、ピストルを持っている人間がいようが、社長が勝つと信じていましたよ。だから、まさか15ラウンドまで行くとは思っていなかったんです。

よく社長は「相手の力が2か3でも、6か7まで引き上げてやって、自分は10を見せて勝つのがプロレスだ」と言っていたので、試合を見ながら「どこで社長は勝負を掛けるんだろ？」、「もしかしたらテレビ局に言われて、ある程度のラウンドまで引っ張らなきゃいけないのかな？」なんて思っていたぐらいですから。

そんな感じだったので、15ラウンドまで決着が付かずに判定にもつれ込むなんていうのは、まったくの想定外だったんです。だから、ジャッジペーパーの集計を任されていた僕は最終ラウンドのゴングが鳴って、もうパニックですよ。

前に本当はアリが勝っていたのに、僕がジャッジペーパーを改ざんしたというような話が出たことがありましたけど、それは絶対にないですから。確かに僕は猪木社長が

試合後、主審のジン・ラベールが両雄の腕を掲げて今世紀最大のスーパーファイトは閉幕。結果は「痛み分け」という表現もできるだろう。カール・ゴッチ、アンジェロ・ダンディらが2人を取り囲む中、“国際暗黒プロデューサー”康芳夫氏の姿もある。

勝つ、判定決着なんか有り得ないと思っていたから、集計係とはいってもラウンドごとに計算していたわけでもないし、集めたペーパーをクリップに留めるわけでもなく、机の上にただ置いていただけだったんです（苦笑）。だから、本当に慌てましたね。最後のラウンドが終わってから一気に計算したので、結果を発表するまでに10分以上かかったはずです。

いざ計算したら、社長の減点を入れると引き分けになったんですよ。これは間違っていたら大変だと思って4回も計算し直したけど、それでも引き分けなんです。相談できる人も誰もいないし、「俺はどうしたらいいんだ…」と震えが来ましたよ。「この世紀の一戦が引き分けという結果でいいのかよ…」って。

これは杜撰な話なんですけど、ジャッジペーパーの計算の時に僕の側には誰もいなかったんです。坂口（征二）さんも山本（小鉄）さんも付いていなかった。それこそピストルを持った向こう側の人間に、「アリの勝ちになるように改ざんしろ」と脅迫されることも有り得たわけですからね。だから、アリサイドにしても杜撰だったんですよ。僕が猪木社長の勝ちに改ざんする可能性もあるのに、誰もチェックに来ませんでしたから。

そんな状態なので、僕が改ざんして、どちらかの勝ちにすることは確かに可能だったわけです。だから、「これで良かったのかなあ」というのが試合直後の正直な気持ちでした。最終的には、あの世紀の一戦を僕がジャッジしたようなものですからね。

試合後、控室にいたらジャッジとして社長の負けにした遠藤幸吉さんが入ってきたんですけど、新日本のレスラー全員に「出て行け、この野郎！」と怒鳴られて。あれは凄かったですよ。その後に来たジャッジの遠山甲さんが「あれは猪木さんの勝ちだったのに、遠藤さんはおかしいよね」って、とくとくと言い出したものだから、また火を点けちゃって。

今思うと、遠藤さんは採点の仕方がよくわかっていなかっただけじゃないかと思うんですよ。社長の減点がなければ、遠藤さんにしても社長が1ポイント差で勝ってるんですよね。だから、僕は今でも減点がなかったら社長が勝っていたと信じていますし。

いずれにせよ、あの判定が僕の改ざんではないというのは試合終了後に当時の福永（武治）営業部長が各ラウンドごとのジャッジペーパーをマスコミさんに公開していることが証明しているはずです。もし改ざんなんてしていたら僕はこの業界にいられなかったでしょうし、あの歴史的な一戦を当時26歳の若僧が左右するなんて怖くてできないですよ。

結果的に…高いアリーナの席はそこそこ売れたんですけど、全体的な入りは65％。ハッキリ言って、興行としては失敗でしたね。間際になってもチケットが売れなかったから、猪木社長と2人で結構、営業に行きましたよ。あれは試合の10日前だったかなあ。東京佐川急便の渡辺（正康）社長のところにチケットをキャッシュで200万円分売りに行きましたね。

あの頃は今と違って週休2日制じゃなかったし、しかもアメリカの生中継に合わせて土曜日の昼から試合開始というのが響きました。夜の開始であれば、あの料金設定でも間違いなく超満員になったと思います。昼の生中継の時間帯に、タクシーが街を走ってなかったことが話題になったぐらい注目度はあったわけですから。

それと俳優の石坂浩二さんにポスターを描いてもらったりしましたけど、当時は今のようにいろいろとグッズを作るという発想がなくて。もしグッズに力を入れていたら、収益も多少は違ったでしょうね。

試合の翌日の午前10時過ぎ、僕は「スポーツ新聞を全部買ってこい」と言われて、東横線の渋谷駅で買ってから猪木社長の家に行きました。社長は新聞をバーッと広げて、「随分、悪口書かれてんなあ。ひでえなあ」って。僕は「すみません。集計した時に悩んだんです」と言いましたよ。その次の社長の言葉が「何でお前が謝るんだ。大塚、これも神の導きだよ。引き分けで良かったんだよ」と。それで僕の気持ちはスーッと軽くなりましたし、もし数字を操作していたら社長は怒っていたでしょうね。

社長は新聞に一通り目を通した後、「大塚、足を見てくれよ」と。もう腫れ上がっていて、靴が履けない状態でしたよ。その日の午後、社長は出社したんですけど、さすがにサンダルでしたね、足を引きずりながら…。

社長にとっては、「プロレスをメジャーに」というのが目標だったんですよ。だから、内容が良いとか悪いとかじゃなく、自分の映像がクローズドサーキットや衛星中継で世界に流れたわけですから、「俺は凄いことをしたんだ！」という気持ちの方が勝っていたと思います。

実際にあれだけ自分の足を痛めて、いかにあの試合が死闘だったのかは自分自身の身体が一番知っているわけですから、落ち込む気持ちよりも達成感の方があったと思いますよ。

〈採点表〉

猪木 ラベール	猪木 遠山	猪木 遠藤	ラウンド	アリ ラベール	アリ 遠山	アリ 遠藤
5	5	5	1	5	5	5
5	5	5	2	5	5	5
5	5	5	3	4	5	5
5	5	5	4	5	5	5
5	5	5	5	4	5	4
5−1	5−1	5−1	6	5	3	5
5	5	5	7	4	4	5
5−1	5−1	5−1	8	5	4	5
5	5	5	9	5	5	5
4	5	5	10	5	4	5
5	5	5	11	5	5	5
5	5	5	12	4	4	5
5−1	5−1	5−1	13	5	4	5
5	5	5	14	5	5	5
5	5	5	15	5	5	5
71	72	72	合計	71	68	74

※猪木の減点は6R＝肘打ち、8R＝ローブロー、13R＝下腹部への膝蹴りによるもの

昭和・新日本プロレスの格闘ロマン3

法界坊の危険な海外ツアー同行記

証言 永源 遙

聞き手＝小佐野景浩

『格闘技世界一決定戦』シリーズでアントニオ猪木のセコンドに付き、存在感を発揮していたのが〝横紙破りの法界坊〟永源遙だった。ザ・モンスターマンやミスターXに勝利した猪木を永源が肩車で担いだシーンを憶えているファンも多いのではないだろうか。

さらにはウィリエム・ルスカとイワン・ゴメスが死闘を繰り広げた1976年8月のブラジル遠征、猪木がパク・ソンナンを喧嘩マッチで潰した同年10月の韓国遠征、猪木がアクラム・ペールワンの左腕を破壊した同年12月のパキスタン遠征、猪木がアクラムの甥ジュベール・ペールワンと戦った79年6月のパキスタン再遠征などにも同行。危険をはらんだ海外での試合では、常に猪木の横に永源の姿があった。

残念ながら、永源はこのインタビューが収録された翌年、2016年11月28日に70歳で逝去。哀悼の意を込めて、生前の貴重な証言をここにお送りする。

――永源さんは、アントニオ猪木と豊登が1966年10月に旗揚げした東京プロレスでデビューしましたが、入団するキッカケというのは？

「ラッシャー木村さんのコネで入ったんですよ。大磯（武）と寺西（勇）と一緒に。3人とも相撲の立浪部屋にいたん

葉山で合宿中の東京プロレス若手勢。柴田勝久、寺西勇、大磯武らの顔も見える。永源は本名の「遙」ではなく、「勝（まさる）」のリングネームでデビュー。旗揚げシリーズ第２戦の66年10月15日、青森県立体育館における竹下岩夫（民夫）戦がプロ初勝利となる。

だけど、立浪一門の宮城野部屋出身だった木村さんから声をかけてもらったんです。それで伊東にあった東京プロレスの合宿所へ行ってね。他に相撲からは、大剛（鉄之助＝二所ノ関部屋）と柴田（勝久＝朝日山部屋）が東京プロレスに来ましたね」

――永源さんのデビューは10月12日、蔵前国技館での旗揚げ戦で、相手はその木村さんでした。

「まだ20歳だったし、緊張しましたよ。ヘッドバットでやり合って、木村さんが流血して…５分でやられたけど、忘れられない思い出ですよ」

――しかし、東プロは66年に２シリーズを行っただけで活動停止状態に追い込まれ、翌67年１月には新たに旗揚げした国際プロレスとの合同興行という形になりましたね。

「当時、国際には選手がいないから俺も出場してます。でも、それも１シリーズだけで終わったの」

――そして、猪木さんと北沢幹之さんは古巣の日本プロレスに復帰しますが、永源さんと柴田さんも一緒に行くことになった経緯というのは？

「それが５月だね。札幌（同月26日＝札幌中島スポーツセンター）に行って、翌日の滝川（滝川市営球場）から試合をしたのは憶えてますよ。その時、一緒に動いたのは猪木さんと北沢さん、俺の３人なんです。柴田は国際に上がらなかったし、行くところがなくて、少し経ってから猪木さんが日本プロレスに入れたんですよ。他の人間は国際に入ったけど、猪木さんも東京プロレスの全員を連れて日本プロレスに帰るわけにはいかないもんね」

——そこで、なぜ猪木さんは永源さんを連れて帰ったのでしょう？

「俺は知らない。別に俺から〝連れて行ってください〟と言ったわけじゃないし」

——東プロ内で、永源さんは猪木さんに近い存在だったんですか？

「東京プロレスの時はずっと…大したことないけど、付き人みたいなことをしてたから。でも、だから連れて行かれたということではないと思うけどね。当時の俺の立場としては事情はわからないし、言われるままですよ。それによって、俺のプロレス人生は大きく変わったよねえ。国際に行ったら…まあ、それなりにいいかもしれないけど、そんなには芽が出なかったと思うよね。いろんな意味でね」

——付き人といっても当時の永源さんは21歳、猪木さんは23歳の若者でしたよね。

「うん、学年は3つしか違わない。でも、猪木さんは海外修行から帰国して騒がれていたし、スターのオーラがあったねえ。葉山で合宿した時に海へ行ったら、まだそんなに猪木さんは名前も知られていないはずなのに、ファンがワーッと寄ってきてサインを随分していた記憶がありますね。結構、猪木さんは若い頃もファンに愛想が良かったし、今と変わらない感じだった」

——その後、永源さんがアメリカ修行に行っている間に日本プロレスが崩壊し、坂口征二さんに声をかけられる形で73年10月に新日本プロレスに帰国することになります。

「そういうこと。坂口さんは俺がいたカンザスに遊びに来

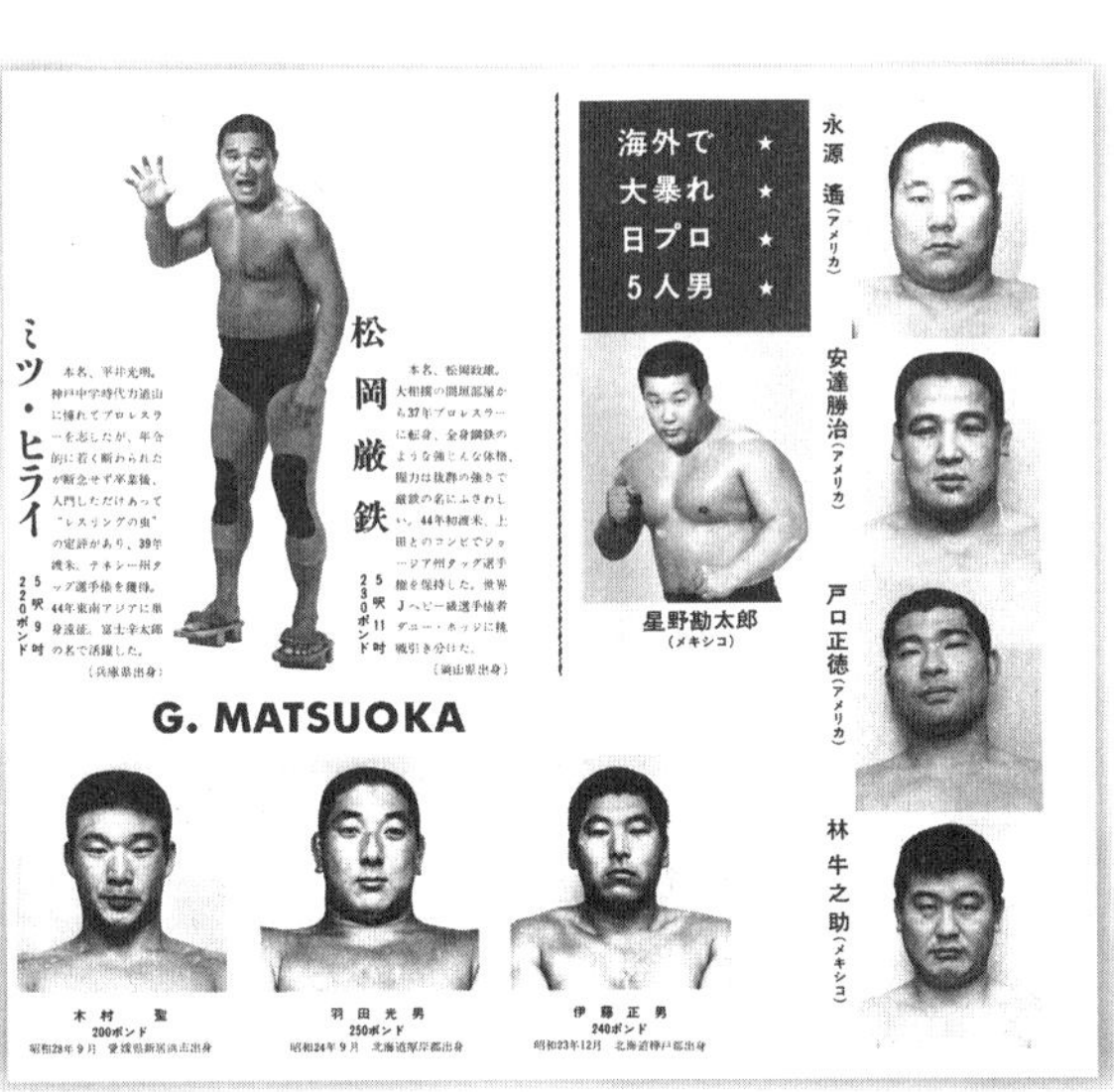

73年2月開幕の日本プロレス『ダイナミック・シリーズ』のパンフレット。永源は前シリーズ開幕戦（1月5日＝後楽園ホール、桜田一男に勝利）に出場後、安達勝治と共にアメリカ武者修行に出発したが、同年4月に団体が興行活動を停止。日本にいた所属選手たちは力道山家預かりとなる。

てくれたこともあったし、それで〝来いよ〟という話になって。正直言って、アメリカに1年いようが2年いようが変わらないからね。だから、俺は〝わかりました〟って。一緒に行っていた安達（勝治＝ミスター・ヒト）さんは〝俺はいい〟と奥さんや子供2人とアメリカに残ったんです。新日本に行くことになった時、俺の中で〝猪木さんはどう思うのかな？〟というのはありましたよ、やっぱり。猪木さんが日本プロレスを辞めた時（71年12月）に一緒に行動するのが筋だと思ったけど、しなかったから、あまり面白く思っていないんじゃないかと。でも、新日本に入れてくれましたからね。もし猪木さんが〝ダメだ！〟と言ったら、入れなかったわけだから。まあ、俺の場合、新日本の苦しい時期にはいなくて、テレビ朝日が付いてから入ったから中には面白くないと思っていた人間もいたとは思うけど、猪木さんが受け入れてくれたんだからね。ハッキリ言って、新日本に行って大正解でしたよ」

――さて、ここからが本題で猪木さんの異種格闘技戦をセコンドとして間近で見ていた立場からお話をうかがいたいんです。

「ほとんどの試合でセコンドに入っていたはずですよ。ただ、モハメド・アリと戦った時はいないんですよね。76年は5月半ばから7月まで試合でニュージーランドに行ってたから。日本が暑かったから半袖で行ったんだけど、クライストチャーチの空港に着いたら雪が降ってるわけですよ。そこで初めて〝季節が日本とは逆なんだ！〟と知って（笑）。えらい寒かったから、よく憶えてますよ。アリ戦はテレビのニュースで見ましたね。そんなに時間は長くなかったけど、向こうでもニュースで流れるんだから大したもんですよ」

――ニュージーランドから日本に戻った直後には、猪木さんのブラジル遠征に同行していますね。8月7日、リオデジャネイロのマラカナ体育館でウィリエム・ルスカとイワン・ゴメスが壮絶な喧嘩マッチをやったのは憶えていますか？

「その試合は記憶にないなあ。でも、揉めそうな2人だね

74年の新日本プロレス『新春黄金シリーズ』のポスター。前年秋に合流した永源の写真が大きく使われている。新日本への凱旋マッチは73年10月26日、後楽園ホールにおけるデイブ・モーガン戦（反則負け）で、セミファイナルに組まれた。

え（笑）。ルスカは強いよ。柔道衣を着て試合をやったけど、こっちが目いっぱい腰を引いて力を入れていても、ほっぽられたからね。ルスカは裸でも強かった。最初、アマチュア（※レスリングやサブミッションの意味）はあまり強くなかったけど、少し練習して3〜4ヵ月経ったら強くなった。根性もありましたよ。試合をやったのは、俺とか木戸（修）、長州（力）が一番多いんじゃないかな。気さくで性格も良かった。同じように柔道から転向したバッファロー（バッドニュース）・アレンも真面目な男だったけど、ルスカほどのインパクトはなかったね。でも、アレンは賢いから、ちゃんとプロレスラーになりましたよ。強さではルスカの方が上だったと思うけど、プロレスラーとしてはアレンの方が全然上ですよ」

——ブラジルでルスカと戦ったゴメスも強かったようですね。それ以前、75年5月から76年2月まで留学生として新日本のリングに上がっていますが、シングルマッチでは91戦全勝の記録を残しています。

「俺はやってないよねえ？　スパーリングをやった記憶も

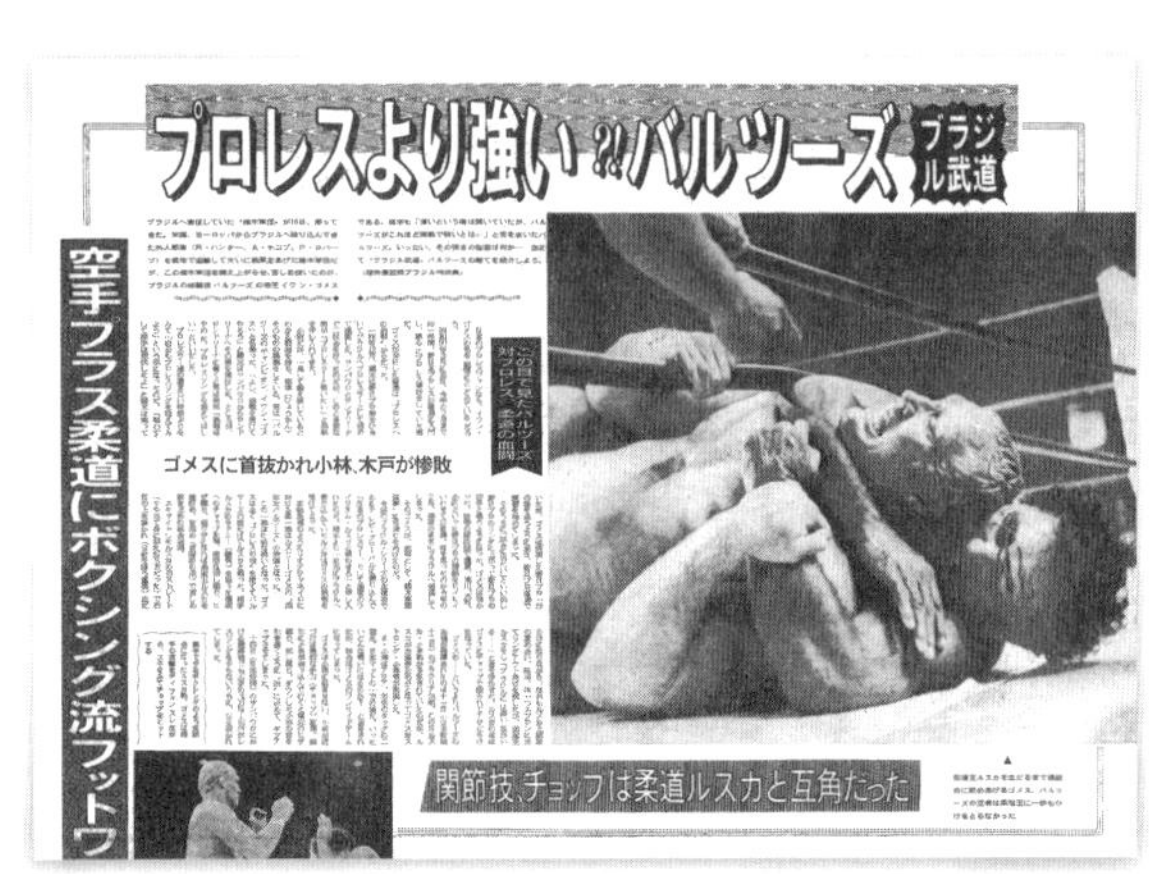

プロレスより強い?!バルツーズ　ブラジル武道

空手プラス柔道にボクシング流フットワ

ゴメスに首抜かれ小林、木戸が惨敗

関節技、チョップは柔道ルスカと互角だった

東京スポーツに掲載されたウィリエム・ルスカvsイワン・ゴメス戦の検証記事（76年8月20日付）。ゴメスが「バルツーズ（バーリトゥード）の技だけでルスカと戦った」ことで、試合は大荒れになったと伝えている。反撃に出たルスカのパンチにより、ゴメスは目の上に9針を縫う裂傷を負った。

●イワン・ゴメス

IVAN GOMES

ブラジルの国技バリツーズの全ブラジル・チャンピオン。10余年にわたり無敗を誇る強者で、大統領の護衛官を務めると同時に多くの弟子を持ち、ブラジルではヒーロー。49年12月、新日本プロレスの一門がブラジル遠征したときアントニオ猪木に挑戦を申し入れたが、試合と練習を見てプロレスリングに関心を抱き50年5月に来日した。猪木に手ほどきを受けて腕を磨くが、現在無敗を続ける。南米で高名な柔道家、コンデ・コマの前田光世（故人）の直系の弟子に柔道を学び3段。強じんな体格と馬力は驚異的なものがある。

<177センチ・108キロ>

新日本プロレスのパンフレットに掲載された留学生時代のゴメス。奇遇にも日本ラストマッチは猪木vsルスカの『格闘技世界一決定戦』が行われた76年2月6日、日本武道館大会の第3試合で組まれた藤原喜明戦だった（逆エビ固めで勝利）。

ないなあ…」

――記録を調べると、永源さんは75年6月10日に室蘭市体育館でゴメスと組み、藤原喜明&木村たかし（健悟）と戦っています。結果は永源さんが木村さんからフォール勝ちしていますが、それ以外はシングルでもタッグでもゴメスとは絡んでいませんでした。

「確かに、ゴメスはアマチュアは強かったかもしれない。でも、試合は上手くなかったね。カタい感じで、滑らかな試合ではないですよ。プロレスそのものは覚えなかったと思いますよ」

――同年10月9日に韓国の大邱で猪木さんがパク・ソンナンの目に指を突っ込んだという伝説の喧嘩マッチにも永源さんは同行されていますね。

「テレビ中継をストップして、遅れて試合をした時の？」

――それは翌日にソウルの奨忠体育館で行われたNWFヘビー級王座の防衛戦ですね。日本でも放送されましたが、坂口さんは〝現地では生中継なのに2人が控室から出てこないから試合が遅れた〟と言っていました。

「それも俺は行ってますよ。前日のひどい試合の時もセコンドに入ってましたね。向こうが〝猪木を倒したら人気が出る！〟という感じで来たから、猪木さんはやっちゃったんでしょう。そういうことがあっても乗り越えちゃうんだから、猪木さんは凄いですよ。お客さんには何があったのかはわからないだろうけど、異様な雰囲気は伝わったと思いますよ。やっぱりアマチュアで入っていったら猪木さんは強いからね」

――永源さんは、猪木さんとスパーリングしたことは？

「もちろん、ありますよ。強い。すぐに腕を極められたり、足を極められたり。東京プロレスに入ってすぐに俺はまあまあ身体もあったし、ちょうどいい相手だってことでガンガンやられて。猪木さんは若い頃からいろいろな技を知っていたけど、特に腕を極めるのが巧かった。で、関節が柔らかいし、身体自体が柔らかい。だから長年、ガイジン選手や異種格闘技の選手に攻撃されても、やっていられたんですよ。あれで身体が硬かったら無理ですよ」

――話を戻すと、当時の韓国は反日感情が強かったでしょうから、猪木さんがパク・ソンナンをやってしまった後は大変だったのでは？

「そういう時に猪木さんを守るのが俺の役目だからね。やっぱり一番守ったのがパキスタンですよ。あれは終わったらイチ、ニ、サンで控室に戻って、すぐにホテルへ逃げましたからね。で、そのホテルから出られなかったから」

――その有名な76年12月のパキスタン遠征で、永源さんが同行メンバーに選ばれた理由は何だったんですか？

「猪木さんと新間さんが選んだと思うんですよ。あとは藤原と小沢（正志＝キラー・カーン）がいたけど、3人ともそれなりに身体が大きくて年齢も同じぐらいだし、頑丈な人間が選ばれたのかもねえ」

——あの時は12月9日に蔵前国技館で猪木vsウィリエム・ルスカの再戦が行われた後、10日に日本を発ち、11日の午前3時にカラチに到着しました。その日は午前中からパキスタン初代総督モハメド・アリ・ジンナーの墓を訪れるなど行事があって、午後は国営テレビの特別番組に出演、そして翌12日に試合を行うというハードなスケジュールでしたね。

「でも、VIP待遇でしたよ。行く時はパキスタン航空で猪木さん、奥さんの倍賞美津子さん、新間さんはファーストクラスでね。俺たちは後ろの方に乗ったんだけど、ビックリしたのはファーストクラスの方には寿司が入った大きな桶が3~4個用意してあって、〝食べてください〟って。だから、それを食うために俺たちもずっとファーストクラスにいましたよ（笑）。あとは機長室で副機長のイスに座らせてもらったりね。あれは快適な旅でした（笑）。カラチ空港に着いた時には、深夜にもかかわらず3000~4000人が見に来ていましたからね。アリ戦の後だったから猪木さんは向こうでも有名人でしたし、当時は忙しかったからスケジュールがハードになっちゃうのも仕方ないですよ」

——そして、決戦場のカラチ・ナショナル・スタジアムには7万人の大観衆が詰めかけたと言われています。

「ホントに凄かった。警察官も2000人以上いたと聞いたから。リングから見渡すと、何キロも先の山の上に人がいっぱいいて、試合を観戦してるの。でも、見えるわけないでしょ、そんなもん（笑）。リングサイドの一番前の席は、金のある人しか座れないですよ。確か料金は100ドルとか言ってたから」

——その大観衆の中で、猪木さん以外に試合をしたのは永源さんだけなんですよね。ボル・ブラザーズの六男で末弟のゴガ・ペールワンと対戦されましたが、彼はどんなレスラーだったんですか？

76年12月、猪木はパキスタンに遠征。後方右端に同行した永源の姿がある。同月12日、カラチ・ナショナル・スタジアムで永源はボル・ブラザーズの六男ゴガと対戦し、4R0分37秒、ボディスラムからの体固めで敗れた。

「俺より一回りぐらい大きかったねえ。力も強い。だけど、技は何もなくて、組んだらもうボディスラムで投げたりとか。それしかできない。ホントに技なんか何もないよ。それで俺が悪いことして、向こうが一発殴ったら、7万人が〝ウワーッ!〟って。〝何でこんなに騒ぐのかな?〟と思ったけどね(笑)。向こうの選手への声援は凄かったですよ。俺が〝待て、待て〟とロープに逃げたら、7万人が沸くんですよ。日本人の弱い奴が逃げたと思って(笑)」

――ということは、永源さんはヒールなんですね。

「そうそう。首を絞めたり、アメリカでやっていたのと同じようなことをやりましたよ」

――でも、アメリカのレスラーとは異なり、まったく未知の相手とやるというのは怖くなかったですか?

「どんな技をやるのかもわからないし、寝技、立ち技…何にもないし。しかも組んだら、もうガッチガチに力が100%入ってるしね。こっちが投げようと思っても、引っ繰り返ることはあるけど、踏ん張っちゃうんですよ」

――そういう訳のわからない選手と試合をする場合、不用意に相手の技を受けて様子を見ることもできないですよね。

「危なくて下手に受けられない。怪我したら、どうしようもないからね」

――ボディスラムを食ったということですが、それもどう落とされるかわからないから危険ですね。

「でも、力が強かった。俺が踏ん張っても上げちゃうんですよ。だから、何とか受け身を取って。結局、ボディスラムを何発か食って負けちゃいましたよ。リングの状態も悪いし。土の上にマットを敷くんですから。ロープも緩いしね」

――そして、問題の猪木さんとアクラムの試合ですが、永源さんから見て、どういう雰囲気でしたか?

「新間さんが控室に来て、〝永源ちゃんよ、向こうの対応が随分おかしくなってきたから、セコンドをしっかり頼むよ〟って。きっと向こうは日本人のプロレスラーなんか大して強くないと思っていたんじゃないですか?」

――猪木さん自身は、ピリピリしていたんですか?

「そんな風には見えなかったけど、なっていたんでしょうね。猪木さんはピリピリしていても、意外と顔には出さない。そういうのを人には見せないから。でも、セコンドに入っていてね、ホントにどうなるのかと思ったよ。アクラムって腹が出てるんだけど、元気があるんだよね。意外とスタミナがある。ゴガもそうだけど、腹は出ていても、しっかりした筋肉なんですよ」

――第2ラウンドで猪木さんがアクラムの右目に指を突っ込んだということですが、永源さんがいた位置からは見えました?

「それは向こうが因縁をつけてきただけじゃないの? よっぽどピンチに追い込まれたらするかもしれないけど、

猪木さんが8－2で優勢だったし、ゆったりとやっていたから、そんなことをする必要はなかったと思うねえ。結局、第3ラウンドで猪木さんが腕を折っちゃって、新間さんの顔色が変わりましたよ。〝早く行こう！〟って。そこには倍賞美津子さんもいたからね。だから、すぐに控室に戻って、ホテルへ逃げて」

――その後、ホテルで軟禁状態のようになってしまったんですよね？

「猪木さんが賢いのは、カップヌードルの入った大きなケースを2つぐらい持ってきていたんですよ。あれは奥さんが気を遣って持ってきたのかな？　それをみんなで〝ごっつぁんです！〟と食べて（笑）。パキスタンのファンは意外と〝猪木は凄い！〟みたいに好意的な感じだったけど、〝ホテルの外に出たら、みんな付いてきちゃうから出ないでくれ〟と言われたんですよ。それとアクラムの兄弟たちが〝プライドを傷つけられた〟と復讐に来るとか来ないとかいう話もあったから、護衛が付いて…」

――それにしても大変な遠征でしたね。

「帰国する時も猪木さんたちは先に帰って、俺たちはタイ経由で帰ったんですよ。でも、タイの空港で離陸する時に飛行機のタイヤが溝に落ちてガタンと傾いてね。結局、飛ばなくなっちゃって。あの時は3日間かな、航空会社持ちでホテルに滞在して、食って飲んで。あれも楽しかったね

猪木は3R1分5秒、アクラム・ペールワンをドクターストップ（試合続行不可能）で降す。この後、永源と対戦したゴガが猪木に対して挑戦の名乗りを上げ、現地の新聞でも報道されたようだが、一族の反対に遭って実現しなかった。

え（笑）」

――その2年半後に再びパキスタン遠征が行われ、永源さんはここにも同行していますね。79年6月16日（現地時間）、ラホールのガダフィ・ホッケー競技場で猪木さんはアクラムの甥のジュベール・ペールワンと戦い、10万5000人の大観衆が集まったとも言われていますが。

「いやあ、10万人は大げさかもしれないけど、よく入ってた。1回目と同じで、見えるわけがないのに丘の上にいっぱい人がいるんですよ」

――当時の報道では、会場内の観客以外に丘の上のタダ見が2万5000人もいたと。

「そうだったかもしれないねえ（笑）。あの時は2大会やって、カラチでやった猪木さんとタイガー・ジェット・シンの試合も結構入りましたよ。警察官も3000人ぐらいいたかな。俺はセコンドに入っていて、猪木さんがシンを場外へ放り投げた時、シンを蹴っ飛ばしたの。そうしたら、向こうの警察官が俺に銃を向けてきて撃つ構えになったんですよ（苦笑）。あそこはホッケー場だから控室までかなり距離があるんだけど、両手を上げたままそこへ行くまでの時間が長かった（笑）」

――パキスタンでは、シンがベビーフェースなんですか？

「いや、猪木さんがベビーフェースでシンがヒールなんだけど、お客さんの声援は五分と五分だったかなあ」

――前日の試合では、観客の全員が地元のジュベール支持ですか？

「もちろん、そうですよ。だから、一歩間違えたら本当に危ない状況。俺もセコンドに入っていながら、〝こうなったら、ここに逃げて帰ろう〟と考えていましたよ」

――ジュベール戦の映像を観ると、ラウンドが終了するたびに永源さんが一生懸命、猪木さんの背中をタオルで拭いていました。報道によると、当日の最高気温は47度、試合開始の午後9時は44度だったということですが。

「ホントに暑かった！　セコンドに入っていてもシャツがビシャビシャだもん」

――アクラムは猪木さんと対戦した時に47歳でしたが、ジュベールは19歳の若さで、試合映像を観るとナチュラルに強いと感じさせるファイターですよね。

「ペールワン一族はあまり気の利いた技はないんだけど、力が強いんですよ。単なる力がね。だから、その力をアームロックで攻めたりとか、もっと考えて使えば強いと思うんだけど、ちゃんと技術を教える人がいないんだろうね。でも、パキスタンのお客さんはあれで満足しちゃうのかもしれない」

――結果は5ラウンドをフルに戦って引き分けとなりましたが、猪木さんが相手の手を上げながらリングを1周して健闘を称えたことで観客はジュベールの勝ちだと勘違いしてリング上に殺到しましたよね。ただ、公式記録はドローなので、観客がレフェリーにナイフを突きつけて、〝ジュベールの勝ちにしろ！〟と恫喝したという話もあります。

「リングにいろんな人が入ってきちゃってね。あういう状況が一番危ないんですよ。レフェリーがナイフを突きつけられたかどうかは知らないけど、ホントに1分後に何が起きるかわからない、あそこは…。俺は猪木さんを無事にホテルへ送り届けることができてホッとしましたよ。猪木さんとはドバイにも一緒に行ったし、俺はボディガード役ですよ。いつも新間さんが〝永源ちゃん、何かあったら頼むよ〟って。それに実際にはなかったけど、道場破りみたいなのが来る可能性もあるからね。だから、外国に行ったら帰るまで神経を使いっ放し。何が起きるかわからないんですよ。ましてや南アジア、中近東といった地域はね。慣れているアメリカだったら、まだ読めるんだけど。猪木さんの異種格闘技戦で印象に残っているのは海外だったら、やっぱりパキスタンのアクラム戦、日本だったらウィリー・ウィリアムス戦だねえ」

――猪木vsウィリー戦はセコンドが4人というルールになり、永源さんの他に星野勘太郎、藤波辰巳（辰爾）、長州力が付きました。中でも永源さんはラウンドが終了するたび、すぐにリングに入って猪木さんの盾になっていた印象があります。

「セコンドの人数が決まっていたのに、向こうは黒いジャンパーを着たのがいっぱい入ってきたでしょ」

――極真空手の門下生たちですね。

「まさか入ってくるとは思わないでしょ。こっちは手を出さなかったけど、試合後に新間さんが向こうの控室に文句か何かを言いに行って蹴っ飛ばされたのかな。こっち側はそうでもなかったけど、空手側のエキサイトぶりは異常だった。危なかったですよ、あの試合は」

永源は「プロレスvs極真空手」として大きな話題を集めた猪木vsウィリー・ウィリアム戦でもセコンドに指名された。猪木は永源が亡くなった際、追悼コメントを出したが、密かに自宅を訪ねて故人と最後のお別れをしたという。

――試合前からバックステージも異様な雰囲気だったんですか？

「異様も異様でしたよ。控室に誰も入れないし。新聞さんだって、猪木さんになかなか会えないんだから」

――猪木さんは個室だったんですか？

「蔵前国技館の支度部屋の一番奥に衝立を作って、ずっと籠っていましたよ。特別な用事がない限りは誰も入れない。俺は新間さんから〝永源ちゃん、どうなるかわからないから、セコンドだけはしっかりやってくれよ〟と言われましたよ。〝何かあった時には行ってくれ〟って。そりゃ、何かあったら行きますよ。逃げるわけにはいかないんだから」

――状況によっては、リングに介入して試合を壊すことも？

「そういう場合もあるかもわからないね。あの試合ではそこまでならなかったけど、俺は常に飛び込める体勢でいたし、ラウンドが終了するたびに猪木さんが安全になる位置に立ってましたよ。でも、あれはどっちがいい悪いじゃなくて、緊張感のある試合だったね。空手側のエキサイトぶりは確かに異常だったけど、考えようによっては気持ちが純粋なんだと思いますよ。異種格闘技戦をやっていた頃は、熱い時代でしたね。みんなが純粋だったんですよ」

――その熱い時代に、猪木さんは最前線で戦っていたんですよね。

「たとえ控室でゴロッと横になっていても、いろいろ考えていたと思いますよ。何だかんだ言っても、猪木さんは大したもんだねえ。自分に自信がなければできませんよ」

――そのセコンドも命懸けだったと思います。

「とにかく、何があっても猪木さんを守らなきゃいけない。海外だったら、猪木さんを無事に帰国させなきゃいけない。パキスタンでは、〝何かあったら、この道を通って控室に戻って、こうやって会場から脱出してホテルに戻って…〟と自分なりに考えていましたからね」

――永源さんがこれほど猪木さんと密な関係だったことは、リアルタイムで知らないファンには意外な事実なのかもしれません。

「今だって仲はいいですよ。当たり前だけど、会ったら挨拶もするし。やっぱり世話になってるんだから。昨年（2014年）の佐々木健介の引退パーティーとか、結構いろいろな場所で会ってますよ。あれは2～3年前だったかな…石川県の和倉温泉にある加賀屋（老舗の高級旅館）に行った時、ちょうど猪木さんが何かの用事で来ていたんですよね。だから、挨拶して自分の部屋に戻って寝ていたら、〝おい、永源、何してんだよ？　下に降りてきて飲もうよ〟と猪木さんから電話がかかってきて、一緒に飲みましたよ（笑）」

昭和・新日本プロレスの格闘ロマン 4

追想――シュツットガルトの惨劇

証言 新間 寿

■元新日本プロレス営業本部長

聞き手＝小佐野景浩　協力＝那嵯涼介

アントニオ猪木の海外での戦いの歴史を紐解くと、1976年10月に韓国へ遠征してパク・ソンナンをセメントで潰した〝大邸の惨劇〟や同年12月のパキスタンにおける〝アクラム・ペールワン腕折り事件〟が伝説化されているが、もうひとつ忘れてはならないのが〝シュツットガルトの惨劇〟と呼ばれた78年11月25日のローラン・ボックとの一騎打ちである。

地下プロレスのような薄暗い会場で猪木が何度もスープレックスでマットに叩きつけられて判定負けを喫した姿はテレビ朝日『ワールドプロレスリング』を通じて日本全国に流され、当時のファンに大きな衝撃を与えた。

この78年の欧州遠征は当時、ボック戦、カール・ミルデンバーガーとの異種格闘技戦が放映されただけだが、同行した当時の新日本プロレス営業本部長・新間寿氏の証言を元に〝死の強行軍〟と呼ばれた『欧州世界選手権シリーズ』の実態を解き明かしてみたい。

「ボックはろうあ者で、レスリングが物凄く強い」

西ドイツのプロレスラー兼プロモーター、ローラン・ボックなる人物から猪木に「ぜひ我が国に来て、私の挑戦を受けてほしい」というアプローチがあったのは77年4月のことだった。

未知の男からの挑戦表明に、新日本プロレスの営業本部長だった新間氏は親しいスポーツ紙の記者へ調査を依頼。その記者から受けた報告は、「ボックはろうあ者で、レスリングに集中できるから物凄く強い」というものだった。

「ちょうどニューネッシー（※77年4月にニュージーランド沖で引き揚げられた首長竜に似た謎の巨大腐乱死体）が話題になっていた頃なんだけど、世の中にはまだまだ知られていない生物がいるんだなというのと同じように、世界には我々が知らない格闘技があって、とてつもない力を持った選手がいるんじゃないかと思ったね。逆にボックとしたら、モハメド・アリと戦った〝東洋の神秘〟である猪木さんを呼んだらヨーロッパでセンセーショナルなニュースになるということだったんだろうけど」と新間氏は述懐する。

68年のメキシコ五輪に西ドイツ代表として出場し、グレコローマンで5位に入賞したボックは73年9月にハンブルグでプロデビューしているが、当時は欧州マット界の情報が少なく、日本ではまったく無名のレスラーだった。

1年後の78年4月に自費で来日したボックは、猪木に直談判。同年11月に猪木初の欧州遠征が実現することになるが、新間氏は一抹の不安を感じたという。

76年6月26日のモハメド・アリ戦以降、猪木の許には世界中から挑戦状が殺到したものの、要請に応じて遠征した同年10月の韓国、12月のパキスタンで相次いで〝事件〟に見舞われたからだ。

「パキスタン遠征のアクラム・ペールワン戦だって、〝新間、俺は負けるわけないけど、ちゃんとした試合をさせてくれるんだろうな〟と聞かれて、〝大丈夫ですよ、社長。向こうもちゃんとしたプロモーターなんですから〟と言っていたんだよ。それが試合が始まる5分前になって、〝今日はプロレスじゃない。何でも有りの試合だ！〟と変わったんだから。それで猪木さんが怒ってさ。気を入れ直して出て行って、ペールワンの腕を折って…」

「あの試合は涙が出たね。終わった後、涙を流して〝社長、すみませんでした。こんな試合をしてもらっちゃって〟と言ったよ。そうしたら、猪木さんが〝何がこんな試合だ、バカ野郎。俺は折ってきたんだ！〟って。奥さん（倍賞美津子）がいる前で、7万人の大観衆の前で国民的な英雄の腕を折ったんだから。その前の韓国でのパク・ソンナン戦も同じような状況だったしね。だから、この時のヨーロッパ遠征も私の中では不安でしたよ」

だが、最終的にヨーロッパ行きを決断したのは猪木自身だった。そこには猪木なりの格闘ロマンがあった。

「ある時、〝新間、もし許されることなら、俺はインド辺りの聖地と言われる場所を徒歩で訪ね歩きたい〟と言い出したの。〝1920年代の世界王者スタニスラウス・ズビスコがインドに行った時にグレート・ガマと戦って、サンドレスリングでたった何秒かで押さえ込まれたという話がある。真実なのか伝説なのかわからないけれども、そういう噂が立つ場所には必ず違う格闘技があるんだ。日本でも嘉納（治五郎）先生が柔道を創り上げる前に、いろいろな柔術があったはずだ。そういうものを探し続けるのが俺の夢なんだよ〟と熱っぽく語っていたこともあったしね。猪木さんはいつでも、どこでも、誰とでも、どういうことでもできるという精神でやっていたから、ヨーロッパに行く時も来るなら来いという感じだった。自分がナンバーワンだと思っているから、〝俺は何でもいいよ〟って」

そして、新間氏は自らマネージャーとして同行すると同時に、藤原喜明をポリスマンとして連れて行く。

「やっぱり藤原はボディガードとして頼りにしてた。藤原の実力は半端じゃないし、だからパキスタンにも連れて行ったし。あの時のパキスタンには小沢（正志＝キラー・カーン）と永源（遙）ちゃんも一緒に行ったけど、それぞれに役割があったのよ。永源ちゃんなんてコンクリートの上に投げられたって、へっちゃらだからね。まあ、藤原は別格としても、他は誰でも良かったんだよ、あの頃の新日本プロレスは」

蓋を開けてみれば、この欧州遠征は22日間にわたってヨーロッパ各国をサーキットするという大規模なものだった。

「アジアン・カラテ・キャッチ・キラー」

猪木は現地で「アリと戦ったアジアン・カラテ・キャッチ・キラー」として紹介され、完全に主役扱い。大会ポスターの中央には、猪木の写真と後に代名詞となる「キラー・イノキ」の文字が大きく記されていた。

このツアーは日本では『欧州世界選手権シリーズ』と呼ばれ、11月25日にシュツットガルトで行われた猪木vsボック戦は〝決勝戦〟としてテレビで報じられたが、事実は違うようである。

「あれは世界一を決めるトーナメントとかリーグ戦じゃなくて、本当は〝キラー猪木〟と一緒にサーキットするという普通のツアーだった。ボックとしては〝猪木がワールド・マーシャルアーツ・チャンピオンと称しているなら、俺はヨーロッパで無敵のチャンピオンだ〟ということで各国を回ってから、そのクライマックスとしてシュツットガルトで猪木さんと一騎打ちをやるという考えだったのよ。まあ、地元の英雄と対戦する〝キラー猪木〟だから、向こうではヒール扱いだよね」

「興行的には客が入らない大会もあったよ。地方では300人とか500人とかもあったから。でも、シュツットガルトは超満員だった。大会の前日に何万人も集まるビール祭りというのがあったんだけどね、次の日の夜に猪木vsボック戦が行われるということで、2人が壇上で紹介されたんだよ。祭りの中のデモンストレーションのひとつとしてプロレスの試合が行われたんだけど、このシュツットガルトとフランクフルトは大入りだったんでボックは結構、儲かったんじゃないかな」

西ドイツでは一定の期間、一ヵ所に定着して興行を行うスタイルが主流だが、この『欧州世界選手権シリーズ』のような各会場を回る形のツアーは画期的だったようだ。推測するに観客動員が振るわなかった理由のひとつは、この慣れない興行形式にあったと思われる。

78年「キラー・イノキ・ツアー」のポスター。この時、猪木は『プレ日本選手権』前半戦を欠場し、欧州をサーキット。同シリーズ終了直後には、ニューヨークに飛んでMSG定期戦に出場（テキサス・レッドとのWWF世界格闘技ヘビー級王座防衛戦）するなどハードスケジュールを精力的にこなした。

78年11月8日、西ドイツのデュッセルドルフで行われた猪木vsローラン・ボックの初戦。アマレスで輝かしい実績を残したボックは、当時34歳。このツアーが想定外の不入りに終わったことで、ボックも株主の興行会社『スポーツ・プロモーション＆PR』は倒産に追い込まれる。

ここで〝シュッツットガルトの惨劇〟以外の試合にも触れておこう。11月6日に現地入りした猪木は、地元の報道陣に向けてちょっとしたデモンストレーションを行った。

「リング上で猪木さんが素足でジャンプしているのを見て、向こうのマスコミの人間が驚いたんだよね。猪木さんは足の指全部を内側に曲げた形でジャンプしているわけ。それを見て向こうの人たちは、〝やっぱり東洋の人間は神秘さを持ってる…〟って。後で聞いたら、〝そんなことあったかなあ〟と本人は忘れていたけどね（笑）。そういう演出をして人を惹きつけるのがアントニオ猪木なんだよ」

猪木の戦績は別掲の表にある通りで、22戦して12勝1敗7分（エキシビションマッチを含む）。初戦で対戦経験のあるウィリエム・ルスカをバックドロップで制して幸先のいいスタートを切ったが、2日目のボック戦ではフロント・スープレックスで右肩から硬いリングに叩きつけられ、早くも負傷した。

「受け身が取れない投げ方をされたわけ。猪木さんが〝新間、やっちゃったよ〟って。見ると右肩から骨みたいなのが飛び出していたから、電気マッサージを当てて、毎晩寝る前に治療していたんだ。試合前にも30分ぐらいそのマッサージをして、温湿布をしないと肩が動かなかったの。そういうのを隠しながら猪木さんは、ずっと戦っていたんだよ」

そんなバッドコンディションでありながら、第3戦では元プロボクサーのカール・ミルデンバーガーと異種格闘技戦で激突。ミルデンバーガーは、66年にフランクフルトで当時のWBC世界ヘビー級王者アリに挑戦した地元の英雄である。

しかも猪木はチャック・ウェップナー戦で着用したオープンフィンガーグローブではなく、8オンスの普通のボクシンググローブを着用して試合に臨んだから無謀とも思えるが、延髄斬りでダウンを奪い、最後は逆エビ固めで勝利。

猪木と「グローブマッチ」で対戦したカール・ミルデンバーガーは、プロボクシングの元欧州ヘビー級王者で当時41歳。当初、この日は猪木vsウィルフレッド・ディートリッヒの初対決が行われる予定だったとされている。

この直後、ボックが仕掛けた。

「逆エビで勝ったところでボックがリングに入ってきて、〝猪木は汚い。グローブをはめたなら、何でボクシングをやらないでプロレスの技を使うんだ。俺が今、ここでやってやる!〟ってね。そのままミルデンバーガーのグローブを着けて猪木さんとやろうとしたんだけど、結果的にはセコンドやレフェリーに止められて…なんてこともあったね。そういう感じで2人の遺恨がうまい具合にヒートしていったんだよ」

つまり、ボックはレスラーとして〝アリと戦った男〟を倒すだけでなく、プロモーターとしてもシュツットガルトでの本番をいかに盛り上げるか考えていたのだ。

他にも興味深い試合がいくつも実現しているが、特に注目したいのがアマレスの強豪として知られているウィルフレッド・ディートリッヒとの激突である。ディートリッヒは56年のメルボルンでグレコ銀、60年のローマでフリー金&グレコ銀、64年の東京でグレコ銅、さらに68年のメキシコでもフリー銅と4大会にわたって五輪でメダルを獲得している真の実力者。それもあって猪木は実はボックではなく、このディートリッヒにスープレックスで投げられまくり壊されたという説もあった。

「ディートリッヒにも身体をボロボロにされたね。ボックより、もっと凄かったよ。組んだ途端にスパーンって投げられちゃうんだから。試合中は絶対に笑顔を見せない猪木さんが苦笑いしたからね。それで〝チクショー!〟って突っ込んでいくんだけど、またスパーンと投げられるし」

「あのボックが委縮するぐらいの現地の英雄だったから。〝ディートリッヒは凄いよ。長丁場なら俺の方が若いから勝てるけど、3分とか5分という短い時間でやれと言われ

• 8 • BILD • 29. Juni 1978 • F　　Sport I

Frankfurt sieht im November den Kampf der Giganten

Jetzt gehen sie ran: „Kran" und „Pelikan"

Von JOCHEN WINKEL

Frankfurt, 29. Juni

Leckerbissen für Deutschlands Catcher-Freunde! Der häßliche „Pelikan" aus Tokio, Weltmeister Inoki (32, 1,94 m groß), stellt sich dem „Kran von Schifferstadt" zum Kampf. Wilfried Dietrich (44), zur Zeit in Südafrika, will zwar kein Profi werden, aber diesen Kampf will er sich offensichtlich nicht entgehen lassen.

Das Treffen Inoki gegen Dietrich soll entweder am 9 November in Frankfurt stattfinden oder am 21. November in Ludwigshafen. Dazu Manager **Herbert Waschnitzok:** „Es kommt darauf an, ob Catcher-Weltmeister Roland Bock in Ludwigshafen oder in Frankfurt gegen den Japaner ringt. Danach wird sich Wilfried Dietrich richten."

Roland Bock (34, 1,96 m groß), erfolgreicher Berufsringer und genauso erfolgreich als Veranstalter, hat nämlich den Japaner (er hat im Sensationsfight gegen Muhammad Ali, Ringer gegen Boxer, unentschieden gekämpft) nach zähen Verhandlungen für **eine Million** nach Europa geholt. Inoki wird **zwölfmal** catchen.

Bock trägt – genau wie Inoki – den Titel „Catcher-Weltmeister", beide wurden jedoch von verschiedenen Verbänden gekürt. Als weitere Gegner des Japaners ist neben Bock und Dietrich der holländische Judoweltmeister und Olympiasieger **Geesink** vorgesehen.

Die Verträge sollen im Juli anläßlich des Staatsbesuchs des japanischen Ministerpräsidenten Takeo Fukuda endgültig perfekt gemacht werden.

„Der Kran" – Wilfried Dietrich, unser bester Ringer aller Zeiten

„Der Pelikan" – Inoki, der Star aus Japan

西ドイツで国民的な英雄だった五輪金メダリスト、ウィルフレッド・ディートリッヒと猪木の対戦を伝える現地の新聞記事。ディートリッヒは「クラーン(クレーン=起重機)」、猪木はモハメド・アリ命名の「ペリカン」と称されている。

たら、俺でも敵わない〃とボックが言ってた。たぶん、ミルデンバーガーとかディートリッヒなんかはボックが猪木さんの実力を判断するために当てたんだと思うよ」

その他の対戦相手も強豪が揃っていた。ジャック・デ・ラサルテス（レネ・ラサルテス）はすでに50歳になっていたが、65～69年のハノーバー・トーナメントで5連覇を達成し、〝欧州の鉄人〃と呼ばれたレスラー。70年7月、国際プロレスに一度だけ来日し、サンダー杉山のＩＷＡ世界ヘビー級王座に挑戦している。

オーストリアで対戦したオイゲン・ウィスバーガーはメルボルン、ローマ、東京と3大会回連続でオリンピックに出場したアマレスの猛者。オットー・ワンツは後にアメリカへ進出して、ＡＷＡ世界ヘビー級王者になっている。

ベルギーで対戦したチャールズ・ベルハーストは、ジョニー・ロンドスの名前で新日本の常連だったレスラー。一説にロンドスはカール・ゴッチの命を受け、猪木のポリスマンとしてこのツアーに参加したと言われるが、新間氏は「そんなことはないよ」と一笑に付した。

さらにツアー終盤には、スイス山岳レスリング「シュヴィンゲン」（日本では「スイス相撲」とも呼ばれる現地の伝統格闘技）のチャンピオンであるルドルフ・ハンスバーガーとエキシビションマッチを行っている。

果たして、こうした過酷な試合の連続、しかも慣れないラウンド制を猪木はどう戦ったのだろうか？

「格闘技戦で経験はしていたけど、確かに〝やりにくい〃と言っていたよ。でも、1週間ぐらいやったら慣れちゃったみたいだけど。要するにラウンド制だと試合が途切れちゃうんで、どこにヒートアップするところを持っていくのかが難しいみたいだったね」

勝敗だけでなく、試合のヤマ場の持っていき方まで考えていたのは、いかにも猪木らしい。

また、「あとはリングが硬いから、あまり投げ技を受けると身体を痛めるという不安があったんじゃないのかな。要するにクッションとかがなくて、選手のダメージを考えているようなリングじゃなかった」というから、各地で現地調達されるリングのコンディションはかなりひどかったようだ。

11月23日のオランダ・ロッテルダム大会では、思わぬハプニングが起きている。64年東京五輪の柔道金メダリストとして鳴り物入りでプロレスに転向し、全日本プロレスに上がって話題を集めたアントン・ヘーシンクが出場する予定だったが、なんとドタキャン。猪木との一騎打ちが現地で大々的に宣伝されていたが、当日になって会場に現れなかったのだ。

これに怒ったルスカが「同じオランダの柔道家として、俺が代わりに猪木とやってやる」と名乗りを上げて事なきを得たが、そこには複雑な事情があったようだ。

「たぶん、ヘーシンクは馬場さんと連絡を取ったと思うんだよ。それで日本テレビから、〝何でそんなところに出るんだ！〟とストップがかかったんじゃないかな。ヘーシンクは出るつもりだったと思うよ。結構、いいギャラを提示したというから」

「それとツアーに入る前に、ちょっとした事件があったんだよ。主催者側から〝試合に火が点くようなことを喋ってくれ〟と言われていたらしいんだけど、そうしたらヘーシンクが〝プロレスは約束事がある。真の実力の問題ではない〟というようなことを言い出したんで、ルスカが怒ってね。〝自分がしてきたことをあたかもショーまがいなものだと言ったヘーシンクは、先輩でも許せない。このツアーに参加するなら、俺が相手をして1分で倒してやる！〟となっちゃったらしいのよ。そんなこともドタキャンの一因だったかもしれないね」

そんな怪我あり、ハプニングありのサーキットで猪木を元気づけたのは途中から合流した当時の夫人・倍賞美津子さんの存在だった。

「奥さんが来たら、猪木さんも元気百倍になっちゃって。現地に行ってから試合が増えたりしたんだけど、増えた分のギャラはキャッシュでもらったんで奥さんに渡したら、〝じゃあ、私がマネージャーをやって、いろいろな経費を出すわよ〟と楽しんでやってくれてね。奥さんは周りを明るくする名人だった。あれは天性のものですよ。奥さんがいることで、猪木さんも随分と救われたと思う。でも、その奥さんが見ている前で壊されちゃったんだよねぇ…」

〝地獄の墓掘人〟ボックが明かした本心

そして、いよいよ〝シュツットガルトの惨劇〟と呼ばれる一戦を迎える。市販の映像ソフトにも収録されているのでご覧になった読者も多いと思うが、4分10ラウンドで行われたこの試合には技をやりとりするという通常のプロレスのような〝攻防〟がほとんどなかった。

ボックは一切、猪木の技を受けようとせず、パワーに任せて強引に低空スープレックスで叩きつけ、スティッフなエルボースマッシュを連発。ボックを称える観客のチャントが会場全体を包み込む中、無表情のまま猪木に対してシビアな攻撃を繰り返した。

一方、猪木は投げを警戒してグラウンドに持ち込み、首や足を狙ったが攻めきれず。さらに隙を衝いてドロップキックを放ったり、流れを変えるためにフロントスープレックス気味にボックを場外へ落とすなど陽動作戦に出たが、ロープブレイクに従わなかったため2度にわたってイエローカードを提示され、最終的に判定負けを喫してしまう。

「通訳のケン田島さんが日本側代表として審判になったんだよ。田島さんだけは1ポイントか2ポイント差で猪木さんの勝ちにしたんだけど、あとの2人はボックの勝ちにしていた。私は第三者的に見ていたけど、あれは確かにボックの勝ちですよ。ボックの方が7割攻めていて、猪木さんは3割ぐらいしか攻められなかった。あの時点で猪木さんは右手がほとんど使えないような状態で、完璧といえるコンディションじゃなかったしね。実際、ボロボロでしたよ。2戦目で右肩をぶっ壊されたけど、不撓不屈の精神で乗り切ったんだから。どんなにリング外で嫌なことがあったりしてもリングの中では誠心誠意、自分の神経が及ぶ限りの戦いをしたよね」

試合を終えた猪木は控室で「4分6分ぐらいだろ？　でも、それでいいんだ。ボック、良かったろ？」と新間氏に語ったそうだが、後にボックも「新間、ミスター・イノキはヨーロッパにセンセーションを起こしてくれた。プロレスはヘーシンクが言ったようにショーだとか八百長だと言われていたけど、彼と戦うことによってプロレスは真剣にファイトするスポーツだと我々の国では認められた」と感謝していたという。〝惨劇〟と呼ばれた表面上の戦いとは別に、この試合を通じて猪木とボックの間にはレスラー同士にしか理解できない心の繋がりが生まれたようだ。

この欧州遠征は猪木の身体に大きなダメージを残した反面、欧州マットとのパイプが強固になり、新日本プロレスにとっては多大なプラスをもたらした。

ボックとこのツアーを共催したプロモーターのポール・バーガーはIWGP実行委員となり、オットー・ワンツは第1回IWGPリーグ戦に欧州代表として出場。ワンツが主宰するCWAは新日本のヤングライオンたちにとって武者修行の場となり、坂口征二や藤波辰爾がビッグマッチに招聘されるなど後々まで新日本と深い関わりを持った。

そして、ボックは81年7月に初来日し、初戦で木村健悟をダブルアームスープレックスで秒殺して衝撃の日本デビューを果たす。さらに長州力を相手に3分半で完勝するなど実力者ぶりを発揮。2度目の来日ではラッシャー木村やタイガー戸口（キム・ドク）にも圧勝し、タッグマッチながら藤波もKOした。

「試合後、長州が〝俺は仕掛けてないのに、やってきた！〟と怒っていたよ。だったら、自分もやればいいのに、たぶん長州も萎縮していたんだと思う」

猪木とのシングル再戦は、翌82年の元日興行で実現。この試合は5分10ラウンドで行われたが、3ラウンドにエプロンからロープ越しにスリーパーホールドを仕掛けたボックがレフェリーの制止を振り切って反則負けに。結果的に、これがボックにとって最後の来日になってしまった。

実はこの時、ボックは持病の左足痛を悪化させていてべ

82年1月1日、新日本プロレスは団体初の元日興行を開催した。メインイベントは、多くのファンが待ち望んでいた猪木vsボックのシングル再戦。当時、ボックはIWGP参加を期待されていたが、左足の血栓症が悪化しており、これが現役ラストマッチとなった。

ストコンディションではなかったというが、その後も心臓発作や血管障害に苦しみ、脱税により服役も経験。そのままマット界からフェードアウトしている。

最後に新間氏は熱く語る。

「韓国でパク・ソンナンと戦い、パキスタンでペールワンと戦い、西ドイツでボックと戦った。いつでも、どこでも、誰とでも戦うという姿勢を貫いてきたのが新日本プロレスであり、それを率いていたのがアントニオ猪木ですよ。だから今、アントニオ猪木という人間を一番必要としているのは誰かと言ったら、我々、プロレスを愛する人間全員なんだ。コミッショナーでも何でもいいから、あの人に〝俺がプロレス界の礎を創るんだ〟という精神を今こそ持ってほしいね！」――。

アントニオ猪木「イノキ・ヨーロッパ・ツアー1978」全試合記録

■11月7日（火）
西ドイツ・バーデン＝ヴュルテンベルク州
ラーフェンスブルク オーバーシュヴァーベンホール
○アントニオ猪木 vs ウィリエム・ルスカ●（5R 体固め）

■11月8日（水）
西ドイツ・ノルトライン＝ヴェストファーレン州
デュッセルドルフ フィリップスホール
○アントニオ猪木 vs ローラン・ボック●（5R 反則）

■11月9日（木）
西ドイツ・ヘッセン州フランクフルト フェストホール
○アントニオ猪木 vs カール・ミルデンバーガー●（4R 逆エビ固め）

■11月10日（金）
西ドイツ・ハンブルク特別市
スポーツホール・アルスタードルファー
△アントニオ猪木 vs レネ・ラサルテス△（10R 時間切れ引き分け）

■11月11日（土）
西ドイツ・ニーダーザクセン州ハノーバー
メッセ・スポーツパレス
○アントニオ猪木 vs レネ・ラサルテス●（5R 逆腕固め）

■11月12日（日）
西ドイツ・ベルリン特別市
ドイチュラントホール
△アントニオ猪木 vs ローラン・ボック△（5R 両者リングアウト）

■11月13日（月）
西ドイツ・ヘッセン州カッセル
アイススポーツホール
○アントニオ猪木 vs レネ・ラサルテス●（5R 体固め）

■11月16日（木）
西ドイツ・シューレスヴィヒ＝ホルシュタイン州キール
オストゼーホール
○アントニオ猪木 vs ウィルフレッド・ディートリッヒ●（4R 腕固め）

■11月17日（金）
西ドイツ・バイエルン州ミュンヘン
ゼトルマイヤー・スポーツホール
△アントニオ猪木 vs ウィリエム・ルスカ△（10R 時間切れ引き分け）

■11月18日（土）
西ドイツ・バーデン＝ヴュルテンベルク州オッフェンブルク
オーバーラインホール
○アントニオ猪木 vs レネ・ラサルテス●（反則）

■11月19日（日）
スイス・バーゼル＝シュタット準州バーゼル
ザンクト・ヤコブ・スポーツホール
○アントニオ猪木 vs レネ・ラサルテス●（5R 反則）

■11月19日（日）
オーストリア・ウイーン市
ウィンナー・ハレンスタディオン
○アントニオ猪木 vs オイゲン・ウィスバーガー●（4R 反則）

■11月20日（月）
西ドイツ・ザールラント州ザールブリュッケン
ザールラントホール
○アントニオ猪木 vs レネ・ラサルテス●（4R 体固め）

■11月21日（火）
西ドイツ・ラインライト＝プファルツ州ルートヴィヒスハーフェン
フリードリッヒ・イバルトホール
○アントニオ猪木 vs ウィルフレッド・ディートリッヒ●

■11月23日（木）
オランダ・南ホラント州ロッテルダム
スポーツパレス・アホイ
△アントニオ猪木 vs ウィリエム・ルスカ△（10R 時間切れ引き分け）

■11月24日（金）
西ドイツ・ノルトライン＝ヴェストファーレン州ドルトムント
ヴェストファーレンホール
△アントニオ猪木 vs オットー・ワンツ△（10R 時間切れ引き分け）

■11月25日（土）
西ドイツ・バーデン＝ヴュルテンベルク州シュツットガルト
キレスベルクホール
○ローラン・ボック vs アントニオ猪木●（10R 判定）

■11月26日（日）
ベルギー・リエージュ州リエージュ
パレス・デ・スポーツ
○アントニオ猪木 vs チャールズ・ベルハースト●（4R 逆さ押さえ込み）

■11月27日（月）
ベルギー・アントウェルペン州アントウェルペン（アントワープ）
スポーツパレス
○アントニオ猪木 vs ウィリエム・ルスカ●（4R 反則）

■11月28日（火）
オランダ・南ホラント州スヘフェニンゲン
メッセホール
○アントニオ猪木 vs ウィリエム・ルスカ●（2R 反則）

■11月29日（水）
スイス・チューリッヒ州チューリッヒ
ホーレンスタジアム
『障害者のためのチャリティ・スポーツの祭典』
△アントニオ猪木 vs ルドルフ・ハンスバーガー△（15分 時間切れ引き分け＝エキシビションマッチ）

■11月29日（水）
オーストリア・オーバーエスターライヒ州リンツ
スポーツホール
△アントニオ猪木 vs オイゲン・ウィスバーガー△（10R 時間切れ引き分け）

※注1＝日付は現地時間。
※注2＝11月21日の試合結果は日本では「4R 両者リングアウト」と報道されたが、諸説ある。
※注3＝11月28日の開催場所はアウスシュテロンクス・ホールという説もある。

昭和・新日本プロレスの格闘ロマン5

激録――ペールワン一族との攻防

証言 新間 寿

■元新日本プロレス営業本部長

聞き手＝小佐野景浩　写真提供＝新間 寿

1979年6月16日（現地時間）、パキスタン・パンジャーブ州ラホールのガダフィ・ホッケー競技場で行われたアントニオ猪木vsジュベール・ペールワン戦をブッキングしたのは当時の新日本プロレス営業本部長・新間寿氏である。遠征にも同行し、試合をリングサイドで見守っていた新間氏は、この同国再遠征の舞台裏を最も知る人物ということになる。

なぜ猪木はあの時、再び不測の事態に巻き込まれる可能性のあったパキスタンまで出向かなければいけなかったのだろうか――。この一戦はテレビ朝日『ワールドプロレスリング』で放映されなかったため長年、謎の多い試合だったが、現在はYouTubeに現地で放映されたテレビ映像がアップロードされているので、ご参照の上、読み進めていただきたい。

――猪木vsジュベール戦を振り返る前に、まずは76年12月のパキスタン初遠征が実現した経緯から改めて教えてください。

「モハメド・アリ戦（76年6月26日）が終わった直後、7月初旬だったと思うけども、キッカケはパキスタン大使館から〝今、日本にカラチからレスリングのプロモーターが来ていて新日本プロレスと話がしたいと言っているんです

76年12月、パキスタン初遠征時の猪木と新間氏。当初は猪木や永源遙が出場した初日（12日）だけでなく、15日と19日にも興行が開催される予定だったが、"腕折り事件"の余波で急遽、中止となった。

が、どなたか対応できますか？〟と電話がかかってきたんだよ。それで私が話をすることになって、大使館の人間がサリム・サディックを連れてきたの。サディックは160キロぐらいある大きな男でね。彼がプロモーターなんだけど、後にIWGP実行委員にもなる実業家のノスラット・アジム、カラチのクリケット協会の会長、それに空軍の将軍とか5人ぐらいがグループを作って猪木さんを呼ぶための資金を出すということで、下見とプローションのために早速、8月に私がパキスタンに行ったんだよ」

――その際、現地のマスコミに〝プロレスはショーではないのか？〟と詰め寄られたと聞きましたが。

「面倒臭いから、小さい痩せてる新聞記者に足4の字固めをかけてやったのさ。そうしたら、〝ギャーッ〟と悲鳴を上げて（笑）。〝これはプロレスの技なのか？〟って騒然となっちゃってね。私は〝プロレスには3000の技がある。これはその一つに過ぎない。アントニオ猪木は、そのすべてをマスターしている〟と言ってやったんだよ。それでその場は収まっちゃったね（笑）」

――ファイトマネーは10万ドル（当時のレートで約3000万円）だったという話もあります。

「そうだよ。当時のパキスタンという国を考えたら、相当な額だった。私と猪木さん、奥さんの倍賞（美津子）さんは飛行機もファーストクラスで招待してくれてね。飛行機の中で寝ていたら、猪木さんが〝新間、起きろよ。見ろ、白き神々の座だぞ〟と言うんだ。窓の下を見たら、月の光に照らされたヒマラヤ山脈の上空でね。あれは感動したねえ。客室乗務員は、〝私たちもこんなに綺麗なヒマラヤを見るのは珍しいんです。やっぱり猪木さんは凄いですね〟と言ってたよ。私は子供の頃から万里の長城を見たい、ヒマラヤを見たい、それと『トム・ソーヤーの冒険』や『ハックルベリー・フィンの冒険』を読んでいたからミシシッピ川を見たいというのが夢でね。猪木さんと一緒にミシシッピ川とヒマラヤを見ることができたわけ。だから、アントニオ猪木という人には本当に感謝している」

——あの最初のパキスタン遠征も新間さんにとっては良い思い出なんですね。

「猪木さんと共に歩いた10年強という時間は私にとって人生の縮図というか、あの期間に人生が凝縮されているというかね。カラチに着いたのは朝3時だったんだけど、３００人ぐらいの人たちが〝アノキ！　アノキ！〟と集まっていて、やっぱりモハメド・アリと戦った猪木さんの知名度は凄いものがあったよ」

——そして12月12日、カラチのナショナル・スタジアムにおけるアクラム・ペールワンの腕を折った伝説の一戦を迎えるわけですが。

「前にも喋ったと思うけど、当日になってサディックが〝新間、大変なことになった。今日はプロレスじゃない、何でも有りだ。リアルファイトだとボル・ブラザーズが言っている〟と控室に駆け込んできたんだよ。私にしてみれば、〝何がリアルファイトだよ！〟という気持ちだったし、猪木さんも怒ってね。それで気を入れ直してリングに上がったんだよ。あの時の猪木さんの形相は凄かった。試合は一方的だったよね。セコンドに付いていた藤原（喜明）が一生懸命、私に〝あの攻めは絶対です、大丈夫です！　社長、凄い！〟と言うんだよ。私も藤原がそう言うから安心していた。試合後、７万人の大観衆が〝凄い！〟

前列左がペールワン一族の五男アクラム。当時の報道によると、猪木に敗れたアクラムはカラチ市内のシビル病院に入院。試合の４日後に猪木は「見舞いに行きたい」と申し出たが、ボル・ブラザーズ側に拒否されたという。

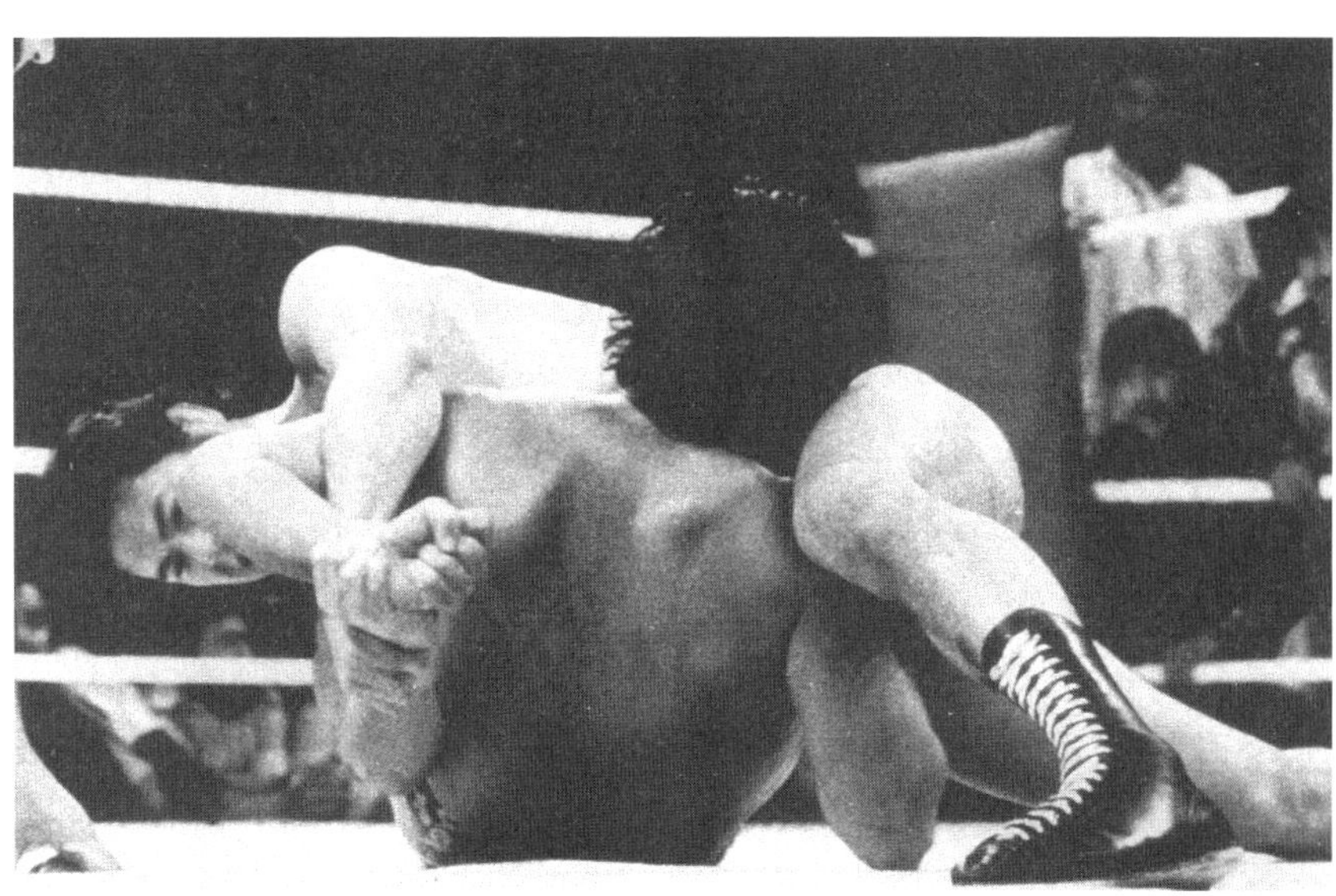

猪木は試合後に東京スポーツの取材を受けて、「関節技で締めつけても、底なし沼に引き込まれるような感じで、アクラムに手応えを感じなかった」とコメント。その結果が非情なフィニッシュに繋がった。気になるアクラムへの"指入れ"に関しては、「猪木のパンチを浴びた右目損傷」という報道もあった。

と呆気に取られてね。倍賞さんは、〝新間さん、頼むわよ〟と半泣きだった。藤原か小沢（正志＝キラー・カーン）がガードして猪木さんを控室に連れて行ったんじゃないかな。〝俺は折ったぞ！〟と言った時の猪木さんの顔色は普通じゃなかったよ。自分の名前を守るために、この人はどれだけ精神の集中をしているんだろうと思ったね」

――あの試合で猪木さんがアクラムの目に指を突っ込み、逆にアクラムは猪木さんの左腕に噛み付いたという部分が話題になりますが、どちらが先にやったんでしょう？

「それは永遠の謎よ。猪木さんは〝食いちぎられると思ったから、目に指を入れた〟と。アクラムは、その逆を主張しているわけだからね。でも、ああいうことがあったからこそ〝プロレスラーは自分の名誉を守るためには凄いことをやる。アクラムも凄いけど、猪木も凄い！〟と評判になったの。〝噛み付いてでも、目の中に指を入れてでも勝とうとする。これがリアルファイトだ！〟とパキスタンで一気にレスリングが持ち上げられたわけ」

――さて、本題となる79年の遠征ですが、同年2月7日から10日間の予定で行われると発表されたものの、延期が繰り返されて一時は話が立ち消えになりましたよね？

「開催が延期になったのはパキスタン国内じゃなくて、ボル・ブラザーズの中の政情不安定だったんだよ（苦笑）。向こうは長男のボルが代表として話し合いに出てきて、私は〝あなたたちは素晴らしいレスリング一家なんだから、パキスタンで月1回の興行ができるようなシステム作りをしなさい。新日本から選手を送ってあげるし、そっちからも選手を送りなさい〟と言ったの。それで向こうはOKと言っていたんだけど、いつまで経っても日本のパキスタン大使館に連絡が来なかったんだよ」

――ところが、6月11日になって急遽サリム・サディックが来日し、猪木さんや新間さんらは15日に出発するという慌ただしいスケジュールでした。出発前日には『夢のオールスター戦』に関して馬場さん、国際プロレスの吉原功代表と深夜2時過ぎまで話し合っていて猪木さんはほとんど寝ずに出発したようですが、そうまでしてパキスタンに行かなければならない事情があったんですか？

「あれは行かなきゃいけなかった。パキスタンで〝プロレスは真剣勝負である〟というイメージが出来上がって、そこにはアントニオ猪木がどうしても必要だということでね。サディックが日本に来て、〝ようやく準備が整ったから来てほしい〟と。それで急遽、決まったんだよ。それに猪木さんという人はね、〝嫌だ〟と言ったことはないし。猪木さんは寝不足でパスポートを忘れちゃったんだよね。倍賞さんが慌てて空港に届けに来て、夫婦喧嘩（苦笑）」

――下世話な話ですが、アリ戦で背負った負債の返済という事情もあったんですか？

「いやいや、それは私が別に返したから。この試合の猪木さんのギャラは、それとは別ですよ。どうして猪木さんが個人で返さなきゃいけないのかという話でね。ローラン・ボックとやったヨーロッパ遠征（78年11月）だって、そうだし。猪木さんも奥さんからお金を出させたりしていたから、〝社長、私はそういうことはすべてわかっていますよ〟と。だから、あの時のヨーロッパのギャラはそのまま奥さんに渡した。〝私は会社から、もらっています。奥さんは会社からお金をもらっていないんだから、これをもらって当たり前です。これはヨーロッパでの猪木さんのマネージャーとしてのギャラですから〟って」

――そして、いよいよジュベール・ペールワン戦を迎えるわけですが、当時、日本にはルールの詳細が伝わらなかったんですよ。

「この時は通常のプロレスルールだったたね。〝アクラムの時のような試合を望むのか？〟とジャラ（ジュベールの愛称）、その父親のアスラム、一族の代表のボル、サディックと話をしたのよ。その時、ジャラは〝自分はミスター猪木といい試合、お互いの力を出し合えるような試合をしたい。ミスター猪木をリスペクトしている〟と言っていただけで、あとは条件も何もなかった。サディックが〝5ラウンドまでやってドローの場合には、もう3ラウンド延長して、それでも決着が付かない場合には判定にしよう〟と言うから、私も了解してね」

――前回と違って、紳士的な話し合いができたわけですね。

「でも、本当のことを言ったら何をやられるかわからないじゃない？　ジャラとやる時には私も気を遣ってさ、時計とかパールのネックレスを土産に持っていったよ（苦笑）」

握手を交わす新間氏とペールワン一族の四男アスラム。76年のパキスタン初遠征で、アスラムは猪木と第2戦（12月15日）で対戦する予定だったとされている。79年6月に猪木と対戦したジュベールは彼の息子。

――ジュベールの印象はどうでした？

「まず身体が大きいということ。あいつは3本の鍬（くわ）を使って、地面を掘り起こすようなトレーニングをしていたんだよ。それから、農耕馬に付ける鋤（すき）みたいなものを自分の身体に付けて引っ張るんだよね。それを見た時に、〝これは1920年代にグレート・ガマ（ボル・ブラザーズの伯父）がスタニスラウス・ズビスコと試合をした時代のトレーニングなのか!?〟と思った。ズビスコは、たった10秒ぐらいでガマに押さえ込まれたと言われているよね。どういう試合方法だったのかはわからないけど、そういう昔の伝説を思い出して言い知れぬ怖さを感じたのは確かだよ」

――想像力を掻き立てられるトレーニングをやっていたわけですね。

「映画の『ロッキー4』でシルベスター・スタローン扮するロッキー・バルボアがロシアのイワン・ドラゴ（ドルフ・ラングレン）の科学的なトレーニングに対して、大自然の中でトレーニングしていたのと同じだよ。あの映画を観た時に、スタローンは猪木さんからジャラの話を聞いたんじゃないかと思ったの。なぜかというと、『週刊プレイボーイ』で猪木さんとスタローンが対談したことがあったんだよね」

――猪木vsジュベール戦が『ロッキー4』のヒントになっ

ていたとしたら面白い話ですね。

「それはともかく、ジャラは当時19歳の若さだったというのも脅威だったね。彼らボル一族はヨーロッパの選手を呼んできて手を折ったり、指を折ったりという試合方法で勝ってきたというし、非常に危険な一族だったんだよ」

――猪木さんは、ジュベールを見た時に何か言っていましたか？

「その前に会った時はまだ16歳の少年だったから、〝デカくなったなあ〟と。実はもう一人、星の王子様みたいな子がいてね。ジャラより1歳年下でボルの息子のナッシルというんだけど、私と猪木さんは76年に初めてパキスタンに行った時から気に入っていたんだ。日本でスターにしたくて何度も誘ったんだけど、とうとう来なかったよ。星の王子様の雰囲気そのものだったんだけどねえ。彼とジョージ高野を組ませてアメリカに送って、日本でもスターにしてさ。そうしたら、中近東にひとつ新たなマーケットができるしね。そのアイディアをＷＷＦのビンス・マクマホン（・シニア）に話したら喜んで、〝ウチも中近東のマーケットが欲しいから、是非やってくれ〟と。そういうアイディアは、どこの土地に行っても湧いたよ。あの星の王子様は、今でも惜しかったと思う。ボル一族は武骨なのばっかりだったけど、その中で一人だけオーラがあってね。でも、ジャラも凄かったよ。作られた筋肉じゃなくて、ガッチンガッチンの身体でね」

――試合の映像を観ると、いかにも力の強そうな身体ですよね。

「細かい技術は持っていないけど、力任せに猪木さんの足を捻り上げたりするから見ている私としては怖かったね。実際、力も凄かったよ。向こうは猪木さんとアクラムの試合のビデオを何回も観てるから、猪木さんのタックルも研究していたし、腕を絶対に取らせないようにしていたし。〝猪木にバックを取られたら負ける〟という意識が強かったみたいだね」

――では、新間さんとしてはアクラム戦よりもジュベール戦の方が怖さを感じたと？

「うん、ヤバいと思った。悪いけど、アクラムは中年のオッサン（当時47歳）だったじゃない？ 〝何でも来い！〟なんて本気で言ってるのかと思ったぐらいだよ。でも、そのアクラム戦でボル・ブラザーズの天下が引っ繰り返っちゃったから、一族で3年間ジャラを仕込んだわけでしょ。やっぱり家族の力というものは一つにすれば、あんな若い子でもアントニオ猪木と五分以上の戦いができる。それを見せつけられたね。だって、19歳だよ？ 世間一般で考えれば、大学1年生なんだから。それぐらいの青年がモハメド・アリと戦った世界の最高峰にいるプロレスのチャンピオンと五分に渡り合えるものを身に付けたというのは、やは血であり、家族なのよ。だから、あの時は家族愛とは凄いものだなと痛感した。それに私からすれば、もし猪木さんが何かをした途端、セコンドの連中がリングに雪崩れ込んできて、猪木さんが袋叩きにあったらどうしようという心配もあったしね」

——確かに何が起きてもおかしくないムードではありますよね。ところで、この2度目の遠征では木戸修、永源遙しか同行していませんが、なぜ用心棒役の藤原さんを連れて行かなかったんですか？

「あれは猪木さんが決めたんだよね。おそらく猪木さんはアクラムと戦って自信を持っていたから、藤原を連れて行くまでもないという考えだったんじゃないかな。後で藤原は、〝何で俺を連れて行かなかったんですか。俺の出番でしょうが。冗談じゃないですよ！〟と私に怒っていたけどね」

——もし不測の事態が起こっていたら、猪木さんはアクラム戦のように一線を超えるようなことをやりましたかね？

「やってた。やるよ、あの人は」

——映像で観る限り、リングコンディションは相当悪そうですね。

「アクラムの時は木の板の上にクッションも何も入れないで、シートを被せただけのリングだった。ジャラの時は木の板に土を敷いて、その上にシートを被せていたよ。でも、土埃は舞うし、猪木さんは〝あのリングは足を下手に突っ込むと捻挫したり、足の指を折るよ〟と言っていたね。ロープも垂れ下がっちゃっていたし、東京プロレスの旗揚げ戦のようなもんだよ。あれを見た時に、〝歴史は二度繰り返すなあ〟と思った（笑）」

——ジュベールは身体にオイルを塗っていたみたいですね。滑って、猪木さんが相手の腕を取れないように見えました。

「猪木さんは、〝組むと滑る〟とは言っていたね。でも、あれは技を掛けさせないとかじゃなくて、肌の艶を良くするためのものだと思うよ。日本でも昔は相撲取りが肌の色艶を良くするために、日本酒を身体に噴きつける時代があったからね」

——結局、5ラウンド終了後に猪木さんがジャラの手を挙げたことで、延長戦はウヤムヤになってしまいましたね。

「5ラウンドが終わった後、サディックはリングに上がって〝3ラウンド延長します〟と言おうと思っていたわけ。そうしたら、猪木さんが終わった瞬間にジャラの手を挙げてリングの上を1周して健闘を称えたんだよ。それで観客は、〝ジャラが勝った！〟と大喜びでね。あの遠征で一緒だったタイガー・ジェット・シンは、〝5ラウンドで決着が付かなかった時に延長戦で何かあったら、俺はどっちの味方になればいいのか〟と心配していた。猪木はさすがだよ〟と感心していたよ。それにあの状況になったら、〝延長します〟なんてアナウンスしたところで聞こえやしないんだから（笑）」

――そういう行動に出た猪木さんの本心は？

「それは〝俺相手によく5ラウンドもいいレスリングができたな。俺はお前を褒めてやるよ〟ということだよ。さらにパキスタンの人たちに対して、〝あなたたちの国には素晴らしいスターが生まれました。ジャラの実力に感動しています〟という意味だよね。まあ、あれは普通ではできないことだよ。あの機転の利かせ方は猪木さんならでは。やっぱり猪木さんも四十何度という気温には参っていたし、あれで延長戦になったら、またアクラム戦のような展開も考えられたわけだから。私から見たら、猪木さんが若さと力だけで向かってくるジャラ相手に5ラウンドを保たせて、延長戦をやらずに相手の面子を立てたのは凄いことだよ」

――公式記録は引き分けですが、当時はレフェリーが観客にナイフを突きつけられて、〝ジュベールの勝ちにしろ！〟と恫喝されたと日本に伝えられました。

「レフェリーは、〝ジャラが勝った〟と言わされたのよ。そのレフェリーはサディックが中立な人間に裁かせるということで、ヨーロッパから呼んだんだけどね。彼が試合後に私たちの控室に来て、ズボンを見せるのよ。そうしたら、上からナイフで刺されたように切れていてね。それで脇腹の盲腸の上辺りの皮膚が少しちぎれていたんだけど、猪木さんは〝新聞、あれはテメエで肉をちぎって血を出したんだろ。でも、あいつも極限状態での試合をレフェリングして死ぬような思いをしたんだから、よくあれで収まったよ〟と笑ってた（笑）。翌日の新聞は『ジャラの力技は猪木を超えた！』という1面の見出しだったけど、あれで良かったと思うね。ジャラも頑張ったわけだから」

――猪木さんは、試合そのものについては何か言っていましたか？

「〝新聞、もう二度とこういう試合は組みたくないよな〟と言っていたね。だから、私は〝でも、社長はいざとなったら、やってくれるんだから〟と。さっきも言ったけど、アントニオ猪木という人は自分の名誉を守るためには本当にやる人よ。常にあの人の中には、〝新聞、俺はこんな奴に負けるためにアリと戦ったわけじゃないぞ！〟というプライドがあったね。〝俺と新間で借金をこさえたアリ戦というのは、ただやっただけじゃないんだ。ショーだ、八百長だと言われてきたプロレスのリングへ現役のボクシングの世界チャンピオンを上げて勝負したんだぞ！〟という誇りですよ。それを守るために命を張っていた。極限の状態で、〝ぶっ殺してやるぞ！〟とやれるのは猪木さんだけですよ。だから、凄いのよ」

――猪木さんはジュベールと戦った2日後の6月18日（現地時間）に、タイガー・ジェット・シンとも戦って両者KOになっていますね。

「シンはパキスタンで、〝俺はアリと戦った猪木に勝っている〟とか言っていたんだよね。私には〝新間、俺はパキスタンではスターだから、ヒールじゃダメだぞ！〟って（苦笑）。猪木さんとシンの試合のことはあまり憶えてないんだけど、日本の試合と同じような展開だったんじゃないかな。まあ、両方が納得して戦ったんだろうから、あの試合はそれでいいんじゃないの」

新間氏は仕掛け人として、映画『007』シリーズの悪役ジョーズ役で知られる身長2メートル18センチの怪優リチャード・キールと猪木の異種格闘技戦を画策したこともある。写真は両者がアメリカで密会（？）した際のツーショット。

——当時の報道によると、猪木さんの宿舎に群衆が詰めかけ、〝シンと決着を付けろ！〟と騒いで警官隊が出動したとか？

「それは決着を付けろということじゃなくて、猪木さんの行くところは〝アノキ！　アノキ！〟と人が集まってきて車が通れなくなっちゃうんだ。凄い人気だったよ。猪木さんは、パキスタンで間違いなく英雄だった。3年ぐらい前に私がロサンゼルスに行った時、郊外のホテルに泊まったんだけど、パスポートを見せたらオーナーに〝あなたはアノキのマネージャーの新間じゃないか!?〟と言われたの。〝そうだ〟と答えたら、〝嬉しい。私はパキスタンの人間だ。アノキの試合を観たよ。彼はまだ現役で試合をやっているのか？〟なんて話になってね。〝50％ディスカウントするから〟って（笑）。いまだに憶えてくれている人がいるんだねえ」

——その後、パキスタンのプロレスは廃れてしまったようですね。

「あの一族が星の王子様とジャラ…後継者を育てていたら、面白い展開ができたよ。でも、逸材を育て上げて、もう一度、パキスタンにグレート・ガマの伝統を復活させ、栄光を掴むことができなかったのは自画自賛じゃないけれども、ボル・ブラザーズには新間寿がいなかったんだと思うね（笑）」

旗揚げメンバーの回想 1

北沢幹之

魁勝司のストロングスタイル深イイ話

聞き手＝清水 勉、小佐野景浩

写真提供＝北沢幹之

1961年に日本プロレスに入門し、力道山門下となった北沢幹之は81年に現役を引退するまで常にアントニオ猪木と行動を共にしてきた。

また、日プロ時代に入門規定に達していなかった藤波辰巳（辰爾）の願いを聞き入れて入門を手引きし、デビュー戦の相手を務めたのも北沢である。藤波が新日本プロレスを退団後、無我ワールドプロレスリング（現・ドラディション）を立ち上げた際にはレフェリーとして協力。交流は今もなお続いている。

デビュー以降、「高崎山猿吉」、「高崎山三吉」、「新海勝弘」、「魁勝司」と何度もリングネームを変えた北沢はキャリアにおいて常に前座・中堅のポジションにいたためリング上でスポットライトを浴びることは少なかったが、その温厚な性格や面倒見の良さから多くの選手・関係者に慕われており、この業界で悪評を一切聞かない稀有な人物でもある。

一方、今では有名な話だが、その道場における強さは長年、業界内で語り継がれてきた。一部では最強説も囁かれた北沢に猪木、藤波、カール・ゴッチらとの交流、そして自らのレスラー人生を〝ガチンコ目線〟で語ってもらった。

――北沢さんが日本プロレスの若手の頃、いわゆるセメン

リング上における北沢と猪木の絡みといえば、やはりこのシーンは外せない。76年の『第3回カール・ゴッチ杯争奪戦』は決勝で北沢が木村聖裔を降して優勝（12月7日＝岡山武道館）。レフェリーの猪木が勝者の腕を掲げた。

トの技術は誰が指導されていたんですか？

「レフェリーの沖識名さんです。あの人は、そういうのを全部知ってたから。あとは大坪（清隆）さんとか吉原（功＝後の国際プロレス社長）さんがよく教えてくれましたね。吉原さんには随分しごいてもらいました。入ってから2ヵ月ぐらいしないと本格的なスパーリングってやらせてもらえないんですけど、1年ぐらいして先輩を逆十字で極めた時に、もう大丈夫だなと思ったんで吉原さんにスパーリングを申し込んだんですよ。そうしたら、もうコテンパンにやられまして。それから何年か経って、また挑戦したけど、通じなかったですね。あの人も強かったですよ。中堅の人は、みんな強かったです。長沢秀幸さんにしろ、大坪さんにしろ、極めるのが巧かった。大木金太郎さんも強かったですよ。でも、やっぱり猪木さんがズバ抜けていましたね」

――北沢さんが日プロに入門して、最初に猪木さんに会われた時の印象というのは？

「猪木さんは自分より1歳下なんですよ。自分は年下のもんには絶対に負けたくないという気持ちを強く持っていたんですけど、これがまた猪木さんは凄い身体をしているし、その当時から強かったんです。道場の中で猪木さんは殴り合いでもグラウンドでも、あらゆる面で強かったですよ。一緒に練習をやった人は、わかると思うんですけどね。サブミッションだけじゃなく、アマチュアレスリングも強かったです、ズバ抜けて」

――具体的にその頃のスパーリングというのは、どんな感じだったんですか？

「その頃は打撃も有りでした。拳を顔面に入れたりはしなかったですけど、最初は組まないで張り手でバンバン殴り合ったりとか。で、そこから捕まえて倒して極めるというのをやっていましたね。自分はボクシングも好きだったんで、よくボクシングの選手とスパーリングをやっていましたよ。力道山先生に、〝ボクサーなんかヘッドロックだけで極めろ〟なんて言われながらね（笑）。聞いた話だと、今はヘッドロックでちゃんと極めることができないレスラーってゴロゴロいるみたいですよ」

――道場で、そういう他流試合用の練習もされていたんですね。

「やってました。自分は今でも思うんですけど、猪木さんの弟子で良かったなと。怖いものがなくなりましたから。何かを覚えたりする時は、厳しいところの方がいいですよ」

――北沢さんから見て猪木さんが力道山から受け継いだのは、どういう部分ですか？

「ストロングスタイルじゃないですか。ストロングスタイルという言葉自体は、日プロの頃からあったんです。猪木さんもよく口にしていましたし、あれは新日本からじゃないんですよ」

――66年に北沢さんは日プロを離脱し、豊登さんと猪木さんが立ち上げた東京プロレスに参加されますよね。

「最初に誘ってきたのは、小鹿（雷三＝グレート小鹿）なんです。豊登さんが旗揚げするというんで、一緒に行かないかって。でも、何ヵ月かしてから今度は連中が行かないと言い出してね。自分はもう約束しちゃったんで、〝ああ、ひょっとしたら、プロレスができなくなるかも…〟と思ったんですけど、そのまま行きましたよ。〝もしかしたら、猪木さんもアメリカから帰ってこないんじゃないかな〟と自分は思っていたんですけどね。当時は、そういう雰囲気だったんです」

――約2年間のアメリカ武者修行から帰ってきた猪木さんは、以前と変わっていましたか？

「首なんかも凄く太くなってたし、練習だけはどこに行ってもよくやっていたみたいです。それに言葉にしにくいんですけど、何か吸い込まれていくような感じがありましたね。一緒に練習していても、この人には逆立ちしても絶対に勝てないんじゃないかって。そういうことを思わせるようになっていました。カール・ゴッチさんの強さとは、また違ったものがありましたね。ゴッチさんが〝剛〟なら、猪木さんは〝柔〟という感じで。前田（日明）なんかもいいものを持ってるけど、やっぱり猪木さんとはちょっと比べものにならないですよね」

――猪木さんって、よく関節が極まらないと言われるじゃないですか？

「本当ですよ。例えば、逆十字なんかだと足で腕を固めるんだから、いくら相手の力が強くても普通はすぐ極まっちゃうんですね。それが猪木さんには極まらないんです。逃げられちゃうんですよ、ガッチリ極まってるはずなのに。あれはどうしてなのかなと散々考えたんですけど、今でも謎です。それと前田もそうだけど、猪木さんは打たれ強いんですよ。やっぱり身体の柔い人というのは、ダメージが少ないんですかね。前田の打たれ強さというのも凄いですよ、これは」

――日本プロレスと東京プロレスでは、練習内容も変わりましたか？

「内容はそれほど変わらないけど、時間が長くなりました。試合前にあんなに練習したら、本番で試合にならないんじゃないかと思うほどメチャクチャやってましたね。新日本もそうでしたよ。それに日プロでも練習をあまり好きじゃない人というのは、猪木さんの側に寄らなかったです。東プロは、ただ練習がメチャクチャ厳しかったことしか印象がないですね。気が狂ったようにやってました。猪木さんがブリッジして、自分がトップロープから腹の上に飛び降りたりとか。その頃、自分は90キロぐらいだったんですけど、それでも軽すぎてダメでしたよ。あの頃は今と違って、みんな強くなりたくてプロレスに入ってきていたと思うんです。それにレスラーはストロングスタイルじゃないとダメだというのをしょっちゅう言われていましたし、力道山先生からも〝レスラーは強くないとダメだ〟と会うたびに言われていました。だから、〝レスラーがこんなに弱くなったのは、どうしてかな〟なんて思ってます」

――東プロは、最後に北沢さんが社長になっていますよね。

「名義だけですけどね。いろいろあるんですよ、あれは(苦笑)。最初の社長はマサ斎藤だし。今でも悔いが残るのはラッシャー木村、マサ斎藤というのは自分が(日プロから)東プロに引きずり込んだんですよ。あれは今でも凄い気になっています。それがなかったら、マサなんてもっと

66年10月3日、東京プロレス勢が旗揚げ戦を前に神田のYMCA体育会館で公開練習を行い、猪木は北沢を実験台にアメリカ仕込みのコブラツイストを披露。北沢は日本プロレスの芳の里社長に筋を通して退団したため、除名処分を受けなかった。

東京プロレスは旗揚げ戦の2日前、66年10月10日に赤坂プリンスホテルで前夜祭を開催した。左から東プロ監査役の新間信雄氏（新間寿氏の父）、豊登、斎藤昌典、木村政雄、猪木。北沢は旗揚げ戦で田中忠治に敗北。「あの人はいい加減だけど、プロレスは凄く巧くて、手本にしていました」（北沢）。

いい思いができたんじゃないかなと。〝あの2人がどうしても欲しいから何とかしろ〟とトヨさんに言われて、ただ言われるがまま東プロに引きずり込んじゃって。マサは元気ですか？ 2～3年前に会ったら、病気みたいで…（※2018年7月14日に死去）。木村は国際プロレスでいい思いができましたけどね。たまに木村に電話するんだけど、会いたがらないんですよね。体調を崩してから、人に会うのが嫌らしいんです（※2010年5月24日に死去）。あいつとは若い時、一番仲が良かったんですよ」

――マサさんは65年4月に日プロに入門し、同年6月3日、札幌中島スポーツセンターでのデビュー戦の相手は北沢さんでしたよね。

「マサは強かったですよ。道場じゃ負けなかったけど、あのデビュー戦の時はもし自分が負けたらプロレスを辞めようと考えていました。凄い緊張しましたよ。向こうは極め技を知らなかったから、そういう怖さはなかったですけど、〝ひょっとしたら〟と思ったんです。あの試合はガチンコですからね、本当の。試合前に自分の荷物をまとめておきましたから。もし負けたら、そのままトンズラしようと思って」

――そうだったんですか…。東プロ時代は猪木さんの付き人もされていましたよね。

「ええ、猪木さんは性格が凄く優しい人なんです。当時の奥さんのダイアナさんのことも凄く大事にしていましたね。子供（文子ちゃん）も猪木さんより自分の方に懐いてくれていました。その子も亡くなりましたもんね、小児ガンで」

――その後、67年1月に東プロが崩壊して日プロへ戻ることになるわけですが、同年11月にカール・ゴッチが日プロ道場のコーチに招かれましたよね。ゴッチさんが呼ばれた理由というのは、何だったんですか？

「猪木さんを潰すために呼んだんでしょ、日プロが。後で聞いた話ですけど、そうみたいですよ。他にもゴリラ・モンスーンというガチンコの強い選手がいたんですけど、それを猪木さんにぶつけるとか言って。猪木さんは、〝いつでもやってやるよ！〟と強気で言っていましたけどね。でも、ゴッチさんが来たら、すぐに猪木さんと仲良くなったんです。練習の好きなもん同士というのは、やっぱり合いますよね。私の場合もそうでした。最初、ゴッチさんの側に誰も寄らなかったんですよ。それでゴッチさんが控室でしょんぼりしていたから、自分がコッソリ近づいていってバックを取ったら喜んじゃってね。それから30分ぐらい…大変でした。離してくれない（苦笑）。それとあの頃、国際プロレスができたでしょ？」

――いざという時のために若手を鍛えておこうと？

「ええ、ゴッチさんを呼んだのは国際をぶっ潰そうとしたんじゃないですか。それに当時は国際に限らず、格闘家が道場に来たりしますし」

――道場破りですよね。北沢さんも相手をされたんですか？

「よく選ばれました。キックボクシングか何かの人ともやったことがありますし、沖縄で空手の人が会場に来た時に駆り出されたこともあります。あの頃は、そういうのが頻繁にありましたよ」

――そういう局面になった場合は、どういう展開になるんですか？

「もうホントに喧嘩みたいになりますよ。自分はプロレスの練習が終わった後、よくボクシングを習っていたんですけど、やっぱりパンチをやっておかないとダメですね。捕まえたら何とかなるとか、そんな甘いもんじゃないです。ボクサーのパンチというのは速いし、打ち分けが巧いんですよ。相手が素人だったら、狙ったところはどこでも入りますからね。でも、ちょっとやっておけば、そういう時にだいぶ違います。パンチが怖くなくなりますし。自分の場合はそこから組み伏せて腕を取るか、首を極めるかという感じでしたね。だけど、そういう試合になると、みんな焦っちゃうんで、やっぱり自分の力を100％は出せないんですよ。極める体勢じゃないのに極めようとしたりとか。ただ、挑戦してくる相手の方もビビってますからね。まあでも、やっぱり気持ちのいいもんじゃないですよ、相手を

渋谷のエムパイアジムで行われていた「ゴッチ教室」の模様。カール・ゴッチが北沢にクルックヘッドシザースを掛けると、猪木が真剣な眼差しで技のポイントを確認している。「当時、ゴッチさんが一番買っていたのは木戸修でした。木戸は自分が日本プロレスに入れたんです」（北沢）。

怪我させたりするというのは…」

――ところで、それまで猪木さんたちとやっていた練習とゴッチさんの教えは違いましたか？

「はい、まず器具を使わない練習になりました。逆立ちして、腕立て伏せをやったりとか。バーベルなんかで身体を作ると腕なんてパンパンに太くなるんですけど、そういう腕って、すぐに極まっちゃうんですよ。だから、ナチュラルに身体を作れと言われましたね。格好のいい太さにはならないですけど、底力は凄く付きます。器具を使っていると、ゴッチさんは凄く怒っていましたよ。あとはスパーリング」

――そこでいわゆる裏技も教わったんですよね？

「ええ、ルー・テーズさんと違って、ゴッチさんというのは極まらないと凄い悪いことをしてきますから。普段の練習でも目を突いたりしてきますからね。自分も何回、アゴを殴ったりとか、脊髄に肘を落としたりとか。口の中に指を入れられたか（苦笑）。それで引き裂いてくるんですよ。だから、私も試合の時にタイツの上から毛を掴んでですね、グーッと引っくり返したりしましたね」

――陰毛だ（笑）。

「はい、そういうのもゴッチさんが全部教えてくれたんです。〝大きい人間はなかなか動かないから、そうしないと倒れないよ〟と言われて」

──そういう裏技を普通の試合で使って、後で喧嘩になったりしないんですか？

「いや、終わった後で喧嘩になることもあるけど、そんなのは知ったこっちゃないです」

──猪木さんも試合で一線を越えることがありますよね。天龍源一郎は、試合中に指を曲げられて脱臼したそうですが。

「あの人は、そういうの平気です。そうじゃないと、本当に強くはならないですよ。上まで行かないですね。自分なんかはそれができないから、中途半端で終わったんです。ただ、猪木さんが偉いなと思うのは練習の時は相手を怪我させませんでした。よく先輩で極めると離さないでギューギューやる人がいたけど、絶対そういうことはやらなかったですよ。あれは自信がないから、やるんだと思います。それに猪木さんは後輩をイジメることもなかったし」

──先ほど名前が出ましたが、北沢さんはテーズさんとも練習されたんですか？

「スパーリングというほどのものじゃなかったですけどね。フロントヘッドロックの極め方とか、そういうのを教えてもらって。ゴッチさんのとはまた全然違うんですね、やり方が。（実演しながら）テーズ式は反るような形で極めるんですけど、ゴッチ式はサイドに捻るんです」

──なるほど。やっぱりゴッチさんが来たことで技のバリエーションも増えていったんですか？

「ええ、自分なんかは身体が小さいんでゴッチさんから大きい相手へのチキンウィング・アームロックの極め方なんかも習いましたし。足関節は沖識名さんがいろいろと知ってたから昔からあったんですけど、それとはちょっと違った足の取り方とかも教えてくれましたね。でも、あの頃はまだヒールホールドはなかったです。あれはイワン・ゴメスが新日本の道場に持ち込んだんですよ」

──ただ、日プロの中でもゴッチさんとの練習は嫌だなという人もいたんですよね？

「練習の嫌いな奴は、みんなゴッチさんの側に寄らなかったです。戸口（正徳＝キム・ドク）や亡くなった轡田（友継＝サムソン・クツワダ）なんかは、よくぶっ飛ばされていましたよ。調子が良くて、怠け者で。そういうのをゴッチさんは見抜くのが早いんですよ。まあ、性格的にゴッチさんと合わない人もいたんでしょうけど」

──じゃあ、その時に一生懸命、ゴッチさんから教わっていた人間が一緒に新日本プロレスに流れたという感じですか？

「ええ、自分はもうゴッチさんが大好きだったんで。木戸修なんかも随分と可愛がられていましたね。でも、永源（遙）なんかはあまり気を入れてやろうとしなかったみたいな気がします。柴田（勝久）は凄い身体が硬くて、ぶきっちょなんですけど、真面目に練習をやっていましたね。だから、ゴッチさんも凄く可愛がっていましたよ」

――話は変わりますが、同郷の藤波辰巳少年が大分で療養中だった北沢さんを訪ねてプロレス入りを直訴したことは広く知られています。突然のことで北沢さんも戸惑われたんじゃないですか？

「実は日本プロレスに井上さんという事務員がいたんですけど、藤波はその人に手紙を出したようです。だから、事前に〝ひょっとしたら、藤波というのが訪ねていくかもしれないよ〟と井上さんから電話がありまして。〝どこの旅館かわかるんですかね？〟と聞いたら、〝何とかなるんじゃないの？〟と言っていましたから、きっと井上さんは自分の居場所を教えなかったんでしょう。自分はバトルロイヤルで膝を怪我してしまって、40日くらい別府温泉に湯治に行っていたんですが、藤波はその噂を聞いて随分といろんな旅館を回って探していたみたいですね。藤波が訪ねてきて、〝どうしてもプロレスラーになりたいんです！〟と言われました。まあ、その時は〝小さいな〟と思ったんですけど、同じ町の若いのだし、自分も何とかしてやりたいという気持ちになりまして」

――16歳の藤波さんの印象は、いかがでしたか？

「面構えがしっかりしていましたよ。何かね、フリッツ・フォン・エリックに似たような感じの顔でした」

――意外と精悍だったんですね（笑）。

「藤波のお父さんとお兄さんも一緒に来て、〝よろしくお願いします〟と頭を下げられましてね。下関で試合があった後に旅館へ連れて行って、みんなと合流したんですけど、何せ身体が小さいんでミツ・ヒライさんなんかは藤波を見て、すぐにソッポを向きましたね。当時、若者頭のヒライさんは厳しい人でしたから。でも、自分としては何が何でも入れるつもりでした。親にも頼まれたし、途中で逃げ帰ったりしたら自分の恥にもなりますからね」

――実際に、藤波さんをどういう形で他の選手に紹介されたんですか？

「自分は猪木さんに付いて長年一緒にいて、何でも言うことを聞いてくれていたんで、〝何とかしてください！〟と頼んだんです。猪木さんは、〝よし、他の人間が何を言おうが入れてやるから〟と言ってくれましたよ」

――そのまま巡業に同行させたわけですが、藤波さんは正式な練習生ではなかったので、合同練習には参加できずに旅館の大広間で受け身の練習をしていたようですね。

「やっぱり最初に、きっちり教えないとダメですよね。何事も最初が肝心ですよ。藤波は格闘技の経験がなくて柔道の受け身も知らなかったんですけど、それがかえって良かったんじゃないですかね。ちゃんと教えれば呑み込みは早いし、練習に対する姿勢は真面目でした。足の屈伸運動は抜群に強かったですよ。体重が軽いせいもあったかもしれないですけど、いい足をしていましたし、〝藤波は競輪の選手になったらいいんじゃないか〟と言っていた人もいましたから」

――北沢さんが連れてきたということで、藤波さんも自然とそのまま猪木さんの付き人業をやるようになったわけですよね？

「当時、猪木さんには自分と柴田（勝久）が付いていて、藤波は一番下だから洗濯とか雑用ばっかりでしたね。背中を流すにも独特のやり方があるんです。そういうことも具体的に教えました。タオルを自分の手に巻いて、ガーッと力を入れて洗うんですけど、あれは結構、疲れますよ（苦笑）。猪木さんは、藤波を可愛がってくれましたね。特に何かを言うわけではないんですけど」

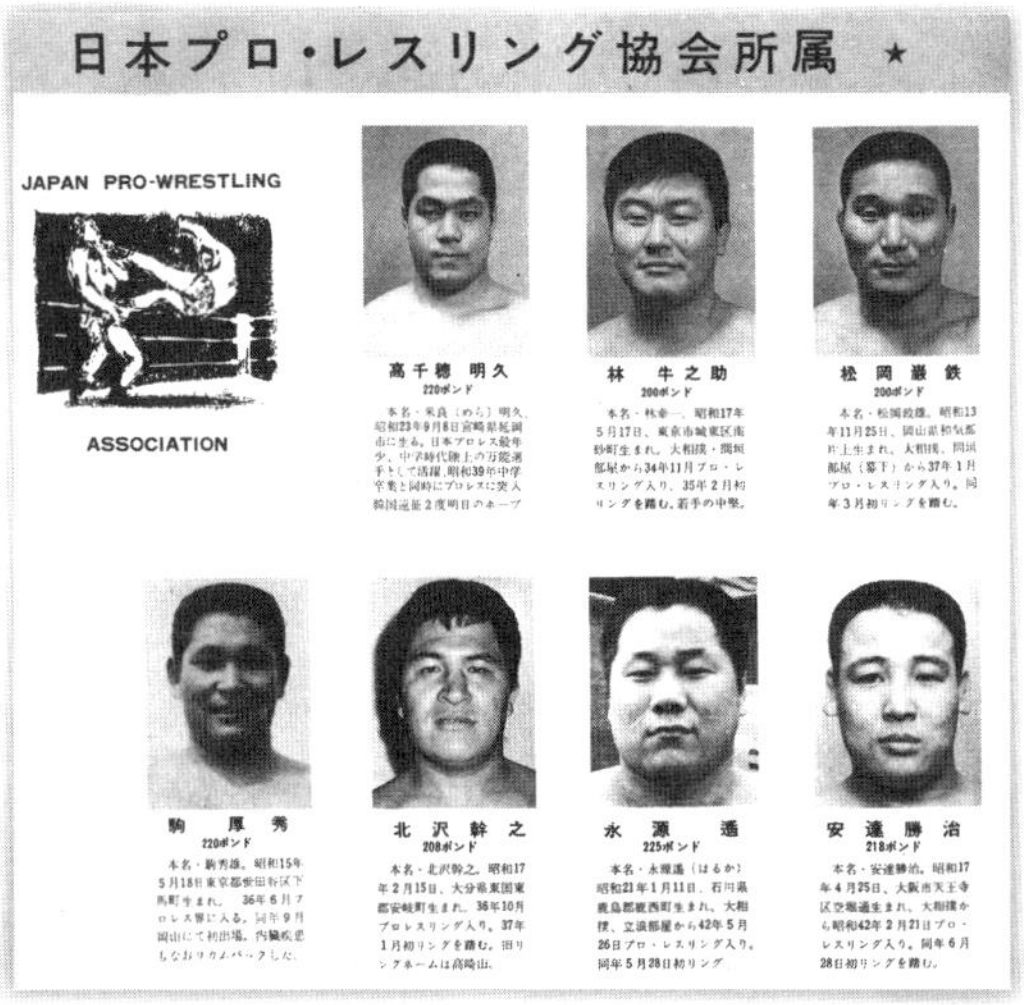

――正式な入門は巡業を終えて東京に戻ってきてからですが、すんなりとOKが出たんですか？

「それはもう猪木さんが付いてましたから。猪木さんの口利きだということは一緒に巡業していたんで、みんなわかっていましたし。まあ、普通だったら入れなかったですね、あの体重じゃ。当時、代官山の道場がまだ完成していなかったので永源のアパートに預けたんですけど、ああ見えて藤波は図太いところもありましたよ。先輩の林牛之助（ミスター林）さんが泊まりに行った時には、林さんの腹を枕にして寝てましたからね（笑）」

――藤波さんが入門した70年頃の日プロの道場は、どういう雰囲気だったんですか？

「練習をやる人は物凄くやりますけど、やらない人は全然やらない（笑）。合同練習も来る人と来ない人がハッキリしていましたね。月、水がバーベルを挙げたりボディビルみたいな感じで、火、木がマットの練習でしたけど、好きな人は毎日ですよ。やっぱり猪木さんに付いている人間は、

日本プロ・レスリング協会所属

68年春の日本プロレス『ダイナミック・シリーズ』のパンフレット。この時期は本名を名乗っていた。北沢のデビュー戦は62年1月21日、台東区体育館における林幸一（ミスター林）戦とされているが、本人曰く「いろんな資料で林さんになっているんですけど、自分のデビュー戦の相手は駒（秀雄＝マシオ駒）さんなんです」。

一生懸命やりましたね。柴田、木戸（修）とか。永源も猪木さん派だったんですけど、あまりやる方じゃなかったですね（笑）」

――もうその時期から、内部は猪木派と馬場派に完全に分かれていたんですか？

「やっぱり考え方が違うっていうんですかね。ヒライさんは馬場さん派で、吉村（道明）さんは中立でした。まあ、馬場さん派でもマシオ駒さんとは仲が良かったんです。お互いに気心が知れていて。駒さんは真面目すぎというか、常識をわきまえすぎたような人でね。レスラーらしくないようなところがありましたよ」

――当時の猪木派はスパーリングの練習が多かったそうですね。

「そうです。ガチンコの練習ばっかりで」

――当時の若手で特に強かったのは誰ですか？

「いやあ、特に強いのっていなかった気がします。木戸は後から強くなっていきましたね。戸口もまあまあでしたけど、ちょっと甘いところがありました」

――昔、藤波さんと同期の佐藤昭雄さんから〝北沢さんがメチャクチャ強かった〟と聞きました。

「いやいや、強くはないですよ。猪木さんに付いていたし、やらないわけにはいかないから練習だけはよくしていたんです。まあ、人に極められないようになっただけで、強いということはないですよ」

――藤波さんには、そういうグラウンドレスリングの技術を手取り足取り教えたんですか？

「教えたというか、練習の相手になっただけで。関節技のポイントは教えますけど、それはなかなか覚えられないですよ。自分もゴッチさんに散々教えてもらって。関節技はちょっとポイントが狂えば、極まらないですからね。若い人は焦るのか何なのか知らないですけど、極め方がなっていない人は今でも多いですよね。あとは、わざと逃げられるような抑え方をしてやるんです。それも凄く練習になるんですよ。藤波は身体は硬かったんですけど、人一倍努力しましたし、やっていくうちに強くなりました。それに性格が素直で可愛かったし、大事に育てられましたよ。下手すると、育つ前に壊されちゃいますからね」

――先輩によっては技術を教えるというよりも、一方的に痛めつけるだけの人もいるんですよね。

「大洋ホエールズに行った飯田（敏光）の場合は怪我をさせられたというか、練習で肘をやっちゃったんですよね。もう容赦ないですから、あの頃は。練習に限らず試合でも、ある程度、攻めさせてやれば、自分に自信を持つようになって上手くなってくる子も多いんです。ただ、やりにくいようにする先輩も結構いましたからね。何年もキャリアのある人にそれをされたら、若い子は何もできなくなってしまいますから。まあ、その頃は自分も日本にいたんで、藤波に対してあまり変なイジメはさせませんでしたよ」

――当時のコーチは、大坪清隆さんですよね。

「そうです。大坪さんはゴッチさんと似たような練習をさせていましたね。バーベルとかはあまり使わせないで、ブリッジしたまま腕立てをしたりとか。安達（勝治＝ミスター・ヒト）なんか得意でしたよ。力が強いのに、身体が柔らかくて」

――当時、藤波さんはヒライさんの一派にお酒を飲まされたりするのが辛かったようです。

「ヒライさんは、猪木さんのちょっと先輩なんですよ。歳は一緒でしたけど。少し気難しいところのある人でしたね。自分は良くしてもらったんですけど、アメリカから帰ってきたら、どこか人が変わってしまったというか。安達は酒を飲むと癖が悪くてね。他のお客さんも泊まっているのに、夜中でも旅館で若手に受け身をやらせるんですよ。藤波も大変だったと思います。あの頃は大熊（元司）も酒癖が悪かったし（笑）。でも、藤波も酒は強かったですよ。未成年でしたけど、日本酒に氷を入れてカラカラさせて、〝こうするのが好きなんですよ〟なんて言ってましたからね（笑）。大坪さんにしろ、吉原さん、長沢さんとか自分が入門した頃の中堅の方々は年齢が離れていたこともあってか、みんな優しい人でしたから。先輩でムチャなことを言うのは、ミスター珍さんぐらいなもんでね（苦笑）」

――藤波さんはプロレスの世界にいざ飛び込んだら、食事が喉を通らなくなったとも言っていました。

「ホントに食が細くて、あまり食べなかったし、食うのが遅かった。でも、自分で焼き肉を食べに行ったりとか太ろうと努力していましたよ。自分らが若手の時代も食わされるのが辛かったです。丼3杯がノルマになっていて、食えないと田中米太郎さんにすりこぎで頭を殴られましたから。藤波の頃も多少はやられたと思いますけど、自分らの時代ほどではなかったですね」

――入門から約1年後に藤波さんはデビューしましたが、これは北沢さんの口添えですか？

「いや、自分が言ったわけではないですけど、何となくヒライさんも雰囲気でわかったんじゃないですかね。藤波の後ろには猪木さんも控えているし。確証はないんですけど、自分の名前を出したのは駒さんじゃないかなと思います。自分はデビュー戦の相手を務めることが多いんですよ。前に自分とデビュー戦で当たったら、長持ちするとか辞めていかないと言った人がいて。木戸、山本小鉄、ラッシャー木村、マサ斎藤も自分がデビュー戦の相手を務めましたし、新日本になってからは佐山（聡）もそうですしね」

――試合は憶えていますか？

「ええ、憶えてますよ。別にナメてかかったわけじゃないですけど、まあまあの内容だったんじゃないですか。藤波が必死に向かってきたのを憶えてます」

――当時の日プロの前座は、〝練習そのままの試合〟もあったようですよね？

「カタい試合をやってました。ある時、轡田が誰か先輩に〝やってみろ！〟とけしかけられたみたいでね。生意気な態度だったし、試合で歯を3本折ってやりましたよ。あれは大宮スケートセンターだったかな。いいパンチがカウンターで入って（笑）。当時の試合は、そういうことが結構ありました。あとは技を多く使うと先輩に怒られましたし、〝人の真似をするな〟ということもよく言われましたね」

――藤波さんのデビュー戦の相手を務めた直後、71年6月に北沢さんはメキシコ武者修行に行かれますよね。

「本当はその1年前の予定だったんですけど、膝を悪くしたので自分の代わりに星野（勘太郎）と駒さんが先に行ったんです。親から頼まれた藤波を一人残すことになって多少の不安はあったんですけど、これはもうしょうがないですよね。デビューしたら、自分で生きていかなければいけないですし」

――日本を離れる前に、何かアドバイスはしましたか？

「〝牛乳を飲め〟とか食事のことでしたよ。あとは〝足の運動と首を強くしておけば、極められないようになるから〟ということぐらいですかね。自分も猪木さんに、そういうことを教わったんで。藤波も凄いですよ。自分はメキシコに遠征していたんで現場にいなかったんですけど、札幌で猪木さんと馬場さんがタッグを組んでファンクスと試合をした時、試合後に猪木さんが馬場さんを襲うという噂が流れていたらしいんです」

――猪木さんの日プロ最後の試合ですね（71年12月7日＝札幌中島スポーツセンター、インター・タッグ戦）。

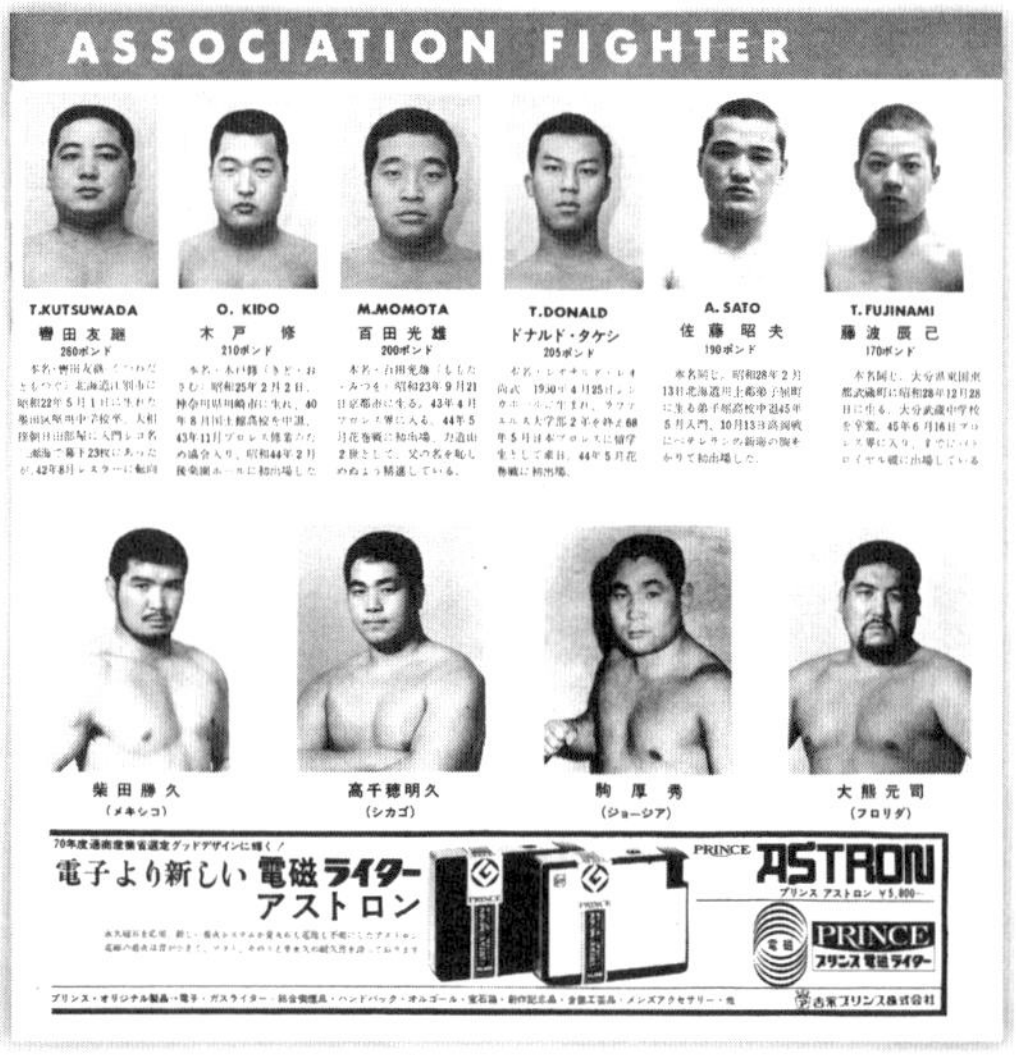

71年春の日プロ『第13回ワールドリーグ戦』のパンフレット。藤波辰巳は同シリーズ中の5月9日、岐阜市民センターで北沢の胸を借りてデビューした。同年暮れに離脱するまで14試合をこなし、結果は全敗だったが、バトルロイヤルでの優勝経験はある。

El monarca de peso medio de Japón, en México

KITAZAWA:

"¡Seré campeón del MUNDO!"

El campeón japonés, combina el karate, el judo y el estilo libre, triplicando su peligrosidad en el ring, para respaldar sus aspiraciones al trono.

Por NICANOR AGUIRRE P.

Hoy, como ayer y como siempre, serán bienvenidos a nuestro suelo mexicano todos los luchadores extranjeros que quieran venir a demostrar su calidad, y en esta ocasión, las puertas de México dejan pasar a un luchador oriundo de Tokio, Japón, peso medio natural; de estilo rudo y con 28 años de ambiciones y deseos de figurar en la peligrosa y apasionante profesión de la lucha libre profesional, ante ustedes... ¡MOTOYUKI KITAZAWA!, Campeón de Peso Medio del territorio japonés!

Kitazawa, que es el nombre con que actúa en los rings de Hawai: Tokio: Los Angeles: y ahora México, pesa 88 kilos exactamente, mi de 1.73 mts, y tiene once años de luchador profesional (desde que debutó en Tokio ante Midoriwa, allá en el año de 1960).

Un nuevo japonés está en México, un nuevo retador al título que posee el encapuchado Aníbal, un nuevo peligro para la lucha azteca.

—ANTONIO INOKI—

Nuestro huésped, es uno más de de los innumerable alumnos del ilustre maestro japonés Antonio Inoki (Shibata, Mr. Koma y Yamamoto, también alumnos de Inoki), pero se distinguió del grupo por sobresalir en Judo; Karate; Jiu Jitsu y Sumo.

Es de piel blanca, ojos claros que muestran una determinación básica, cabello negro y es soltero.

Antonio Inoki, su maestro, se siente orgulloso de su discípulo aunque no "se lleva" con Yamamoto a quién en un encuentro celebrado en Tokio, Kitazawa le rompió el bra-

SHIBATA MI MEJOR PAREJA

VENGARE A MR. KOMA!

Odia a Yamamoto y considera como un hermano a Mr. Koma los dos de sobra conocidos por usted amable aficionado. Kitazawa está en México.

北沢は71年に太平洋を越えて、メキシコのEMLLで武者修行を開始。現地でのリングネームは「キタサワ」で、現地の専門誌でも大きく紹介された。田吾作タイツを着用し、得意（？）の空手技を連発！

「それで試合が終わった瞬間、選手たちがみんな馬場さんの周りをパーッと取り囲んだそうなんですよ。でも、藤波はあんな小さな身体をして、一人で猪木さんを守ろうとしたみたいですよ。あのぐらいの年齢だと先輩というのがメチャクチャ怖いはずなんですけどね。それでも一人で…」

――この日プロ時代、北沢さんは馬場さんの付き人もされていましたよね？

「ええ、短い間でしたけど。馬場さんは、人間的にはホントに大好きでした。猪木さんも優しいんだけど、また違う優しさでしたね」

――ズバリお聞きしますけど、北沢さんから見て馬場さんと猪木さんではどちらが強かったと思いますか？

「私は猪木さんの方が強かったと思いますよ。いろいろ言う人がいるようですけど、それはよく知らない人が言ってるんじゃないですか」

――やっぱり全日本プロレスは嫌いでした？

「ええ、嫌いでした。試合を見ていても凄い退屈していましたね。ずっと見てたら、飽きてくるんですよ。次にどういうことをやるとか全部わかってきて。馬場さんは人間的には大好きでしたよ。でも、馬場さんのレスリングは好きじゃなかったです。自分は新日本に行って本当に良かったなと思ってます、今でも」

――猪木さんとゴッチさん以外に、北沢さんの中でこの人は強いなと思った人はいますか？
「この人、強いな…ああ、ゴリラ・モンスーンとか。グラウンドもネチャーッとしててね。ただ、その頃はまだ自分も体重もなかったし、そんな特別に強くなかったです。サンダー杉山も強くなった時があったんですよ。期間は短かったですけど。でも、猪木さん以外に怖いなという人はいなかったですね。新弟子の時を除けば、自分が腕を極められたのは猪木さんとゴッチさんぐらいしか記憶がないです」

——猪木さんは新日本プロレスを立ち上げる時、メキシコまで北沢さんを誘いに来たみたいですね。

「わざわざ会いに来てくれて、あの時は凄く嬉しかったですね。その前に猪木さんの奥さん（倍賞美津子）から電話があって、〝ちょっと会社が揉めてて、すぐに帰ってこないといけないようになるから、そのつもりでいて〟と言われていましたし。倍賞さんは結婚する前から知ってたんで、2人が離婚した時はガッカリしましたよ。猪木さんと倍賞さんの一番のファンは自分だったかもしれないです。凄く仲が良かったし、絶対に離婚しないと思っていたんで、2人が別れたって聞いた時は涙がボロボロ出て…朝方まで車の中で一人で泣いてましたよ」

——そして、北沢さんは72年3月6日、大田区体育館の旗揚げ戦に参加されるわけですが。

「自分は年明けの1月に日本に戻りました。向こうのプロモーターに〝グアテマラに行け〟と言われたけど、それを断って帰ってきましたよ。日本プロレスの米沢（良蔵＝渉外部長）さんからも〝どうするの？　向こうに行ったら、もうレスリングができなくなるよ〟と電話がかかってきましたけど、もう全然聞く耳を持たなかったですね」

——新日本は旗揚げした当初、テレビも付いてませんでしたし、前途多難でしたよね。

新日本プロレス『旗揚げオープニング・シリーズ』のパンフレットに掲載された北沢と柴田勝久。北沢は旗揚げ戦で第3試合に登場し、初来日のザ・ブルックリン・キッド（マイク・コンラッド）に逆エビ固めで快勝した。

リング運搬用トラックの前でポーズを決める北沢。後方に見えるのは、新日本プロレスの初期に使われていた野外興行用の移動式テント会場である。

「でも、私が偉いなと思ったのは、すぐに猪木さんが自宅を改築して道場を建てたんですね。団体ができるかどうかという時に。大変でしたけど、あの頃は夢がありましたよ。今の若い人は夢がないですよね。気の毒ですよ」

――日プロと新日本では、練習内容はかなり変わったんですか？

「ゴロッと変わりましたよ。〝試合前に、こんなにハードな練習をやって大丈夫なのかな⁉〟と思うほどやってましたね。大木金太郎さんが誰かに練習の内容を聞いて、〝嘘だろ。そんなことできるわけないだろ〟と言ったと聞きましたけど、本当にやっていたんですよ。時代はもっと後ですけど、佐山なんか30分間も縄跳びをして、その日の試合を休んだことがありましたからね（笑）」

――藤波さんとも新日本で再会することになりましたが、この時代の両者の対戦成績は北沢さんの29勝7敗2分でした。スパーリングと観客に見せる試合は違うわけですが、リング上での藤波辰巳というレスラーはいかがでしたか？

「これは猪木さんに言われていたことが頭の中にあったのかもしれないですけど、藤波は〝プロとして、お客さんが喜ぶ試合がしたい〟というのが凄くあって、勝ち負け云々よりも試合で自分の見せ場を必ず一つ作るという気持ちが強かったです。まあ、自分と藤波の試合は結構グラウンドが多くて、練習と同じような感じになることもありましたけど」

――藤波さんの初勝利は73年11月8日、沼津市体育館でフィニッシュは逆さ押さえ込みでした。北沢さんとの最後の試合は75年1月17日、蒲郡市体育館で、この時は15分時間切れ引き分けに終わっています。

「(試合結果が)そうなっていったのは、本人の努力でしょうね。あとは藤波本人の気持ちじゃないですか。藤波は〝上に行かないとダメなんだ!〟と、自分自身に言い聞かせているようなところがありましたから。対戦相手としては特にやりにくくはなかったです。やりにくかったのは前田ですね。彼は結構、いろんな人間を怪我させていましたから気を抜けなかったですよ(苦笑)」

――この時代、ゴッチさんは藤波さんのことも可愛がっていましたよね。その理由はどこにあったんでしょうか?

「やっぱり練習に対して真面目だったからでしょう。ゴッチさんは、レスリングのことばっかり考えている人でしたね。寝ていたと思ったらパッと起きて、〝こういう技を考え出したんだ〟って誰かに掛けたりして(笑)」

――北沢さんは当然、新日本に入ってきた若い選手たちとスパーリングをされていると思いますが。

「長州(力)とか谷津(嘉章)は凄い底力を持っていましたけど、長州はプロに入ってから強くなったんじゃないですかね。気が小さかったみたいで、極められるのを凄く怖がっていまして。足首なんか取られると、怪我しちゃいますからね。でも、基礎ができているから、覚えたら強かったですよ。あれは星野によくイジメられてたんです。それで中洲の橋の上を歩いてた時に、長州が星野の浴衣の帯を片手で掴んで持ち上げてね、川に落とそうとしたんですよ。長州は酒を飲んでいたんですけど、凄い底力ですよ。藤原(喜明)は悔しがり屋で、極められるとよく泣いていましたね」

――留学生としてブラジルから来たイワン・ゴメスとは?

「やりましたよ。技術は知っていましたし、強いことは強いですけど、そんなに強烈な強さは感じなかったですね。練習場で極められたことはないです。ウィリエム・ルスカも最初は〝大根〟でしたけど、覚えたらメチャクチャ強かったですね。クリス・ドールマンとサンボの練習をやり始めてから、凄く強くなりましたよ」

――当時の若手のスパーリングの強さで言うと、ランキングは?

「藤原が強くなる前は、やっぱり藤波と木戸が同じぐらいだったんじゃないですかね。口には出さなくても、お互いに〝そうは行かん!〟という気持ちがあったでしょうし」

――新日本の初期の頃は藤波さんと木戸さんが将来を担うんじゃないかと見ていた人もいたと思うんですが、分かれ目はどこだったんでしょう?

「木戸はレスリングが上手いんですけど、何か足りないものがあるんでしょうね。持っているものは木戸の方が上でしたよ。地味だったけど、レスリングの上手さも力強さもありましたから。まあ、性格的な問題もあるんでしょうね。

新日本時代のポーズ写真。「やっぱりゴッチさんの流れを汲む新日本の連中の試合は、どこか違いましたよ。全日本は迫力がないし、試合が面白くないですから」。

やっぱり藤波は上に行こうという気持ちが強かったと思います。木村（健悟）なんかもいいものを持っていたけど、藤波に勝てなかったというのは、そういう部分が足りないんじゃないですかね。実際に、他の若手も藤波には一目置いていたみたいですよ。身体は大きくなかったけど、新日本自体が〝この男が猪木さんの次〟という考えだったと思いますし。だから、大事に育てられた部分もあるんです。でも、本人のプレッシャーも凄かったんじゃないですか。下からバンバン上がってくる奴がいるし。藤波が警戒しないとダメだと思っていたのは、藤原ぐらいだと思いますけどね。藤波の方が1年先輩とはいっても日プロでは試合数が少なかったから、そんなに差があるわけじゃないし、藤原は金子武雄さんのところでレスリングを教わっていて、山本小鉄も練習を見て〝こいつは、すぐ使えるんじゃないですかね〟と言ってましたから。実際に器用でしたよ。藤波は口には出さなかったけど、不気味さは感じていたでしょうね」

――そして、76年には佐山聡も入ってきますね。

「もう小さくて、最初はみんな期待していなかったと思いますよ。でも、凄く練習熱心で、夜中に道場に顔を出したりすると一人でサンドバッグを叩いたりしていましたね。それに器用だし、小さいわりには腕力なんかもメチャクチャ強くて、走るのも凄く速かったです。ただ、スタミナ

新日本時代の北沢の決め技は、キャメルクラッチと本場で習得したメキシカンストレッチだった。「自分はもっとメキシコの技を使いたかったんですけど、試合で出すと猪木さんがあまりいい顔をしなくて（苦笑）」。

がないのがよく目に付いていましたけど。佐山は真面目で努力家ですよ。ただ、やっぱり凄く太りやすい体質だったんです」

――(笑)。前田日明が入ってきた時は、どんな感じでした？

「自分はイジメたり、殴ったりするのが嫌いなんだけど、前田にだけは冷たくしましたね」

――そうなんですか(苦笑)。

「態度がもう生意気で。でも、心は凄く綺麗ですよ。真っ直ぐしか見えなくて、曲がったことが大嫌いで。リングスに誘われたキッカケは、益荒雄という相撲取りの断髪式の時に国技館で前田と何年ぶりかに会ったんです。で、前田とメシを食いに国技館のレストランに行ったら、そこに高田(延彦)と山崎(一夫)が来たんですね。だから、〝おい、一緒にメシ食おう〟と呼んだら、何か雰囲気がおかしいんですよ。その場はそれで終わったんですけど、夜に前田から電話がかかってきて、〝リングスという団体を創るんですけど、レフェリーをやってもらえませんか？〟と言うんで、〝えっ、どうしたの？〟と聞いたら、別れたって。自分はそんなの全然知らなかったんで、ビックリしましたよ。若い時に可愛がっていなかったんで、まさか前田から声がかかるとは思っていなかったですし(苦笑)。前田は最初は細くて力強さがなかったんですけど、魅力はありましたよ。これは辛抱すれば、良くなるんじゃないかなって。実際に最後まで辛抱して、選手として良くなりましたけどね」

――北沢さんは旧UWFでもレフェリーをされていましたが、ああいうスタイルのプロレスが出てきた時はどう思いました？

「いいんじゃないですか。ふざけたことをやらないし、そこそこガチンコみたいな試合で。力が入ってないなと思っちゃうようなレスリングは、見ていても面白くないですから」

――北沢さんから見て、アントニオ猪木の後継者になりそうだなと思った選手は？

「長州や谷津なんかには期待したんですけど、やっぱり育たなかったですね。前田？　あれは猪木さんのことを好きじゃないでしょ。それに前田も長州もそれほど欲がないんじゃないですかね」

――猪木さん自身は、後継者を作ろうという気持ちはあったんですかね？

「うーん、あったとは思いますけど、真剣に考えたことがあるのかな(笑)。今は親が年寄りを大事にしないところがありますよね。猪木さんの良くないところは、そこです。そうしたら、子供も同じようにするのと一緒で、猪木さんは豊登さんや芳の里さんを案外、粗末にしたんですね。だから、今は弟子が同じことをやってます。でも、優しいところもあるんですよ。自分が肘を怪我した時なんか、猪木

本人秘蔵の新日本時代のオフショットもお蔵出し。当時から北沢を慕う後輩レスラーは多く、現役引退後には内装業の仕事をしながら、請われるまま旧UWF、リングス、ドラディションなど各団体に協力した。

北沢は『WWFビッグ・ファイト・シリーズ第２弾』開幕戦となる81年4月3日、後楽園ホールでラストマッチ（永源遙と組み、星野勘太郎＆木戸修と両軍リングアウト）を行い、現役生活に別れを告げた。写真は同日の引退セレモニー。

さんが背中を流してくれたんです。だから、心の悪い人間ではないんですよ」

――北沢さんから見て猪木さんが一番強かったのは、いつ頃ですか？

「30歳をちょっと越えた頃が一番強かったんじゃないかなと思います。新日本を旗揚げして、少し経った頃ですかね。その当時の猪木さんはレスリングだけじゃなくて、悪いことをさせても巧かったですよ。ガチンコの練習でも変則的な技を使ったりとか、わざとバックを取らせて引き込むように自分でしゃがみ込んじゃったりとかね。そうすると、相手は猪木さんの頭に顔面から突っ込んじゃうという(笑)。あとはスタミナもありました。配分が凄く上手かったんじゃないですかね」

――逆に猪木さんの力が落ちてきたと感じたのは？

「自分が81年に新日本を辞めて、ちょっと経ってから控室に挨拶に行ったことがあるんですよ。そうしたら、猪木さんが試合前に弁当を食べていたんです。〝あれっ、どうしたんだろう？　昔はこんなこと絶対なかったのに…〟と思って。その頃から、もうダメなんじゃないのかなって。それからは一日も早く引退してほしいなと思ってました、ずっと。その後も10年ぐらい試合をやっていましたけど、老いぼれる猪木さんは見たくなかったです。私はプロレスに少しでも恩返しをしたいなと思ってるんですけど、昔みたいな人気に戻るのはもう無理なんですかね？」

――現状を考えると、かなり時間がかかるでしょうね。

「だけど、猪木さんがいなかったら、プロレスってもっと早くダメになっていたかもしれないですよ。やっぱり猪木さんは本当に強いんだというところを試合で見せていましたから。そういうレスリングをしていましたからね。猪木さんのことを批判してる人は側にも寄らなかった、肌も合わさなかった人だと思いますよ。肌を合わさないと、本当の強さってわからないですからね」

柴田勝久

眠狂四郎がメキシコで〝狂犬〟だった時代

聞き手＝清水 勉　写真・資料提供＝柴田勝久

〝マットの眠狂四郎〟柴田勝久は東京プロレス、日本プロレスを経て、新日本プロレスの旗揚げに参加。ベルトとは無縁のレスラー人生を送ったが、そのキャリアの中で特筆すべきはルチャ・リブレ第2期黄金期の真っ只中、1970年代前半に現地でエストレージャとして大活躍したことである。

40年～50年代のルチャ第1期黄金期を築いたエル・サントやブルー・デモンらがまだ現役で、さらに次世代のミル・マスカラス、エル・ソリタリオ、レイ・メンドーサ、レネ・グアハルド、ラヨ・デ・ハリスコ、アンヘル・ブランコ、ドクトル・ワグナーら大スターがキラ星の如く出揃った60年代後半～70年代前半は史上最大の黄金時代だったと言える。

しかも、当時はNWA副会長のサルバドル・ルテロ・カモウ率いるEMLL（エンプレッサ・メヒカーナ・デ・ルチャ・リブレ）が業界を独占していた1団体時代。殿堂アレナ・メヒコの定期戦は、最上級の桧舞台だった。

柴田は2010年1月16日、心筋梗塞で急逝。享年66。聞きたい話は山ほどあったが、残念ながらGスピリッツに掲載された本人のインタビューはこれが唯一となってしまった。故人を偲びながら、知られざる逸話と貴重な写真の数々に目を通していただきたい。

61年5月場所において、序ノ口で優勝した際の鉄扇（左端）。当時17歳で、本人の回想通り身体はまだまだ細い。大相撲での最高位は東幕下35枚目。

――おそらく今のファンはレフェリーの柴田さんしか知らないと思うので、今日は現役時代の話をじっくり聞かせていただこうと思います。

「どこから始めるの？」

――若い頃から、何かスポーツはされていたんですか？

「剣道をやってた、中学校で。でも、それは何かクラブに入れと言われたから入っただけで。3年生の終わり頃になったら、サッカーをやってね。冬になったら、サッカーをやるんですよ。あとは相撲がもう大好きでね。しょっちゅう見てた。近所の人にも負けなかったし」

――誰のファンだったんですか？

「栃錦（第44代横綱）。で、中学を卒業して、1年働いて…まあ、しょっぱい会社というか町工場で働いていたんですけど、ちょうど相撲の巡業がウチの近くに来たんですよ。その時、自分が入った部屋の親方が泊まった旅館があって、そこの女将さんが親方と繋がっていてね。自分としてはもう相撲に入りたくて入りたくて女将さんに話をしたら、すぐに親方が飛んできたの」

――それで相撲の世界へ？

「そう。二瀬山親方が新しく朝日山部屋というのを作って、自分がそこの第1号。大垣で相撲の巡業があった時に、親方が俺を連れに来てね。夜行で一緒に東京に行ったんですよ。初めての東京でね」

――それは何年ですか？

「それが…昭和35年（1960年）ですね。その年の5月場所に間に合ったから」

――じゃあ、入ってすぐに初土俵という感じだったんですね。

「すぐ受かったんですよ。物凄く小さかったし、受かるような体重じゃなかったんですけどね。その頃は68キロしかなかったんです。合格するには75キロなきゃいけないから、新弟子検査の前の日からちゃんこを食べさせられて。それで早く寝て、朝起きたら、また食べてね。あの時はまだ100人ぐらい検査を受ける人がいたんですよ。自分の番が来るまで水道にしがみついて、水を飲んで」

――結局、75キロまで行ったんですか？

「行った！　ギリギリでね（笑）」

――一気に7キロ増（笑）。

「親方がビックリしていましたよ。受かって帰ってきたから。背もちょっと足らなかったんです。受かるには173センチ必要なんだけど、俺は172センチしかなかったの。でも、あの身長を測るやつがあるでしょ？　あれをガーンと頭に落とされたんですよ。〝痛てえ！〟って、スッと背伸びしたら1センチね、ピュッと上がったの（笑）。それで〝はい、合格〟って。だから、すぐ5月場所に上がったんだけど、前相撲（番付外の力士が取る相撲）で、しょっぱかったんですよ。細かったから、しょっぱくて弱かった。番付に載るまで2場所かかってね。初場所は3勝4敗。それからも、ずっと3勝4敗。それで次の年、入って1年経ったら7戦全勝で優勝しちゃったんです。序ノ口で全勝優勝」

――凄いですね。

「嬉しかったなあ。その時から、ちょっとずつ力が付いてきたんだよね」

――その頃の四股名は？

「鉄扇茂（てつおうぎ・しげる）。俺は本名も勝久なんだけど、茂というのは父親の名前から取って。あの頃、小鉄さんという有名な呼び出しの人がいたじゃないですか。あの人が前相撲の時に、〝鉄はいいよ〟とか、ごそごそ言ってるのよ。〝鉄を付けると強くなるよ〟とかさ。それで鉄扇と付けたんです。でも、親方に言ったら、〝何だ、この名前は!?〟って（苦笑）。その後、序二段に上がって、そこをウロウロしていて。それで三段目に上がったんです。でも、3場所ぐらいで幕下に上がったら、パパッと下は強かったですよ。で、また落ちて」

――また三段目ですか？

「うん。3勝4敗で負け越して、一回ちょっと落ちたんですけど、また優勝したんです。その時、三重ノ山勝久（みえのやま・かつひさ）と名前に変えたの。そうしたら、そ

日本でも爆発的な人気を誇ったフランスの女性歌手、シルヴィ・バルタンとの記念撮影。65年の初来日公演を鑑賞した際に、バックステージで撮影された一枚である。

の場所で全勝優勝しちゃって（63年9月場所）。その時に当たったのが安達（勝治＝ミスター・ヒト）さんでね。あれは強かったんですよ」

――へえ、そうだったんですか。安達さんの四股名は？

「浪速海。あいつは勝つと思っていたらしいけど、俺が勝ったんですよ。土俵をガーンと蹴って、物凄い悔しがってたね（笑）」

――当時、後にプロレスラーになる人は誰がいたんですか？

「安達さんと、あとは下に轡田（友継＝サムソン・クツワダ）とか。そのちょっと前が永源遙」

――永源さんは後輩にあたるんですか？

「プロレスは先輩で、相撲は下。あとはラッシャー木村さんもいたね。俺はその頃、ウェイトリフティングが好きだったんですよ。でも、部屋に器具がないから後楽園のジムに通ってね。当時、日本チャンピオンとか来ていて一緒に練習したんです。そこで友達になったのが後に東京プロレスでデビューする金田照男という奴なんだけど、プロレスに入りたいと言うから、〝俺も付いていくよ〟と。それで〝日本プロレスに行こうか〟と言うてね。でも、電話をしたら巡業に行っていたみたいで誰も出ないから、東プロに行ったんです。その年に立ち上げたんですよ、東京プロレスは」

――それが66年ですよね。

「新宿の事務所に行ったら、豊登さんと猪木さん、それと新間（寿）さんもいてね」

――プロレスは以前から好きだったんですか？

「見なかったです。好きじゃなかった（苦笑）」

――じゃあ、何でプロレスラーに？

「やっぱり相撲をやっていくには、身体が小さかったから。辞める前も幕下で6戦全勝まで行ったんですよ。でも、最後に負けてね。その負けた相手が物凄く大きかったんです。それで〝ああ、これはダメだ…〟と思って。それに勝っていたら、また人生が変わっていたかもわからない。それとね、東京プロレスに入る1年ぐらい前、大阪の難波ジムってところに行ってウェイトの練習をしてたんだけど、そのジムにペドロ・モラレスが来るというもんで慌てて見に行ったんですよ。そうしたら、来たのがモラレスじゃなくて、山本小鉄さんとサンダー杉山さんだったの」

――そのジムにはマイティ井上さんもいましたよね。

「うん、いた。あの頃、一緒に練習してたもん。アニマル浜口とかね。その晩に考えてね。ウィスキーを買って飲みながら、〝プロレスか…〟って。そんなこともあったね。あれから、ちょっと東スポを買ったりして。5円の東スポを。それまで、そんなに見なかったのに。あの当時は誰もやらなかったんです、ウェイトなんか。相撲取りがやったら怒られたもんね、親方に」

――でも、柴田さんは隠れて？

「最初はコッソリやってたよ。でも、力が付いてきて勝ち出したから、親方も納得してね」

――東京プロレスに入る際、入門テストは受けたんですか？

「いや、入る時は簡単に入ったんですよ、テストも何もなく。〝ああ、いいよ〟って」

――バックボーンがありますからね。

「まあ、相撲をやってたからでしょうね。それに入る人もいなかったんじゃないですか、あの頃は」

――確かに選手の数が欲しかったでしょうし。

「そう。集めてもギリギリぐらいの人数でね。俺は最初、新間さんの家に1週間ぐらいいたのかな。猪木さんのお兄さんの家とか。それで高崎山（三吉＝北沢幹之）さんが迎えに来てね。一緒に伊東で合宿をしたんですよ、みんなで。大磯（武）とかラッシャーさん、永源遙とかは、もう入ってた。あとは田中忠治。竹下（民夫）さんもいたし、その後にはマンモス（鈴木）さんとかが来てね。仙台（強＝大剛鉄之介）さんもいたよ」

――その年の10月12日、蔵前国技館における中川弘戦でデビューするわけですが、その試合のことは憶えていますか？

「ああ、憶えてる…リングがグラグラしてたね（苦笑）。相手の中川というのも同門だったの。朝日山部屋で相撲取りをやっていて」

――やっぱりプロレスは難しいと思いました？

「難しいですよ。しかも、何も知らん者同士だし」

――プロレスは誰に教わったんですか？

「北沢さんとかラッシャーさんとか。あの頃、サントリーのREDが1000円ぐらいだったんだけど、みんなで一緒に飲んでね。お米（お金）がない時だったから。あれがまた美味かったんだよ…まあ、当時はいろいろあってねえ（笑）。で、そのうち消滅したんじゃないですか」

東京プロレス時代の柴田。インタビュー中で触れている旗揚げ興行の中川弘戦は第1試合だった（逆片エビ固めで敗北）。66年11月4日、津市体育館がプロ初勝利で、相手は永源勝。

――東京プロレスは、単独では2シリーズしかやらなかったですよね。しかも、第2弾シリーズでは板橋で暴動事件が起きて。

「事件…話していいのかな（笑）。あの時はビックリしたよね。会場に行ったら、興行主がトンズラしちゃってて。で、試合が中止になって、選手もみんな〝帰ろう〟って」

――その結果、怒った観客が暴れて大騒ぎになりましたね。

「帰ってきて、テレビを観たらニュースになっていてね。リングが燃えてるんですよ。だから、ビビって後から見に行ったんです、こっそりと」

――（笑）。

「みんなで〝うわぁ～、どうなんのかな!?〟とタクシーで板橋まで行ってね（苦笑）。あれは普通の新聞にも載ったもんね」

――やはり東プロ時代は、あまり良い思い出がないですか？

「なかったね。もうピリピリしていたから。みんな若かったんだよ」

――結局、東プロは潰れちゃうわけですが。

「あの時、みんな国際プロレスに入っちゃったんだよね。寺西（勇）とかラッシャーさんとか。仙台さんもみんな国際に行ったんだけど、話が来ないんだよ、俺には。でも、俺はプロレスを辞める気もなかったし」

——日本プロレスに移ったのが67年ですよね。

「東プロが潰れたのが1月で、日プロに行ったのは7月頃かな」

——67年4月7日、後楽園ホールで日プロ復帰が決まった猪木さんがスーツ姿でジャイアント馬場の救出に現れた時は？

「あの時はテレビで観てた。北沢さんに〝何とかなるから〟と言われててね。永源はさっさと日本プロレスに入ったんだよ、猪木さんに連れられて。やっぱり永源はプロレスが上手かったから。入れてもらったのは永源が最初で、北沢さんも入ってた。俺が3人目。その後に木戸（修）が日プロに入門してきたんだよね」

——東プロと日プロの仕来りの違いなどは感じませんでした？

「感じなかったですね。（ミスター）珍さんとか熊さん（大熊元司）とか、良くしてくれましたよ。日プロでデビューしたのが夏休みの時、栃木県の鹿沼。オープンで林（牛之助＝ミスター林）さんとやったのかな。凄い大雨で、雷が鳴っててね。轡田が慌ててリングの下に入ったりして。1年ぐらいして、ギャラをもらった時は嬉しかったなあ」

——東プロでは、ほとんどもらえなかったんですか？

「東プロは小遣いぐらいしかなかった。それどころじゃなかったもんね。最後はお米の問題で潰れたんだろうし…まあ、その辺はうまく書いておいてよ！」

——はい。でも、もう東プロの人はほとんど業界にいないですよ。

「いや、まだ猪木さんがいるじゃない（笑）」

——柴田さんが日プロにいた頃は、ＢＩ砲の全盛時代ですよね。

「うん、俺が猪木さん付きでしょ。轡田が馬場さん付きで、戸口（正徳＝キム・ドク）が大木金太郎さん。吉村道明さんには安達さんが付いて。で、若手同士が対戦するじゃないですか。みんな見てるのよ、付き人の試合を。変な試合をすると怒られるの。控室へ帰ってくると、カチーンとね」

——カチ食らわされて。

「でも、俺はあまりされなかったな。要領がいいから（笑）」

——その頃の前座の試合は面白かったですよ。

「でも、なかなかプロレスが上手くならなかった。先輩からも〝お前は不器用だな〟と言われてね。それで確かメキシコ行きの話が出たんですよ」

——その頃、先に星野勘太郎さんとマシオ駒さんがメキシコに行ってるんですよね。

「その星野さんが帰ってくることになって。大阪万博の年だから、70年の5月か。万博を見に行って、東京に帰ってきたら、〝事務所に来い〟と言われてね。そうしたら、〝メキシコに行け〟って」

東プロ崩壊後、柴田は67年8月26日、鹿沼氏御殿山球場特設リング大会から日本プロレスに合流。同年11月から始まったゴッチ教室にも積極的に参加した。

——誰に言われたんですか？

「猪木さんからだったと思う。メキシコでは、もうそういう話になっていたみたいだし。最初は一人でロサンゼルスに行ったんです。（グレート）小鹿さんが試合をやっていましたよ。その時にロスの空港まで迎えに来てもらって、小鹿さんのところに3日ばかりいたんかな。あの時、ミル・マスカラスとかもいたしね。そこからメキシコに入ったんです。星野さんがレストランにメシを食いに連れて行ってくれてね。〝お前、頑張れよ〟と言われてさ。それで俺とスイッチして、星野さんは日本に帰ったの」

——最初にメキシコに着いた時は、どんな印象でした？

「みんなさっさと税関を通っていくのに、俺だけ捕まってね。目覚まし時計1個で。でも、長沢（秀幸）さんから聞いていたんですよ。〝何かあったら、ちょっとお米を渡せばいい〟って。ほんで渡したら、問題なく通れて（笑）」

——向こうに着いて、すぐに試合だったんですか？

「次の日には、もう試合。アカプルコにバスで行ったんだけど、片道13時間ぐらいかかったかな」

——昔だったら、そのぐらいかもしれないですね。今は高速道路ができて、4時間ですよ。ところで、当時の資料を見ると、向こうでのリングネームは〝シバタヤマ〟と〝シバタ〟と二通りあったんですか？

「いや、シバタなんです。でも、グアダラハラに行くとシバタヤマになっていたんですよ。あれは向こうが勝手に付けただけで。なんでヤマを付けたか知らないけど。相撲のアレから付けたのかな」

——なるほど。じゃあ、基本的にはシバタなんですね。

「でも、発音が違うんだよね」

——正確には、チバタなんですよね。よくミル・マスカラスが〝チバタはどうしてる？〟と言っていますよ。

「ああ、マスカラスとも一回やったことあるんですよ、アレナ・メヒコで。あの人だけは控室でも見せなかったんだよね、顔を。シャワーに入るまでマスクを被ってるもんね」

——エル・サントもそうですすよね。

海外武者修行用の宣材写真。この時期、上田馬之助、松岡巌鉄、小鹿雷三はアメリカ、駒厚秀、星野勘太郎はメキシコで修行中だった。

「サントの顔は事務所で見たよ。最初はどこのオッサンが来てんのかなと思ってね。帽子を被っててさ」

――よくハンチングとか被っていましたよね。

「挨拶して、〝ああ〜〟って（笑）。もうサントと一緒に出ている時は、〝ありがたい！〟と思ったわ。ホントにありがたかった。何倍も（ギャラが）良かったから（笑）」

――アレナ・メヒコは、客の入りでギャラが変わる歩合制ですからね。アレナ・メヒコに最初に上がった時は、どんな感じでした？

「〝おお、入ってる！〟と思ったよ。その時、満員だったんです。〝やったー!!〟ってね。で、頭の中では計算を（笑）。それで悪いことをしたら、また客が喜ぶしね。でも、小便をコップに入れてバンバンかけてくるから、〝うわぁ〜、臭せえ！〟って。まあ、それだけ悪いことをしてたし（苦笑）」

――下駄なんかは日本から持っていったんですよね？

「行く時に山本（小鉄）さんにタイツとかをもらってね。あの当時は、みんな田吾作スタイルだったから」

――ヒールのファイトスタイルというのは、現地で駒さんに教わったんですか？

「教わったというより、ロサンゼルスで小鹿さんの試合をちょっと見た時に、〝ああ、こうやったらいいんだな〟と思って。あれはスニーキーっていうの？　相手の後ろからコソッと行って襲うという。そういうことを知らん顔しながら、やったりしてね。もちろん、駒さんも教えてくれたけど」

――小便をかけられた以外で、危ない目には遭いませんでしたか？

「田舎の方でピストルを突きつけられたし。あとね、モンテレイで控室に火を点けられたりとか（苦笑）。ヌエボラレドでは、控室に石をぶつけられたりした。悪いことしてさ。もう試合の途中で危ないから、みんなで控室に戻ったの。そうしたら、バンバン石が飛んできてね」

――向こうではルードだったわけですが…。

「最初はリンピオだったんですよ」

メキシコでの最初のパートナーは日プロの先輩・駒。この時期、駒は日本人初のNWA世界ミドル級王者となる（後にサトル・サヤマも戴冠）。72年に全日本プロレス旗揚げに参加し、ジャイアント馬場の懐刀として現場を仕切った。

本人所有のメキシコ時代の貴重な写真。下の写真のパートナーはアルフォンソ・ダンテス。72年にNWA世界ライトヘビー級王者となり、79年にはパク・チュー（木村健悟）から同王座を奪った。左のページで柴田の腕を決めているのは元NWA世界ミドル級王者のラヨ・デ・ハリスコ。未来日に終わったが、60年代を代表するスペル・エストレージャだ。P119の上写真は、グアハラダラでブラック・シャドーとのカベジェラ戦に勝利した際のショット。

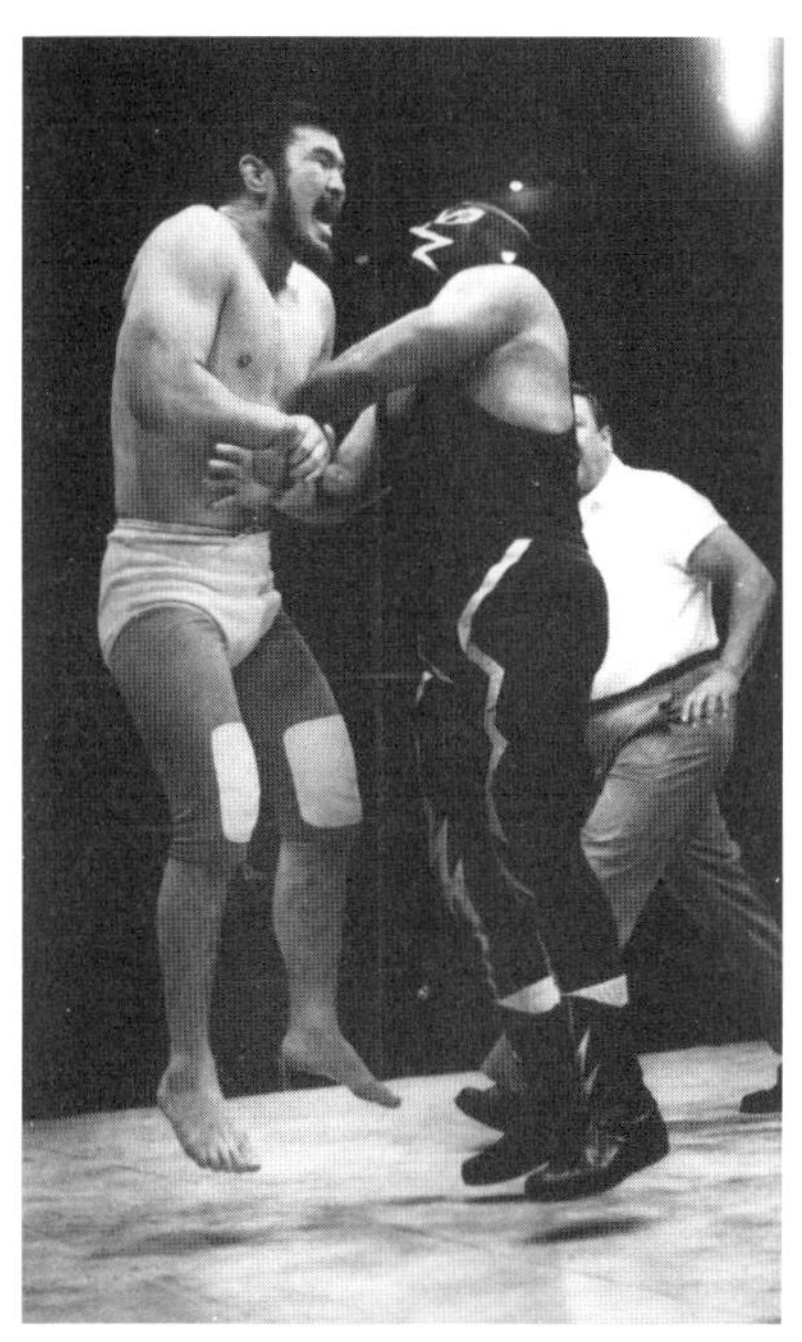

——ああ、そうだったんですか！

「そう。最初は誰と組んだのかな？　相手がエル・ゴリアストとかブラック・ゴールドマンとかルードだったんです。あとはアンヘル・ブランコ、ドクトル・ワグナー、エル・ソリタリオ。で、そのうち自分もルードになっちゃったんですよ」

——調べてみると、ミステル・コマ（マシオ駒）、レネ・グアハルド、それにカルロフ・ラガルデがいつもパートナーですね。

「でも、少しして駒さんと別々にされたんですよ。駒さんがモンテレイの方に行ったら、俺はグアダラハラ周りとか。それで俺はグアハルドとかラガルデと組んだりしてね。アルフォンソ・ダンテスとか」

——凄いなと思ったのは70年5月にEMLLに入って、もう8月28日にアレナ・メヒコでレイ・メンドーサの持つNWA世界ライトヘビー級王座に挑戦してるんですよね。

「そうですね。やってる」

——その頃はルチャ・リブレの第2期黄金時代なんですが、柴田さんはその中で常にアレナ・メヒコでメインかセミを取り続けていたというのが凄いなと思って。

「でも、一個ミスしたんですよ。アレナ・コリセオでレフェリーをすっ飛ばしちゃったの。それでアレナ・メヒコに1ヵ月出れなかった」

左はルチャ・リブレの歴史の中でミドル級最強の男と言われるレネ・グアハルド。75年にはフランシスコ・フローレスらと組んで、UWA（ユニバーサル・レスリング・アソシエーション）を立ち上げた。

——出場停止を食らっちゃったと。

「うん。でも、こっちはそんなの知らないじゃないですか。それだけ向こうは厳しいということを」

——今でも観客に手を出したりすると、最低1ヵ月間は出

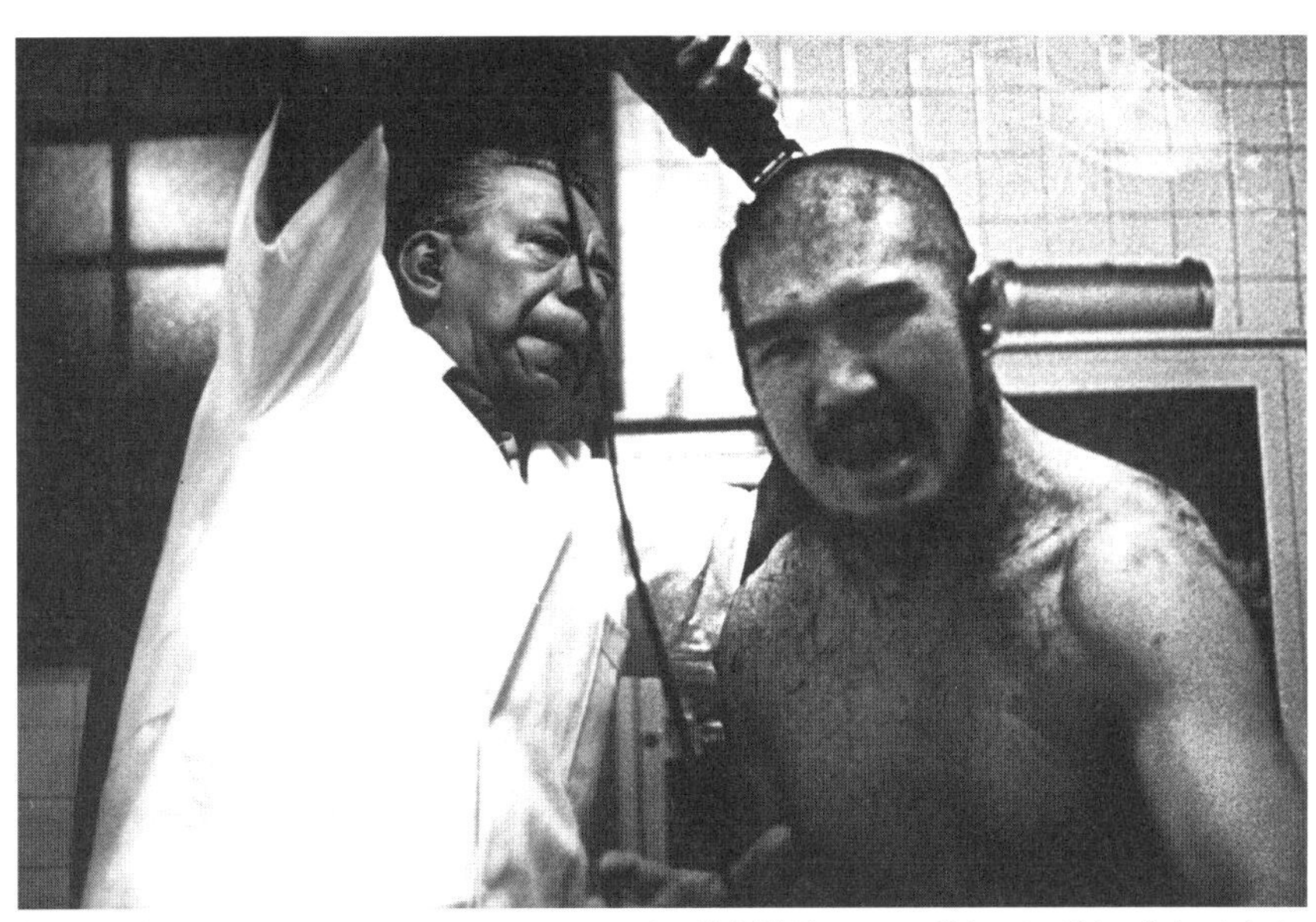
柴田は70年10月2日、アレナ・メヒコでラウル・マタとの敗者髪切りマッチに敗れ、リング上で坊主にされる。試合後、控室で残っていた髪をバリカンで綺麗に刈られた。

場停止になりますよ。話を戻しますが、メンドーサに挑戦した時というのは？

「嬉しかった。頑張ったわ。ジャーべっていうの？　変なのやって。で、空手を使ったら怒られてさ。ルードだけど、リンピオで試合やらなダメなんですよね、タイトルマッチだけは。でも、そんなのは知らないから」

――打撃はダメなんですか？

「ダメなの。変にロープを使ったりしてもダメ。物（凶器）を持ったりもダメ。やりにくかったけど、なんとかこなしたよ」

――その大会のセミがエル・ソリタリオvsミステル・コマのNWA世界ミドル級戦だったんですよね。この時、駒さんが勝ってチャンピオンになったんですが、階級が上の柴田さんの方がメインでした。でも、駒さんに先にやられたと思わなかったですか？

「思った」

――正直ですね（笑）。

「だから、ホテルの屋上に行って、駒さんのベルトを借りて2人で写真を撮り合ったの（笑）。〝写真だけでも撮っておく？〟と言われて。やっぱりベルトは欲しいと思うでしょ。一緒にやってるのに」

――その年の10月2日に駒さんがアニバルとタイトルマッチを行っていますが、その時のセミで柴田さんはラウル・

マタとカベジェラ戦をやって坊主になっていますよね。

「そうそう。あの時は入ったわ、本当に。いやあ、坊主になったら儲かるのかなと思ってね（苦笑）」

――カベジェラ戦はギャラがいいですからね。向こうで坊主になったのは、その一度だけですか？

「2回。タッグで自分がグアハルドか誰かと組んで、相手はドレル・ディクソンとメンドーサだったかな…それもアレナ・メヒコでやってる。あとね、グアダラハラでブラック・シャドーとやったんだけど、その時は俺が勝ってブラック・シャドーが坊主になった」

――それも凄いですね。

「結構ね、おいしいカードをくれたんですよ」

――今年（※インタビュー収録時の2007年）の3月にシャドーが亡くなりましたよ。

「うん。みんな亡くなっちゃってるから、もうメヒコに行っても面白くないよ」

――ラガルデも今年の8月末に亡くなって。

「グアハルドは、もっと前に亡くなったでしょ」

――そうですね、92年に…。ソリタリオも86年に亡くなっていますし。

「あれは生きてるんですか？　アルゼンチンの…」

――コロソ・コルセッティですか？　存命です。あとはセサール・バレンティーノも元気です（※09年6月に死去）。

「あれも良くしてくれたね」

――あとはラヨ・デ・ハリスコとかも（※18年7月に死去）。

「ああ、ハリスコは酒ばっかり飲んでるから。試合前から飲んでるからね」

――それで干されちゃって。

「そうそう、アル中だよ。向こうではブルー・デモンとも試合をやってるんですよね。あれがガチガチで来たから、こっちもガチガチでやったら、あいつが喜んでね。〝こんな選手は知らない〟って（笑）。こっちだって負けられないじゃないですか。あいつ、カタいんだよ」

――身体は小さいですが、ファイトはカタいんですよね。それで一目置かれていたところがありますから。

「俺が怒ってガーンとやったら大人しくなって、〝家に遊びに来い〟って（笑）」

――その後、駒さんはメキシコを離れますよね。

「アメリカに行っちゃったんですよ。それで一人になって、半年後ぐらいに北沢さんが来たんだよ。俺から1年遅れでね」

――その後、柴田さんは71年2月にアニバルのNWA世界ミドル級王座に挑戦してるんですよね。ライトヘビー級から1階級落として。

「それもアレナ・メヒコ。あの時、かなり体重が落ちてるもん。もうゲッソリしてたから。82キロぐらいかな。そこまで落ちたら、もう落ちなかったけど。なにしろ日本から

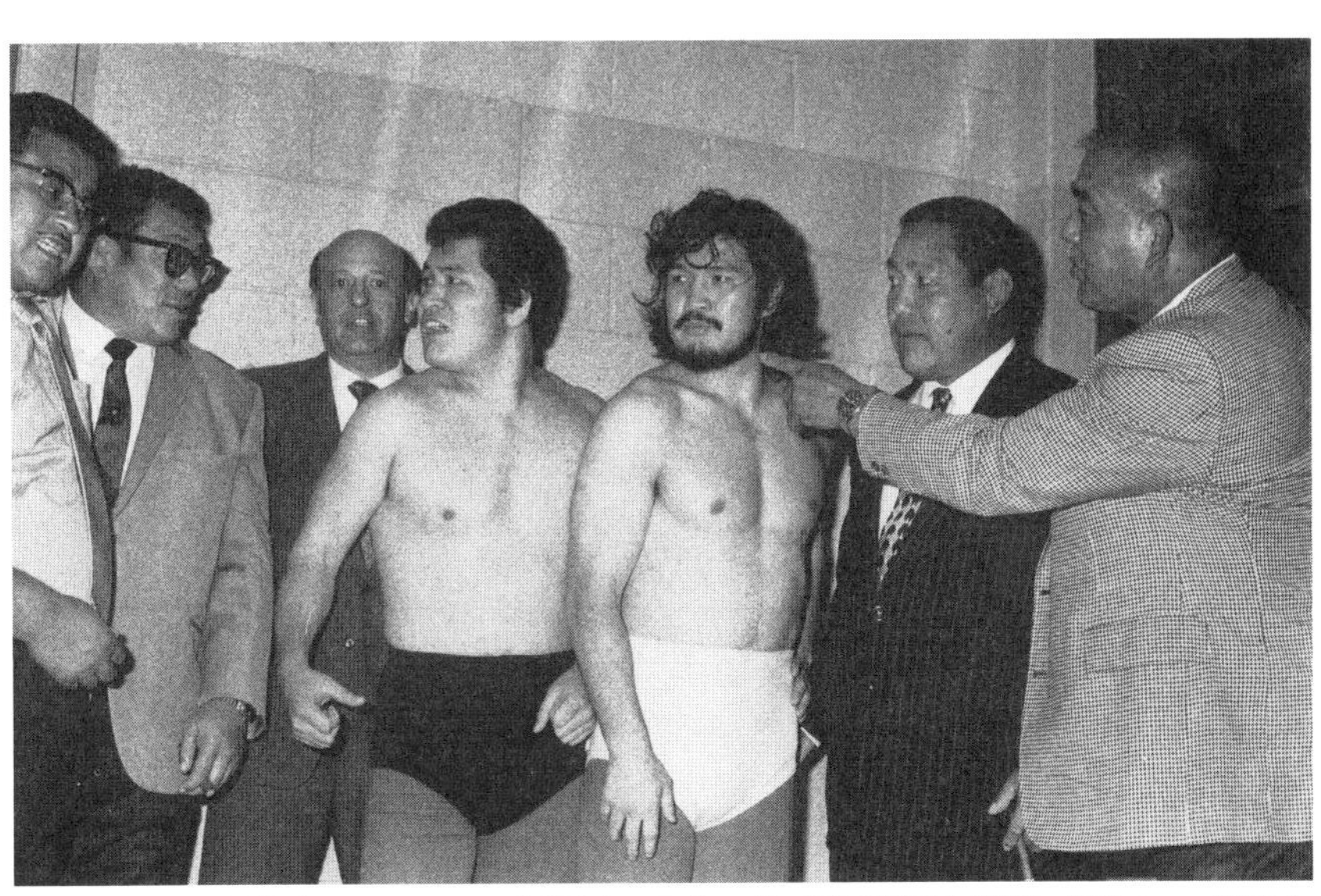

71年8月、NWA総会がメキシコシティで開催され、日プロの芳の里と遠藤幸吉が出席。現地でルード修行を積んでいた柴田、北沢幹之を激励した。北沢の左隣がサルバドル・ルテロ・カモウ（当時のEMLL代表）、その隣はデューク・ケオムカ、右端はミスター・モト。

持っていったズボンがガバガバになったから」

――やっぱり下痢とかしたんですか？

「不思議なもんで、金曜日（アレナ・メヒコ定期戦）はOKなんですけど、月曜日に地方へ出発すると下痢して帰ってくるんですよ。で、また金曜日になると治るんです。メキシコシティに戻ってくると落ち着くんですよ。自分の実家に帰ってきたような感じで」

――アニバルとのタイトルマッチは、駒さんが獲られたベルトに挑戦する形でしたね。駒さんの敵討ちみたいな感じで。

「でも、返り討ち（笑）。いやあ、いろんなことがあったわ。本にしたら、売れるんじゃないの（笑）」

――その後、北沢さんと合流してタッグを組み始めましたよね。

「組み始めて、すぐに別れて。駒さんの時と同じで、あっちこっちに行かされたから。やっぱり日本人は人気があるし、行ったらお客が入るじゃないですか。だから、別々で動いてね」

――その当時のメキシコのNWA世界王座は上からライトヘビー級、ミドル級、ウェルター級の3本しかないんですよね。だから、物凄い価値があるわけですが、そのうちの2つに挑戦して。あの頃、ダニー・ホッジがメキシコに来たのは憶えていますか？

「ホッジ？　憶えてないなあ」

La última importación

EL PELIGROSO SHIBATA

EN MEXICO... INICIA LA CONQUISTA DEL NUEVO MUNDO...

Desde el lunes 18 de mayo, es huésped en México, el maestro japonés KATSUHISA SHIBATA.

Dos días después, ya estaba probando en el Puerto de Acapulco a los aficionados y luchadores mexicanos. Le recibieron El Dr. Wagner y El Angel Blanco, Shibata y Mr. Koma, ganaron en dos caídas al hilo.

MAESTRO EN KENDO

A los veintisiete años de edad, Shibata, es un consumado maestro en Kendo. Esta especialidad consiste en desarmar cuerpo a cuerpo, a los guerreros (Samuráis).

Al más agresivo de los samuráis, que se le presentara, Shibata no tendría el mínimo problema para quitarle su sable y recetarle una felpa.

Otro de los grandes deportes [illegible] practica es el karate. Nos [illegible] dicho: Conozco por lo menos [illegible] formas de acabar con un [illegible] a base de golpes de karate.

EXPERTO EN SUMO

[illegible] perdió a su [illegible] en el Japón. [illegible] en Tokio; [illegible] lucha libre.

[illegible]

こちらは本人が所有していた現地の雑誌記事。滞在中、『ルチャ・リブレ』、『アレナ』、『ノカウト』など各専門誌で大きく取り上げられ、何度も表紙にも登場している。左上のグラビアでは日本刀を構えているが、「あれは日本から持っていったわけじゃなくて、現地で調達したんですよ。誰かは忘れたけど、向こうの日本人に借りたの」（柴田）。

RICKY ROMERO VIENE A MEXICO EN FECHA PROXIMA...
EL ANIVERSARIO DEL SINDICATO DE LUCHADORES, FUE TODO EXITO

ARENA DE BOX Y LUCHA

NAZI

LAGARDE

SHIBATA

No. 665
UN PESO

RELEVOS AUSTRALIANOS EN LA ARENA COLISEO, ESTE VIERNES
NAZI - LAGARDE - SHIBATA VS. CICLON VELOZ JR. - MUÑOZ - JUAREZ

POBRE MATA

La mancuerna oriental en acción, y Raúl Mata sufriendo las feroces acometidas de Shibata, quien salta desde lo alto de la tercera cuerda, con los brazos en alto.

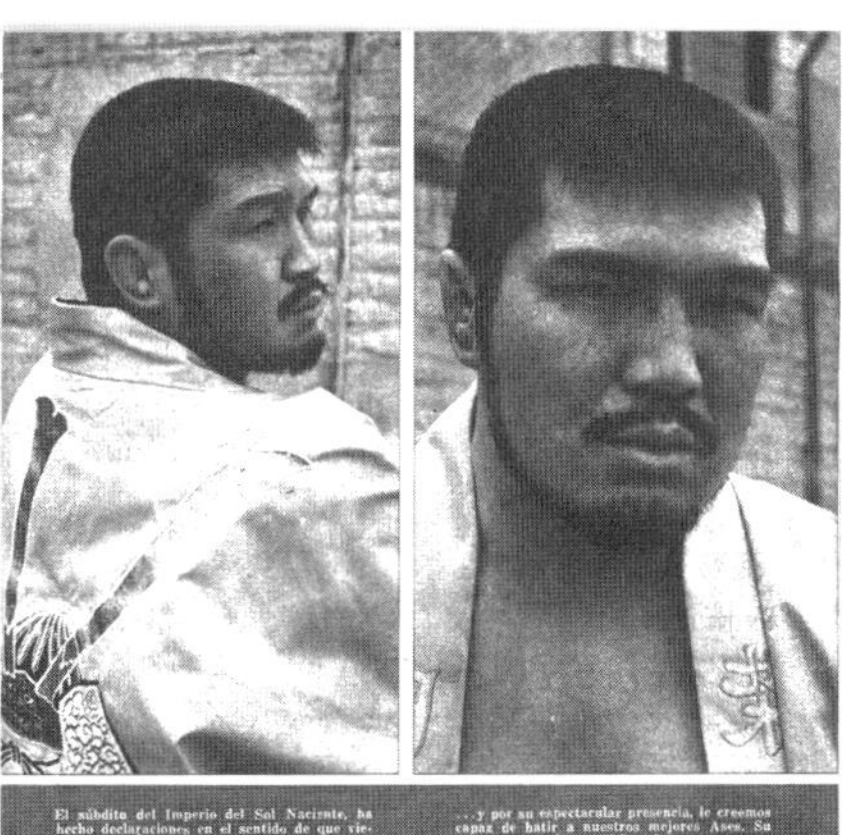

El súbdito del Imperio del Sol Naciente, ha hecho declaraciones en el sentido de que viene en pos de grandes victorias...

...y por su espectacular presencia, le creemos capaz de batir a nuestros mejores Ases. Su etiqueta él la señala.

Esto, el sumo, se lleva a efecto sobre la tierra misma, trazando un círculo, y a base de golpear hay que sacar al contrario de los límites del círculo. Ahí se termina el combate y surge el vencedor.

OTROS DATOS SOBRE SHIBATA

La lucha libre que conocemos, la aprendió hace cinco años, allá en Tokio y su maestro lo fue Dihidosa.

Nunca ha luchado contra Yamamoto ni contra Mr. Koma. Han sido compañeros.

Se ha enfrentado a Black Gordman y a Frank Flores, luchadores mexicanos que han estado en el Japón.

Contra luchadores americanos se ha medido con El Destroyer, Fred Blassie, Buddy Austin, entre otros.

Considera no haber dado hasta el momento una mala lucha. Tampoco ha sufrido lesiones y sus mejores pagas fluctúan entre los quinientos y mil dólares. Todo es cuestión de entradas, asegura. Mucha gente, mucha paga. Poca gente... poca paga.

Su castigo favorito sobre el cuadrilátero, es la presión sobre la nuca. El resultado de este castigo, usted ya lo conoce: El enemigo duerme tranquilamente sin darse cuenta a qué horas perdió.

Lo veremos en la arena México, en cuanto se inaugure la segunda parte de la magna temporada de 1970, y ya pueden asegurar que se adueñará del favor de la fanaticada, al igual que Koma y Yamamoto.

PAGINA 4

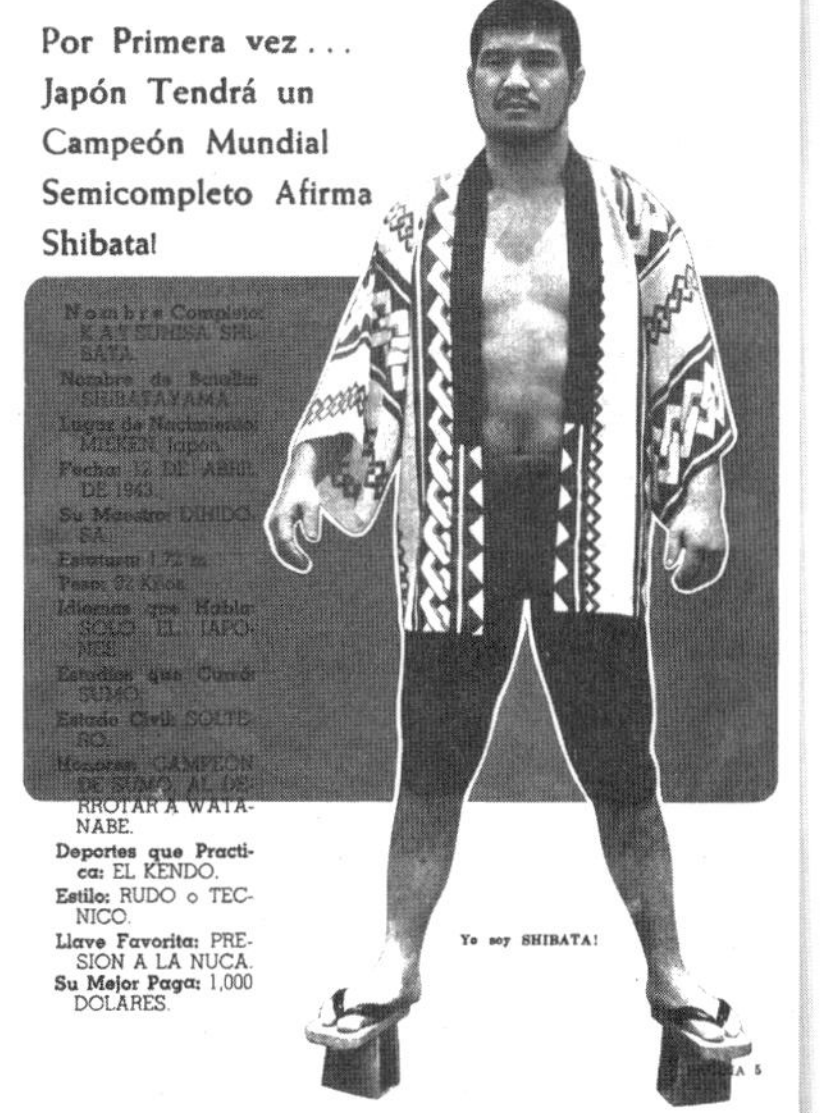

Por Primera vez...
Japón Tendrá un
Campeón Mundial
Semicompleto Afirma
Shibata!

Nombre Completo: KATSUHISA SHIBATA.
Nombre de Batalla: SHIBATAYAMA.
Lugar de Nacimiento: MIEKEN, Japón.
Fecha: 12 DE ABRIL DE 1943.
Su Maestro: DIHIDOSA.
Estatura: 1.72 m.
Peso: 92 Kilos.
Idiomas que Habla: SOLO EL JAPONES.
Estudios que Cursó: SUMO.
Estado Civil: SOLTERO.
Honores: CAMPEON DE SUMO, AL DERROTAR A WATANABE.
Deportes que Practica: EL KENDO.
Estilo: RUDO o TECNICO.
Llave Favorita: PRESION A LA NUCA.
Su Mejor Paga: 1,000 DOLARES.

Yo soy SHIBATA!

PAGINA 5

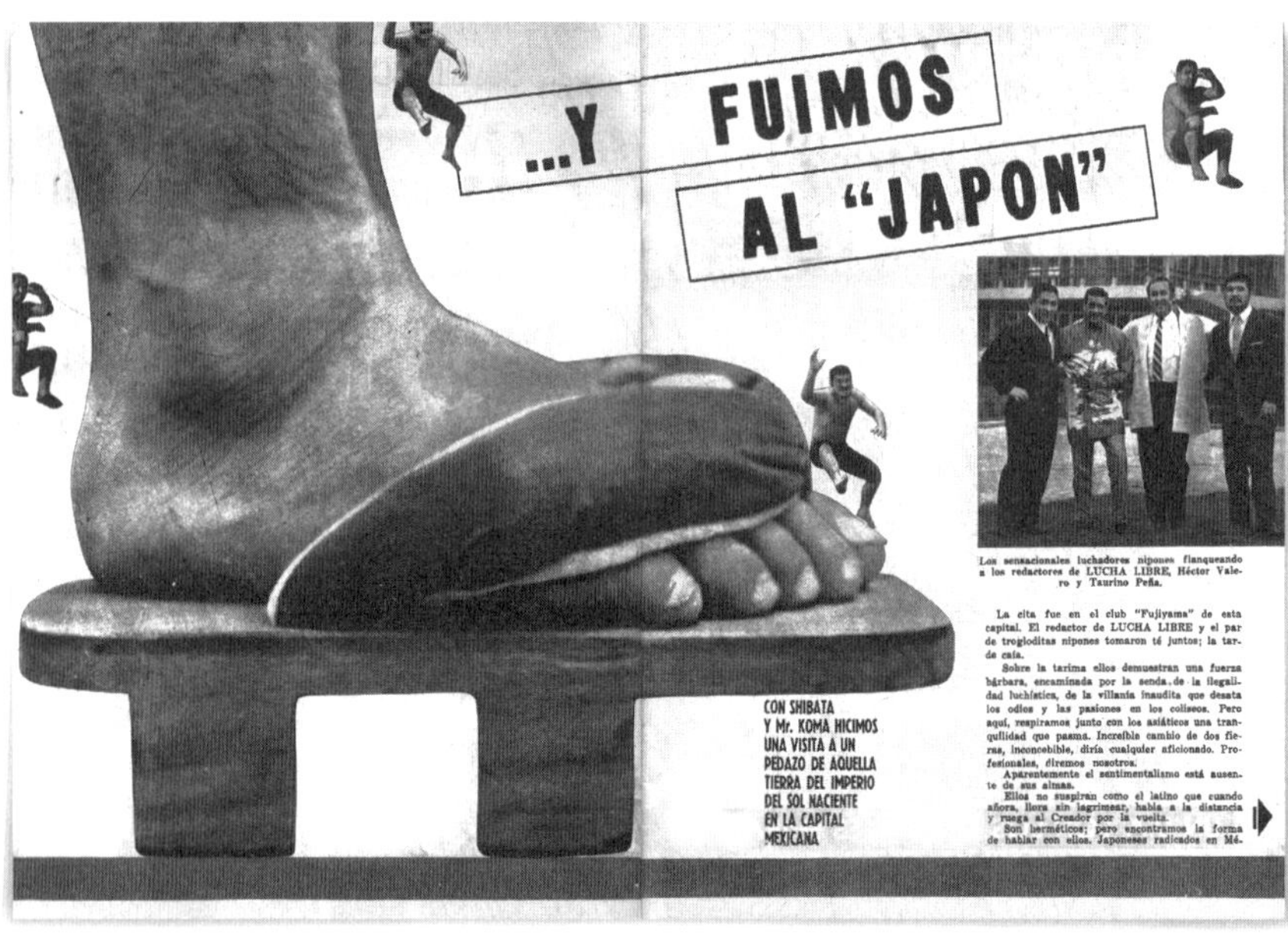

...Y FUIMOS AL "JAPON"

Los sensacionales luchadores nipones flanqueando a los redactores de LUCHA LIBRE, Héctor Valero y Taurino Peña.

CON SHIBATA Y Mr. KOMA HICIMOS UNA VISITA A UN PEDAZO DE AQUELLA TIERRA DEL IMPERIO DEL SOL NACIENTE EN LA CAPITAL MEXICANA

La cita fue en el club "Fujiyama" de esta capital. El redactor de LUCHA LIBRE y el par de trogloditas nipones tomaron té juntos; la tarde caía.

Sobre la tarima ellos demuestran una fuerza bárbara, encaminada por la senda de la ilegalidad luchística, de la villanía inaudita que desata los odios y las pasiones en los coliseos. Pero aquí, respiramos junto con los asiáticos una tranquilidad que pasma. Increíble cambio de dos fieras, inconcebible, diría cualquier aficionado. Profesionales, diremos nosotros.

Aparentemente el sentimentalismo está ausente de sus almas.

Ellos no suspiran como el latino que cuando añora, llora sin lagrimear, habla a la distancia y ruega al Creador por la vuelta.

Son herméticos; pero encontramos la forma de hablar con ellos. Japoneses radicados en Mé-

Shibata vistiendo elegante bata japonesa aparece en una de sus clásicas guardias. Luce imponente y majestuoso.

Con Mr. Koma, Shibata observa un hermoso cuadro de su lejana patria. Esto es en el Club que aquí tienen los nipones.

Probando un rico té de su añorado Japón. El luchador Shibata ni aquí pierde la buena postura. Elegante el hombre.

xico vienen al auxilio y, por su intermedio, la plática se entabla.

Shibata y Mr. Koma, principes que representan una nacionalidad y un espíritu diferente. Hombres que al conjuro de su destreza y calidad sobre la tarima, muestran al mundo lo capacitado de sus armas. Pero y su gente, su raza, sus costumbres? ¿Cómo es Japón?

Shibata sonríe muy levemente, casi nerviosamente. Se toma la barba y acude solícito a la respuesta.

"Mi país tiene serios inconvenientes para ustedes que acostumbran desveladeros. Hay excelentes lugares, pero aquí sólo hay servicio hasta las doce de la noche, nunca más tarde. Tokio destila el bullicio más grande que puedas imaginarte. Su dinámica es comparable a Londres o Nueva York, por su industria floreciente, comercio avanzado y fertilidad en todos los aspectos".

HABLALE DE LOS TAXIS

De pronto Mr. Koma ha reído sonoramente, sus manos muestran agilidad, tratando de hacernos entender algo, el intérprete interviene. El luchador-monstruo para los lucha-adictos, ha entrado en el cordel de las situaciones, ha comprendido la plática, se ha decidido a confiar un poco, y gesticula.

El amigo que nos ayuda sonrie y agrega: "El único parecido que los paisanos encuentran entre Japón y México, son sus taxis. Tanto aquí como allá éstos son verdaderos suicidas. Koma les llama Kamikazi (recuerdo, durante la segunda guerra, los aviones se lanzaban suicidas sobre puntos importantes norteamericanos: barcos, depósitos. Y se les bautizó así). Las risas de todos inundan el centro y llaman la atención de todos los asistentes.

Sigue hablando. Poseemos una torre espectacular de cuatrocientos de altura en Tokio, de donde se domina maravillosamente toda la panorámica de la polifacética ciudad. Debe ser bellísimo espectáculo, —agregamos.

Hay hoteles para todos los bolsillos y necesidades. Pero también existen de primerísima categoría como el New Otani, el Palace, Marunouichi, el Tokio Hilton. Pero eso sí, el turista realmente tiene muy poco espacio para desenvolverse, dada la enorme cantidad de gente que atiborra y repleta las calles. Si va en auto, habrá también problemas. El tránsito es impresionante.

FUERA IMAGEN QUE POSEEMOS

Shibata y Mr. Koma, fieras de la tarima ya han entrado al círculo, ahora nuestro amigo tiene problemas para explicar todo cuanto dicen. ¡Ambos hablan al mismo tiempo!... logra restablecer la calma, Shibata toma la palabra, nosotros apuntamos.

Aduce: Quizá ustedes piensen que nosotros seguimos eternamente con nuestras añejas costumbres. Claro que las tenemos, pero no las observamos como ustedes pueden suponer. Ahora hay liberalismo relativo, más vivacidad en nuestra juventud... ¡que también baila a go-go! Sí, hay en Japón cafés y centros donde los conjuntos hacen su emporio, donde los jovencitos nipones lucen sus melenas y las chicas muestran la misma facilidad para retorcerse bailando, que cualquiera de tus paisanitas morenas.

COMUNICACIONES

El sistema ferroviario es maravilloso y super-rápido. En tres horas se puede viajar a Kyoto, a Kamura en sólo sesenta minutos y a Osaka en ciento ochenta minutos. Magnífico el servicio. Por agua en el Lago Hakone se puede disfrutar de maravillosas vistas en un crucero comodísimo de media hora. Es una belleza.

De todos los grandes atractivos de Japón, uno de los mejores es la vida nocturna, pero muy cara, carísima. Desde luego se encuentran los mejores centros nocturnos, donde las bebidas y cocina internacional exige realmente paladares muy audaces y bolsillos muy bien provistos, porque la cuenta, al final de la fiesta, son de las que queman las manos y ponen los ojos al

UN DIA CON LOS JAPONESES SHIBATA Y MR. KOMA

PAGINA 4

Una simpática escena de ambos atletas. Se calaron los gorros de los cocineros del Club Japonés y posaron así para nuestros lectores. La cámara entró en acción.

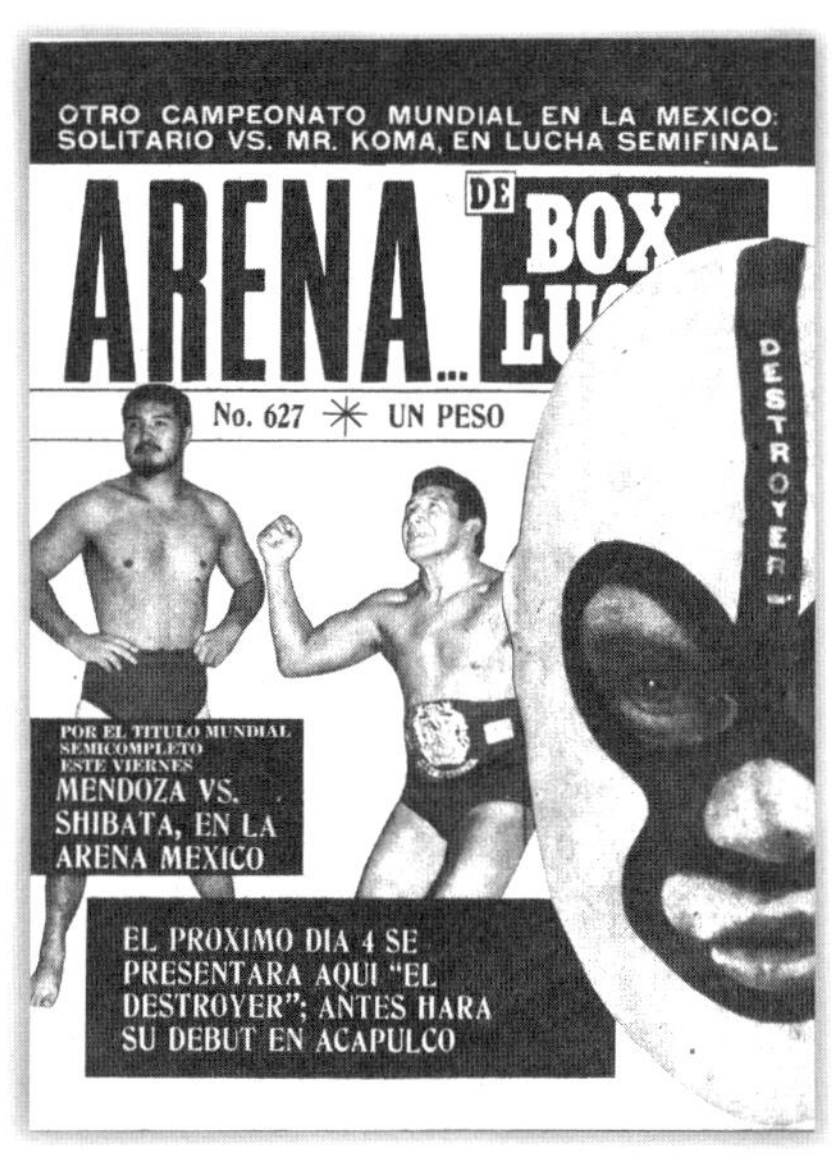

OTRO CAMPEONATO MUNDIAL EN LA MEXICO:
SOLITARIO VS. MR. KOMA, EN LUCHA SEMIFINAL

ARENA DE BOX Y LUCHA

No. 627 ✳ UN PESO

POR EL TITULO MUNDIAL SEMICOMPLETO ESTE VIERNES
MENDOZA VS. SHIBATA, EN LA ARENA MEXICO

EL PROXIMO DIA 4 SE PRESENTARA AQUI "EL DESTROYER"; ANTES HARA SU DEBUT EN ACAPULCO

SANTO... SANTO SANTO...

NUESTRO HEROE

LA DE A CABALLO.
El Santo rinde al Solitario con su llave favorita la de a caballo.

MUY ACTIVO.
El Enmascarado de Plata llevó a su gente al triunfo, estuvo muy dinámico

TOPE AZUL...
El Santo recibe un tope a fuerzas de Blue Demon, los albos en acción.

En dos caídas al hilo, primera por descalificación, Santo y sus socios Blue Demon y Rayo de Jalisco vencieron al Solitario, Dr. Wagner y Angel Blanco. Por K. O. ganaron Shibata y Koma a Ray y Aníbal.

¡YA VAS!
Un tirito fuera de tiempo entre Demon y El Solitario, ¡estaban calientes!

SANGRE NIPONA.
Shibata terminó así su encuentro, pero ganó junto con Mister Koma.

18

No sólo son diestros dentro de loscuadriláteros de la lucha Shibata y Mr. Koma. Lejos de los entarimados se desenvuelven estos atletas con gran elegancia y conocimientos.

Ademas de que son ellos la personificación de la gentileza, cosa característica en su raza.

Agradecemos por esto las atenciones que tuvieron para nuestros redactores y fotógrafo, desde la Gerencia hasta los cocineros del Honorable Club Japones.

revés en cuanto el camarero la muestra.

SI VIAJA AL CENTRO

Saliendo de Tokio, recorriendo la provincia, se puede encontrar, dice Mr. Koma, con la tradicional hospitalidad japonesa en unos hoteles que llamamos ryokan. Ahí se puede paladear el verdadero sabor de nuestras costumbres como quitarse los zapatos a la entrada, cenar en su habitación, sentarse en el piso, etc., el atavismo puro de las grandes costumbres niponas, ahí se encuentra bien arraigado para que el turista conozca nuestro espíritu.

EL BUDA

Shibata vuelve a la carga. He estado muchas veces en Kamakura, ciudad que se encuentra a una hora de Tokio. Allí está el Buda, una figura gigantesca e impresionante de trece metros de altura.

Está colocado en el centro del templo Hase Kanor. Cuando regrese a mi tierra, iré, dice convencido el barbado rudo nipón.

A tres horas de Tokio dice Koma, está mi ciudad favorita: Kyoto, que fue capital de Japón desde el año 794 hasta 1868. Fue durante todo ese tiempo centro mismo de nuestra cultura. Ahí tenemos templos históricos, de una arquitectura complicada pero bella, aparte de muchos atractivos turísticos.

El hermosísimo Detached Palace es monumento de cultura y belleza que perdura a través de los años. Sus jardines lo han hecho famoso mundialmente. ¡Pronto volveremos!.

La plática concluye junto con la tercera taza de aromático y sabroso té. LUCHA LIBRE ha concluido con ellos. Ahora ya ríen al recordar, muestran la dentadura pero no el corazón. Ellos sólo en el cuadrilátero dan a conocer su cara de ferocidad que los hace temibles y odiados. normales como usted y yo. Pero Aquí abajo, son tan humanos y nosotros somos latinos, sentimentales, bohemios.

Shibata y Mr. Koma destilan fortaleza por todos los poros y un deseo enorme de conocer a fondo todo lo nuestro.

Antes de despedirnos, los atletas nipones envían por nuestro conducto un saludo a la afición azteca, a la que consideran de lo más justiciera, por lo conocedora.

PAGINA 6

Este fue el Viaje a "Japón" con Shibata y Mr. Koma

Teniendo al fondo un clásico castillo japonés Shibata y Mr. Koma se despiden recordando lo que para ellos está tan lejano: su patria.

——NWA世界ジュニアヘビー級王者として来て、タッグマッチですが、柴田さんと試合をしているんです。ということは、この短い期間に3階級のNWA世界チャンピオンと対戦しているんですよ。それも凄いなと思って。

「何かのタッグのタイトルは獲ったんですけどね。トーナメントで駒さんと組んで。それでトロフィーをもらってね。それがあまりに重かったから、凄い憶えてるんだけど」

——ということは、生涯ベルトは巻けなかったんですね。

「ホテルの上で駒さんに借りた時だけ（笑）」

——あの時代がやっぱりレスラー人生のハイライトですか？

「面白かったですよ。何も知らんでメキシコに行って、2年もいたんだから。親子でメキシコに行ってるもんね。あの時、今の勝頼ぐらいで日本に帰ってきたのかな。帰りたくないような感じだったけど（苦笑）」

——猪木さんから帰国命令が出たんですよね。

「うん、出た。猪木さんが日プロを抜けてね。俺のところに電話がかかってきて、〝帰ってくるか？〟って。（71年）12月かな？　そうしたら、猪木さんが来るっちゅうから俺はグアテマラに飛ばされたんですよ、1ヵ月間」

——猪木さんに会わせないために？

「だと思うんですけどね。北沢さんは猪木さんと会ってるんですよ。俺は会えなかったけど、もう〝帰ってこい〟と言われたら…即リーチ一発（苦笑）」

——でも、帰りたくない自分もいたわけですよね。

「うん。でも、恩義があるから、やっぱり。そういう時代やったんです。それで新日本の旗揚げのちょっと前に帰ってきたんですよ。2月の20日前後だと思うんですけど」

——そして72年3月6日、大田区体育館での新日本プロレス旗揚げ戦に出場するわけですね。

猪木と柴田の初タッグ結成は『旗揚げオープニング・シリーズ』最終戦となる72年4月6日、越谷市体育館（インカ・ペルアーノ＆ジム・ドランゴに2-1で勝利）。その後、豊登、山本小鉄らと日替わりで頻繁にパートナーを務めるようになる。

「そう、インカ・ペルアーノが相手だったね」

——初期の頃は、猪木さんとよくタッグを組まれていましたよね。

「1年間、ほとんどタッグでしたよ。誰もいなかったから。山本さんは山本さんの役割があって、藤波（辰爾）は浜田（広秋＝グラン浜田）とばっかりでしょ。何十連チャンってシングルでやって。東京プロレスも厳しかったけど、あの頃の新日本も…まあ、そんな厳しい時代をみんな知らないからね（苦笑）」

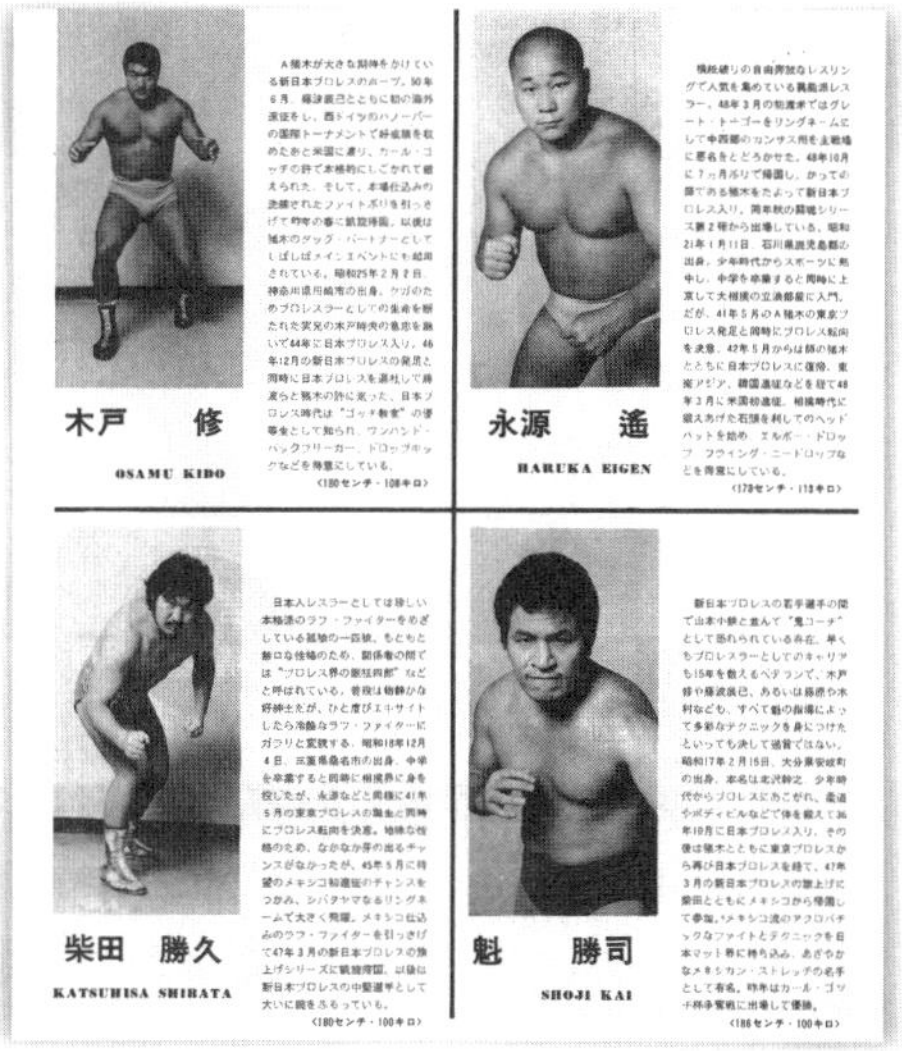

77年『新春黄金シリーズ』のパンフレット。柴田の現役ラストマッチは同シリーズ第28戦となる2月9日、横浜文化体育館の小沢正志戦（11分42秒、体固めで勝利）。翌日、最終戦の第1試合でレフェリーとしてデビューする。

——その後、坂口征二が日プロを離脱して、新日本に移ってきましたよね。

「坂口さんが来た時に、初めて新日本がテレビ（NET）で流れて。宇都宮かどっかかな（73年4月6日＝栃木県営スポーツセンター）。その時のメインで猪木さんと組んでね。それが俺のテレビデビュー（笑）」

——新日本時代で思い出に残っている試合というのは？

「あの時、ガイジンが来ると、いつも俺が…（苦笑）。タイガー・ジェット・シンだとかアンドレ・ザ・ジャイアントとか来るじゃないですか。テストパイロットじゃないけど、必ず俺が当てられてね。あとは猪木さんと津山かどっかで一回やったなあ。ワールドリーグ戦で（75年4月20日＝津山市鶴山球技場）」

——柴田さんは77年に現役を引退することになりましたが、試合で肩を負傷されたのが原因でしたよね。

「唐津で、アンドレvs俺とキラー・カーンのハンディキャップマッチをやったんですよ。2人で腕を攻めてた時に、アンドレに吹っ飛ばされて肩をやっちゃったんです。その後、また巡業に付いていったんですけど、富山の旅館のトイレで動けなくなってね。みんながバスで待ってるのに、電話のところまでも行けなかった…。それで佐山（聡）とジョージ（高野）の試合で初めてレフェリーをやったんですよ（77年2月10日＝日本武道館）」

――レフェリーは自分から会社にやらせてほしいと言ったんですか？

「いやいや、山本さんがやれと。ありがたかったな。それでずっと長くできたんだから。リングに上がり続けられたのは山本さんのおかげ。いつも可愛がってくれるんですよね。今でもそうですよ」

――そういう意味ではプロレス人生に、あまり悔いはない？

「ないですね。ちゃんとレフェリーの引退試合もしてもらったし（99年6月25日＝後楽園ホール）」

――それも柴田さんの人柄だと思いますよ。

「その時、勝頼の試合のレフェリーをやりたいと思ったんだけど、デビューが間に合わなかったの。でもね、その後、会社から電話がかかってきて、〝今度、勝頼がデビューするから、やってくれ〟と言われてね。すぐに〝はいっ！〟って（笑）」

――その息子さんは現在は総合格闘技の方で活躍されていますが、試合はご覧になられていますか？

「うん、テレビで。会場に行くと、やっぱりプロレスと違うから気を遣うし。控室の雰囲気も全然違うじゃないですか、新日本とは」

――格闘家としての柴田勝頼は、どうですか？

「ああ、いいんじゃないですか。よう頑張ってますよ。あいつの根性は凄いから。いい根性してますよ。選手としては申し分ないですね。親として心配なのは怪我だけです。あとはじっくり慌てず、一歩一歩上がっていってほしいなと。急にボーンと上がるより、じっくりね」

――この前の桜庭和志戦（2007年9月17日＝横浜アリーナ）とか…。

「もうたまらんね、親は。パンチの当たる音とか聞こえるじゃないですか？〝ギャーッ〟とか言いながら見てる（苦笑）」

――アドバイスされたりもするんですか？

「今はあまりしないですけど、前に秋山準とやったじゃないですか」

――新日本を退団した後、2005年8月にWRESTLE－1で対戦しましたね。

「あの時は一緒に練習したんですよ。勝頼が家に帰ってきて。一緒に近くの神社の階段でね、何秒で走ったとか俺が測ったりして。まあ、今は船木（誠勝）のところにいるから」

――子供の頃はスパルタで育てたんですか？

「いや、全然。というか、巡業でほとんど家にいなかった。だから、自分が知らないうちに大きくなったような感じなんですよ」

――やっぱり息子さんがプロレスラーになる時は…。

「それはもう親が親だから（苦笑）。しょうがないなと。後から気が付いたんだけど、勝頼が小学校のアルバムに〝プロレスラーになりたい〟と書いてたんですよね。でも、言いましたよ。〝厳しいよ〟と。今の相撲のアレじゃないけど（苦笑）、それぐらい厳しかったし。ほんで一緒に上京してきて、道場まで連れて行ったんです。自分は先に帰ってきたんですけど、連絡が来るまでやっぱり心配でね（笑）。しかも、なかなか連絡が来なくて。それで勝頼が〝受かった！〟と電話してきて、〝ああ、良かったな〟って」

――ご自身の現役時代と比べて、プロレスラーとしての勝頼選手はどうですか？

「上じゃないですか。物凄い頑張ってるから、何も言うことはないですよ。俺も頑張ってたけど（笑）」

――プロレスに戻ってほしいという気持ちもありますか？

「まあ、仕方ねえやと思って。あの時のデビュー戦（元リングスの山本宜久に勝利）が凄かったから…でも、ファンは戻ってくれという人が多いよね。よく俺もそう言われるし（※2012年9月よりプロレスに本格復帰）」

――やはり、もう一回ぐらいはレフェリーとしてプロレスラー柴田勝頼の試合を裁きたいんじゃないですか？

「もう時間的に裁けないよ。迷惑をかけるから、俺が。迷惑をかけるようなレフェリングをやっちゃうからね。元気な人にやってほしい。今の試合には付いていけないもん。もう〝1、2、キックアウト〟ばっかりで、何でフィニッシュになるのかわかんないから（笑）。今のプロレスはレフェリーの方が大変。ホントにレフェリー泣かせだよ（苦笑）」

こちらは本人所有の新日本プロレス時代の写真。レフェリー転向後は、外国人レスラーの世話係も兼任した。インタビュー中で柴田が語っていたアンドレ・ザ・ジャイアントとの変則マッチは『創立2周年記念ビッグ・ファイト・シリーズ』第11戦となる74年3月8日、唐津市体育館で組まれている。トイレで動けなくなったのは、続く『第1回ワールドリーグ戦』。4月12日、富山市体育館で柴田は永源遙と組んでジート＆ボロのザ・モンゴルズと対戦したが、翌日から欠場し、エントリーしていたリーグ戦も以降は不戦敗となった。

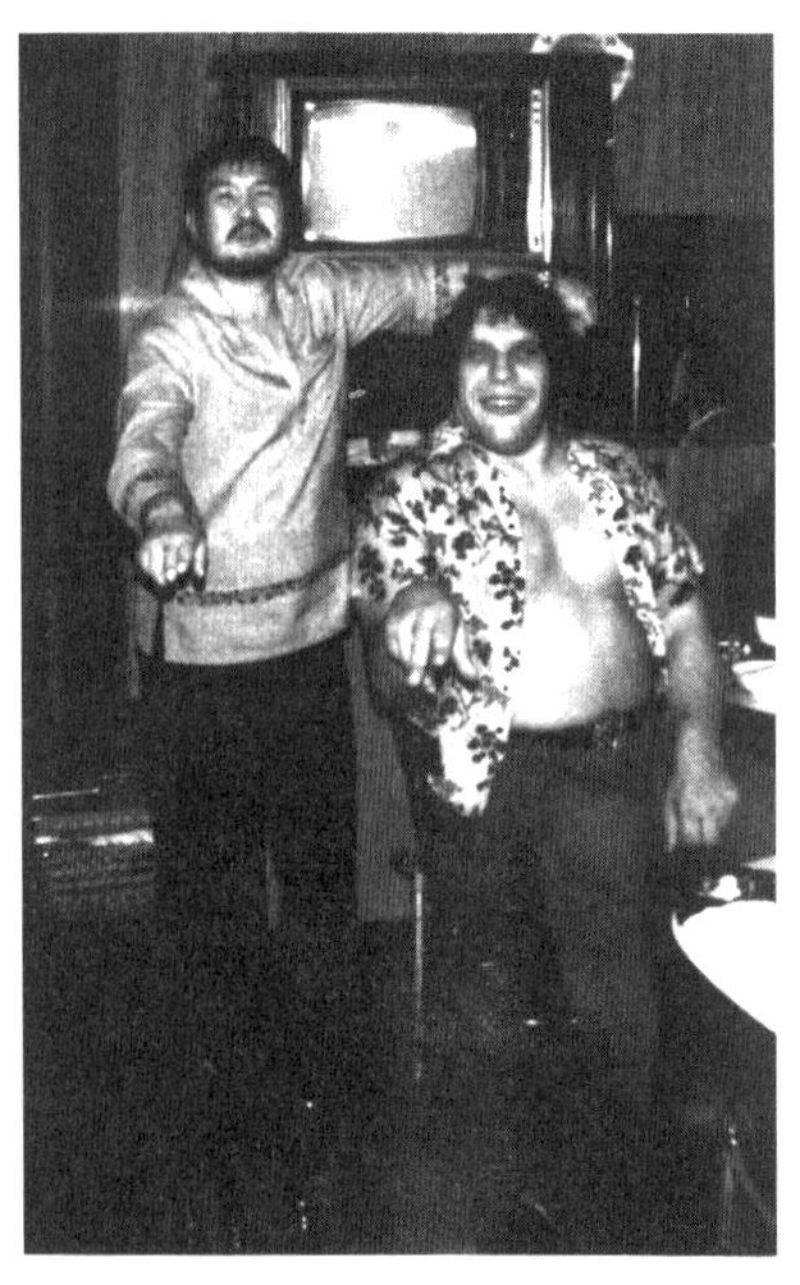

牛どん

PRO-WRESTLIN

コラム

追悼――柴田勝久 1943~2010

文=清水 勉　写真・資料提供=柴田勝久

2010年1月16日、柴田勝久さんが心筋梗塞で亡くなられた。享年66。突然の訃報にショックは大きく、原稿を書いている今でも実感がないのが正直なところだ。

柴田さんと筆者の交流が深まっていったのは、1981年頃だったと記憶している。その時期、柴田さんは千葉県松戸市に居を構え、副業として玩具店『オモチャのシバタ』を経営されていて、当時は珍しかったメキシコ直輸入のマスクや人形、雑誌を扱っていた。まだプロレスグッズの専門店が存在しない時代だった。

「ルチャ・リブレ関連のグッズがあれば、ぜひ譲っていただけませんか?」

新日本プロレスの会場で、そう声をかけられたのがキッカケだった。業界の大先輩にもかかわらず、謙虚な姿勢で接してくれたことに恐縮したものである。

メキシコでドクトル・ワグナーと対戦した際のショット(パートナーはレネ・グアハルド)。「70年5月の初戦から9月の独立記念日まで100日以上休みがなくて、次の休みはクリスマスだった(笑)」(柴田)。

それからというもの、プロレスに関する疑問にぶつかると時折、質問させていただいた。柴田さんとの会話が自分の知識となり、記者としてどれほど役立ったか計り知れない。柴田さんは、いつも優しい声で丁寧に答えてくれる。逆に筆者も知りうる限り、メキシコの情報を提供した。お店を閉めて故郷の三重県桑名市に移り住んだ後も、その関係は変わらなかった。

柴田さんは70年5月から約2年間、メキシコに滞在している。ちょうどルチャ・リブレ第2期黄金時代だったが、そんな中で柴田さんや先輩のマシオ駒は常にアレナ・メヒコのメインやセミに出場していた。当時のメキシコはEMLLしかない1団体時代であり、その総本山でトップを取っていたという実績は、いくら日本人選手が珍重されていたからとはいえ、ただただ凄いとしか言いようがない。

しかし、柴田さんの活躍を知る人間も、戦友たちも、その多くが他界してしまった。

「みんな死んじゃったから、メキシコへ遊びに行くこともないだろうな」

そう語る柴田さんの寂しそうな表情が思い出される。

柴田さんの訃報に際し、私はメキシコに国際電話をかけた。相手は柴田さんのことをいつも気に掛けていたミル・マスカラスである。受話器の向こうでマスカラスはしばらく沈黙した後、柴田さんとの思い出を語ってくれた。

「チバタ（※メキシコ人はこう発音する）と最初に出会ったのは、カリフォルニア州ベーカーズフィールドでの大会だったと思う（70年5月14日）。その年、私はロスからテキサスに主戦場を移していたが、数日だけの契約でカリフォルニアに戻ってきていたんだ。相手は確かグレート小鹿じゃないかな。控室の通路で、物腰の柔らかい日本人に挨拶されたんだ。それがチバタだった」

この時点で、マスカラスはまだ来日していない。柴田さんはメキシコ入りする前、ロスに立ち寄り、この地区のトップヒールだった小鹿と合流。プール付きの豪邸に3日間寝泊りし、サーキットにも帯同した。そして、ベーカーズフィールドで試合前のマスカラスと遭遇し、小鹿戦を観戦したのだ。柴田さんが26歳の時の出来事である。

「〝明日からメキシコへ行く〟とか〝よろしくお願いします〟ということを下手な英語で一生懸命喋っていたな。実直さが伝わってきて、好感の持てる青年だったよ」

その頃のマスカラスは、アメリカを主戦場にするようになって3年目。メキシコでは年に数試合程度になっていた。

「私がチバタをフォローするタイミングはないと思ったから、その時は〝怪我や病気をせずに頑張ってくれ〟と握手して別れたんだ」

当時、マスカラスにはミスター・モトを通じて日本プロレスからもオファーがあったが、ギャラの折り合いがつかずに頓挫していた。

「確定はしていなかったが、近いうちに日本へ行くという計算はあったし、いずれはチバタと試合をすることもあるだろうなと思っていた」

しかし、柴田さんとの再会は意外に早く訪れた。この年の8月にマスカラスは映画のロケでメキシコシティへ戻る機会があり、試合にも出場。その時の対戦相手が柴田さんだった。マスカラスのパートナーはレイ・メンドーサで、会場はアレナ・メヒコ。柴田さんは、すでにエストレージャの一角に食い込む存在になりつつあった。

「チバタは、近くメンドーサのベルト（NWA世界ライトヘビー級王座）に挑戦する予定だった。だから、どちらかというとメンドーサを意識して試合をしていたな」

生涯でたった一度の対戦だったが、マスカラスにとって柴田さんはかなり印象深い選手だったようだ。

「黒澤映画の野武士のような野性味のある風貌で、ベーカーズフィールドで会った時とは別人のようだった。ファイトスタイルは小鹿みたいに荒っぽいが、小鹿より小さい分、よく動いていた。メキシコに入って3ヵ月でビッグチャンスを掴んだということは、それだけの努力を積んだんだろうし、チャボ（当時のEMLL代表サルバドル・ルテロ・カモウの愛称）にも気に入られていたんだろう。無期限の武者修行だったらしいじゃないか。そのためか、死に場所を決めたサムライのような覚悟を感じたよ」

マスカラスの記憶によると、柴田さんの暴走でメンドーサが大流血し、結果はマスカラス組の反則勝ちに終わったという。

翌76年2月にマスカラスが日本プロレスに初来日した頃、柴田さんはメキシコで押しも押されぬメインイベンターに昇り詰めていた。もし柴田さんが大ブレイクせず短期間で帰国していれば、日プロのリングでもマスカラスとの対戦が実現していたかもしれない。

マスカラスは筆者に会うたびに、「チバタはどうしてる？」、「チバタは元気か？」と訊ねてきた。あまり新日本系の選手や関係者のことを口にすることがない人なのに、柴田さんだけは余程お気に入りだったようだ。

マスカラスは最後にこう言い残し、回想を終えた。

「チバタが天国へ召されるように、明日、ミサで祈ってくるよ」

柴田さんからメキシコの話を聞くにつれ、私の心にずっと「いつか柴田さんのお話を記事にしたい」という思いが芽生えていた。やっと実現したのがGスピリッツ3号に掲載されたロングインタビュー（前出）である。

改めて読み返すと、あの心地良い時間がつい昨日のことのように思い出される。2時間ほどレコーダーを回したが、録音をストップした後も話題が尽きることはなかった。

インタビューの数日前、柴田さんにメキシコ時代の貴重な写真や雑誌等をお借りした。こうして自分自身の資料を几帳面に保管されているレスラーは少ない。当時を振り返って、柴田さんは「正直言って、日本には帰りたくなかった」と語っていた。

NUEVA VICTORIA DEL EQUIPO DE EL SANTO...

ミステル・コマ、カルロフ・ラガルデと組んで、エル・サント＆ブルー・デモン＆ラヨ・デ・ハリスコの人気者トリオと対戦した際のグラビア。憎たらしい表情で飛び跳ねるシバタの写真が大きく使われている。

日本に戻ってきてからの柴田さんのレスラー生活は決して目立ったものではない。レフェリー時代も含めて、日陰から新日本プロレスを支えてきた。だからこそ、資料の中の柴田さんからは活き活きとした輝きを感じる。レスラー柴田勝久の絶頂期はメキシコ時代だったのだと改めて今思う。

SHIBATA Y KITAZAWA...

¡TAMBIEN QUIEREN SER CAMPEONES!

Aspiran al título que poseen Ray Mendoza y El Santo, desde hace más de dos años. El campeonato de parejas de México.

メキシコ武者修行の後半は、キタサワ（北沢幹之）とルードコンビを結成。「チバタとキタサワはイノキに従って帰国しましたが、私は彼らをずっと使い続けたかった。帰り際に2人は私にちゃんと詫びを入れてから日本に戻りましたよ」（サルバドル・ルテロ・カモウ）。

藤波辰爾

"炎の飛龍"が外国人レスラーを本音査定

聞き手＝小佐野景浩

1972年3月に旗揚げした新日本プロレスは「ストロングスタイル」を旗印にしたが、それは裏を返せば既存の価値観に頼ることができなかったということでもある。

当時は前座以外に日本人対決が組まれることはなく、一流外国人レスラーの招聘は絶対条件。だが、日本プロレスはNWAとWWWF（現WWE）、国際プロレスはAWAと業務提携を結んでおり、新参の新日本プロレスが入り込む余地はなかった。

そこでアントニオ猪木は師匠のカール・ゴッチに外国人のブッキングを依頼。しかし、知名度のあるレスラーを呼ぶことは不可能だったため新日本はネームバリューではなく、"真の実力"を重視する独自路線を打ち出すしかなかった。外国人選手が充実してきたのはNETテレビの中継がスタートした73年の春以降で、ロサンゼルス地区、WWWF、メキシコのUWAなど新たなテリトリーを開拓したことにより大物レスラーも招聘できるようになった。

本項では無名から超一流までセルリアンブルーのマットを彩った外国人レスラーたちを藤波辰爾に分析してもらうと同時に、"名勝負製造機"とも呼ばれる自身の試合運びの秘密も語ってもらった。

――藤波さんが初めて外国人選手と対戦したのは72年3月

6日、大田区体育館で行われた新日本旗揚げ戦の第1試合、エル・フリオッソ戦でした。日本プロレス時代から数えてバトルロイヤルを除けばデビュー15戦目でしたが、憶えていますか？

「憶えてますよ。南米系のずんぐりむっくりした選手で、35～36歳ぐらいだったかな。18歳になったばかりの俺にしてみれば、随分と年寄りの選手に感じたね。ゴッチさんのルートで来た選手だから、基本的なレスリングはできましたよ。俺はまだデビューしたばっかりで、しかも3ヵ月もブランクがあったから赤子のように扱われたね。相手に付いていくのが精一杯（苦笑）。旗揚げ戦のオープニングだからプレッシャーがあったのは当然なんだけど、それまで夜中にポスターを貼って回って、手当たり次第に飛び込みでチケットを売り歩いたり、毎日寝ずに営業していたから自分の試合よりも〝お客さんが入ってくれるのか？〟とそっちに神経が行っちゃってた（笑）。雑用もあるし、メインの猪木さんとゴッチさんの試合もロクに見てないんだよ」

――藤波さんの外国人初勝利は意外に早くて、同年の『オープニング・シリーズ第2弾』でした。6月27日、諏訪湖スポーツセンターでリック・ニールに勝っています。

「いた、いた！　あまり憶えてないけど、きっとどうしようもない選手だろうね（笑）」

――この年の後半からはジョニー・ロンドス、ウェイン・

謹告

新日本プロレスの発足と今後のプロレス界の動声

道場と宣伝サービス部の御案内

道場内部

道場外部

事務所

宣伝サービス部

道場

《御挨拶》

私たちはこんど新しく新日本プロレスを結成しました。戦後のあの荒廃した日本にプロレスが誕生してはや20年、敗戦ショックと外人コンプレックスにおちいった日本人に新しい"希望の灯"をともしました。日本の戦後に大きく組み込まれる一ページであると自負していますが、最近のマンネリ化したファイトには目をおおうものがあります。

私たちが新日本プロレスを結成したのもマンネリ化した現状にあきたらず、もう一度"初心に帰れ"をモットーにプロレス界に新風を吹き込むためです。簡単に"新風"と申しますが、その困難さは覚悟の上です。しかしいまのままではプロレスはダメになってしまうというプロレスを愛する心だけは人後に落ちません。

私たちは皆でお金を出しあってジムを作り、きょうの日に備えて日夜鍛錬に鍛錬を重ねました。こんどの旗上げは、日ごろの成果を皆様に見てもらうチャンスだと張り切っています。

レスリングは世界でも一番歴史の古いスポーツです。古代ローマの時代から連綿と伝えられてきたその一コマ一コマにはスピードと技と力の三者が一体となって織り込まれています。プロレスにもその由緒ある伝統は生かされ、さらにファンとともに歩むプロスポーツとしての要素が組み込まれています。

私たちはファンの皆様と一体となって歩むプロレス、ファンの皆様に愛されるプロレスを待望しています。この事が一番簡単で一番困難な事もよく承知しています。行手にはいろいろの障害も多々あります。だが私たちには若さと根性とファイトがあります。皆が一致団結してあらゆる壁にぶち当っていきたいと思います。

生意気な言い方かも知れませんが、きょうを新しいスタート台に新しい伝統を私たちが作りあげるのだという意気に燃えています。

もちろん浅学非才の私たちです。いろいろと皆様の意に満たない事も多々あるかと思いますが、何卒私たちの意図する所を汲んでいただき、新日本プロレスに絶大な御支援をいただきます事をお願い致します。

新日本プロレス株式会社　代表取締役　猪木寛至

昭和47年2月吉日

『旗揚げオープニング・シリーズ』のパンフレット。完成したばかりの道場で練習中のシーンが大きく掲載されているが、その中にダンベルを挙げている当時18歳の藤波の姿がある。

藤波は75年の『新春黄金シリーズ』で、“暴風仮面”ウラカン・ラミレスと対戦。ラミレスは本国メキシコのみならず中南米各地で高い人気を誇ったスペル・エストレージャで、これが唯一の来日となった。ウラカンラナの創始者としても有名。

ブリッジ、シン・リーガンなどゴッチさんのルートでヨーロッパ系のいい選手が次々に来日しましたよね。

「訳のわからないアメリカの選手よりも、基本がしっかりしているヨーロッパ系が多くなったよね。特にジョニー・ロンドスは巧かった。身長は170センチちょっとしかなかったと思うけど、ガッチリしていて力が強かったよ。それでグラウンドばっかり。派手な技はサイドスープレックス、ヨーロッパ流のエルボーぐらいでね。その後にドイツでも何回かやってるし、彼は印象に残る選手だね」

――藤波さんのテレビ中継初登場は、74年1月に初来日したビリー&ベニーのマクガイヤー兄弟とのハンディキャップマッチでした。

「そうそう（笑）。お客さんを楽しませるために組まれたような試合だよね。結局、普通の試合形式だと見せるものがないから、変則マッチにするしかないんだよ。向こうは動けないし、対戦する俺らが動き回るしかないでしょ。その前の年に坂口（征二）さんたちが合流して選手層も充実した時期だったから、大会の中で一つのアクセントとして、ああいう試合が許されたんですよ。坂口さんたちが来るまではカードを作るのが大変だったもん。猪木さんの次は山本小鉄さんか、柴田（勝久）さんしかいないわけだから。そこにたまに木戸（修）さんが加わるぐらいで、俺は下で毎日のように浜田（広秋＝グラン浜田）との試合。もう試合前にカードを確認する必要がないんだから（笑）」

――通常の試合で初めてテレビ中継に乗ったのは翌75年1月3日、越谷市体育館のウラカン・ラミレス戦になります。

「メキシコの選手とやるのは初めてだったし、あの頃はルチャ・リブレの知識なんてまったくなかったからね。メキシコに行っていた北沢（幹之）さんや柴田さんからは〝向こうでは、かなりの選手だぞ！〟と言われたけど、俺にしたら何のことだかわからない（笑）。当時の俺は身体が小さくて動けたから、当てられたんだろうね。ヘッドロックや腕の取り方、タックルとかルチャ式で日本とは全部逆だったから、やりづらさがあったよ。ヨーロッパの選手はグラウンド主体で日本のスタイルに近かったから、やりやすかったんだけど」

――海外武者修行に出る前には、74年4月の『第1回ワールドリーグ戦』に参加したコシロ・バジリ（アイアン・シーク）ともシングルをやっていますね。ミュンヘン五輪でレスリング米国代表チームのアシスタントコーチも務めた正統派のバジリは、いかがでしたか？

「赤いショートタイツを穿いていて、俺と似通った身体つきをしていたよね。彼はゴッチさんの推薦で来たんだけど、意外にテクニシャンという印象ではなかった。どちらかというと、荒削りなレスリングだったね。動きがぎこちなかったように記憶しているな」

75年6月に木戸修と共に日本を発った藤波は、約2年半に及ぶ海外武者修行で様々なレスリングスタイルを経験する。キャッチの本場・西ドイツを皮切りに、フロリダ州タンパにあるカール・ゴッチ邸での特訓を経て、ノースカロライナではアメリカンプロレス、メキシコのUWAではルチャ・リブレを体得。そして78年1月23日、ニューヨークのMS

西ドイツからアメリカに渡った藤波は、カール・ゴッチの口利きでミッドアトランティック地区をサーキットした（写真はビル・ホワイト戦）。現地でのリングネームは「ドクター・フジナミ」。続くメキシコ修行では、「リング・フヒナミ」を名乗った。

Gでカルロス・ホセ・エストラーダを撃破してWWWFジュニアヘビー級王者となり、同年2月に凱旋帰国した。

ここからは、ジュニア王者時代に戦ったライバルたちを斬ってもらおう。

――78年3月3日、帰国第1戦の相手はマスクド・カナディアン（ロディ・パイパー）でしたね。

「あれは新間（寿）さんが〝見栄えがする相手がいい〟と白羽の矢を立てたの。帰国する前に、ロスでもジュニアの初防衛戦として戦ったよね。彼はラフファイトもできるし、レスリングもできるし、ガンガン来るアメリカンスタイルだった。素顔のロディ・パイパーはバグパイプを持ってスコットランド出身というキャラでやっていたけど、実際はカナダ生まれだからマスクド・カナディアンのキャラも間違いではないんだよ（笑）。アメリカのレスラーというのは誰しもがオリジナリティーを持っているけど、パイパーの場合は基礎のレスリングがしっかりしている上に喋りが上手いという天性のタレント性を持っていたから、後にニューヨークで大化けしてトップを取れたんだと思うよ」

――藤波さんの凱旋帰国時に会社側が用意した相手は、彼とメキシコのカネックでした。

「77年にメキシコに行った時、トルーカやパチューカでカネックと抗争して現地のドル箱カードになったんだよ。でも、カネックとの試合はルチャ的じゃなかった。そういう部分は、彼がプランチャをやるぐらいで。俺にしてもメキシコでプランチャは数えるぐらいしかやってないもん。メキシコで違和感なく戦えたのは、カネックぐらいかな」

――カネックは78年3月30日、蔵前国技館でのタイトル戦を前に〝敵前逃亡〟をしてしまいましたが、藤波さんはどう捉えていました？

「まったく事情が呑み込めなかったね。シリーズ中に話をすることもなかったし、俺が知るカネックはメキシコでも仲間とコミュニケーションを取るタイプじゃなかったよ。わりと孤立していた。まあ、トップはそういうものなんだろうけどね。ヘビー級になってからも対戦してるけど、彼はアメリカのレスラーを物凄く意識していて、ラフな面やパワフルな面を出そうとしていたような気がする。それに〝俺はメキシコのトップだ！〟という意識が強かった。それから当然、ミル・マスカラスという存在を意識していただろうしね。ギャランティーもマスカラスを意識した額を提示してくるから（笑）」

――凱旋した当時は、メキシカンの相手が多かったですよね。

「コロソ・コロセッティとかね。彼はアルゼンチン出身で、レイ・メンドーサからNWA世界ライトヘビー級のベルトを獲った実績のある選手なんだけど、中途半端に大きくて、身体が硬くて、飛び技を使うわけでもなく（苦笑）。当時の俺はコンディションが良かったし、動けた頃だから、ああいう選手でも料理できたけど、今だったら苦労するだろうね。こっちが動いて試合を転がしていく感じだったから」

――メキシカンの中でもチャボ・ゲレロは好敵手でしたね。

78年10月20日、寝屋川市体育館での大流血戦は語り草になっています。

「運命の相手というか…ある意味で、俺の結婚のキッカケも作ってくれた選手だよね（笑）。チャボとやった寝屋川

78年『ビッグ・ファイト・シリーズ』のパンフレットは、表紙に凱旋した藤波を大きくフィーチャー。ニックネームは「燃えよ！炎の飛龍」で、紹介文には「猪木二世」の文字もある。新日本は帰国に合わせてマスクド・カナディアンとカネックをブッキング。この時、カネックは膝を負傷していただけでなく、新日本にマスカラ戦を強要され、さらに外国人レスラーたちから集団リンチを受けたため身の危険を感じて日本を脱出した。

のタイトルマッチは生中継だったんだけど、〝ジュニアをメインにやってみよう〟というテレビ朝日の冒険で猪木さんが解説席に入ったんですよ。その真後ろの席にウチの家内（伽織夫人）と彼女のモデル仲間が座ってたの」

――チャボはロサンゼルスを主戦場にしていたため基本はアメリカンプロレスで、そこにルチャ的な要素が入るという独特のスタイルでした。

「彼はやりやすい相手でしたよ。波長、動きが合う。チャボとはお互いに、それぞれの引き出しを開ける戦いができたね。俺がジュニアのチャンピオンとして遠征していた当時のロサンゼルスはチャボ帝国で、彼の人気は凄かったよ」

――79年1月にはチャボと組んでツイン・デビルスからアメリカス・タッグ王座を奪取し、しばらくカリフォルニア地区を一緒にサーキットしていますよね。

「懐かしいなあ。プライベートな付き合いはあまりなくて、試合後に一緒にメシを食うぐらいだったけどね。まあ、彼は酒飲みだったよ（笑）」

――メキシカンのトップどころでは、エル・ソリタリオとも対戦しました。

「ソリタリオはやりづらい。彼は典型的なリンピオでしょ。彼の周りで他の選手が動くような感じだからね。自分の型を崩さないの。俺がメキシコのレスラーで手が合ったのは、モンテレイでプロモーターもやっていたレネ・グアハルドという選手。新日本に来ることはなかったけど、NWAとUWAの世界ミドル級チャンピオンになっている名選手でレスリングができたね。彼との試合は物凄く好きだった」

――ヨーロッパ系の選手では？

「ピート・ロバーツは意外にアメリカン的な選手だったね。猪木さんは彼が好きだったけど、俺はスティーブ・ライトの方が好きだった。ねちっこくて、手足が長くて、エルボーが強烈でね。いかにもヨーロッパという感じのレスラーだったよ。あとはダイナマイト・キッドかな。同じヨーロッパ系でもスティーブ・ライトとは違った元気さが

TATSUMI FUJINAMI DEFENDS W.W.F. JUNIOR HEAVYWEIGHT TITLE AGAINST GUERRERO

One of wrestling's most popular champions, Tatsumi Fujinami, will be defending his title laurels tonight here in Shea Stadium.

"Dragon" will be facing a top contender in Chavo Guerrero, who hails from a famous wrestling family. His father Gory was at one time a world champion himself, brothers Armando and Hector are also currently top rated pros.

This match between Fujinami and Guerrero for the coveted W.W.F. Junior Heavyweight Championship pits two of wrestling's finest scientific speed merchants together. The bout should be a real treat for fans who like to see lightning quick moves and counter-moves.

藤波とチャボ・ゲレロのライバル対決は、80年8月9日にシェイ・スタジアムで開催されたWWFのビッグショーでもラインナップされた。写真は当日のプログラム。

あったね」

――この時代に戦ったアメリカの選手では、ＮＷＡインターナショナル・ジュニアヘビー級王座を争ったスティーブ・カーンやマイク・グラハムがいます。

「スティーブ・カーンはアマレス上がりだったから、基本のレスリングは巧かったよ。強さより巧さのレスラーだったね。マイク・グラハムは純粋なアメリカンレスラー。カーンの方がプロレスラーとしては上だったと思うな」

――では、ジュニア時代で一番印象に残っている選手は誰でしょうか？

「トニー・ロコの印象が強いんだよね。決してトップで扱われた選手ではなかったけど、イタリア系の元気の塊みたいな男だった。ガンガン来るから気持ち良く試合ができたし、シングルでもタッグでもやりやすかったよ。どのポジションでも力を発揮できる選手だったよね。小さいけど、タフだったな」

藤波はジュニアヘビー級時代にも階級を超えた戦いを経験しているが、81年10月にWWF同級王座を返上し、遂にヘビー級転向を宣言。翌年8月にはMSGでジノ・ブリットを破り、WWFインターナショナル・ヘビー級王座に輝いた。その後も数々のタイトルを戴冠し、91年3月にはリック・フレアーを破って〝幻のNWA世界ヘビー級王者〟（現在は認定）にもなっている。

続いては、対戦経験のある重量級の大物レスラーたちを振り返ってもらおう。

――以前、藤波さんは〝大きい選手の中ではアンドレ・ザ・ジャイアントが一番戦いやすかった〟と言っていましたよね。

「アンドレも俺と試合をするのが凄く楽しみだったみたいね。だから、敢えて俺に似つかわしくないことをやらせようとしたし。あれだけ身体が違うと、まともに勝負ができないんだけど、彼も日本での俺のポジションを知っているからチャンスをくれようとするのよ。アンドレが一番やりやすかったというのは、彼の巧さだろうね。俺は後ろに回る、蹴っていく、たまには組んでいくんだけど、それが不釣り合いじゃないというか試合がスイングするんだよね。アンドレは運動神経もいいし、物凄く勘がいい。俺とは逆に自分より大きい選手とやることはないでしょ。常に自分よりも小さい相手と戦うわけだから、自分の出せる技、自分の受けられる技がわかってるし、相手を見ながら試合を組み立てていくの。俺はアンドレをボディスラムで投げてるからね。確か日本人でアンドレを投げたのは、猪木さんと俺と長州（力）だけじゃないかな。彼はよほどじゃないと、ボディスラムなんかやらせないから」

せませんよね。

――認めている相手、信頼している相手じゃないと投げさ

「持ち上げても、あまりにもデカいから頭がマットに付きそうだったもんね。自分でもよく投げたなって。あとは飛ぶ時に安心して飛べた。的が大きいし、完全に受け止めてくれるというのがあったから。彼は勘がいいんですよ。俺の試合を見ていたのかどうかわからないけど、こっちの動きを察知して上手く試合を転がすんです」

――でも、あれほど身長や体重が違うと、藤波さんとしては肉体的にかなりハードだったんじゃないですか？

藤波はジュニアヘビー級ながら、78年春の『第1回MSGシリーズ』でリーグ戦にエントリー。予選リーグを勝ち上がり、5月29日、岡山武道館でアンドレ・ザ・ジャイアントと初めてシングルで対戦した。同シリーズ中、タッグマッチでも何度か当たっている。

「彼がロープに張り付けになったところにクロスボディで飛んでいったら、あの大きな足で迎撃されたことがあってね。その写真を見たらアンドレの足が俺のアゴに刺さっていて。俺は空中で真横になって止まっていて、綺麗なの（苦笑）。まあ、攻撃はキツかったね。何度、血ヘドを吐かされたか」

――素顔のアンドレは？

「最高ですね。物凄く気遣いをしてくれる人ですよ。彼の悪口は聞いたことがない。俺がジュニアのチャンピオンとしてWWFをサーキットしていた頃は、いつも〝お前は明

藤波はタイガーマスク以降のジュニア戦士と異なり、ヘビー級との対戦が日常茶飯事だった。スタン・ハンセンとの初シングルは、79年の『第2回MSGシリーズ』で実現（5月19日＝長岡厚生会館）。この時の予選リーグではストロング小林と引き分け（延長の末、時間切れ）、時流の変化をファンに印象付けた。

日、どこで試合だ？〟と聞いてくれて、一緒の会場だと〝ホテルでピックアップしてやるから〟って。76年にノースカロライナにいた頃も、よく会場に連れて行ってくれたし。だから、移動はいつもタダ。レスラー仲間が乗り合いで移動する場合、普通はみんなでお金を出し合うんだけど、アンドレは全部払ってくれて、さらにメシも食わせてくれて（笑）」

――でも、アンドレのお酒に付き合うのは大変だったんじゃないですか？

「俺は自分のペースで飲んでいたけど、彼は凄かった。飛行機に乗る時もビールを小脇に抱えてて（笑）」

――アンドレは試合前も平気で飲む人でしたからね。

「別にアンドレだけじゃなくて、当時のアメリカでは控室で飲むのは普通だから。缶ビールを飲みながら葉巻を吸ったり、カードをやったりして試合の順番を待つとかね（笑）」

――スタン・ハンセンについては、〝身体は大きいけど、彼は小さい選手と同じような動きができるから、特に大型選手とやるという意識じゃなくて、普通の選手とやる時と同じ試合運びができた〟と言っていましたね。

「でも、彼が新日本にいた時代、俺はまだジュニアだったから、やりにくかったよ。俺のことを下に見ていたしね。だから、長州なんかも当時は毎回、ラリアットの餌食にされていたでしょ。ハンセンにしてみれば、長州はやりやすかったんだろうね。俺としては、ハンセンよりもヘビー級になってから何度もやったハルク・ホーガンの方が転がせたね」

――でも、ホーガンについては〝器用じゃないから、大変だった。試合をしていて凄い疲れた。レスリングに幅がないというかアドリブに対応できない〟と言っていましたよね？

「うん、力が入り過ぎていてね。最初の頃は力ばっかりで、ロボットみたいだった。そのくせにグラウンドで変な小細工

ハルク・ホーガンは79年12月にWWFに初登場。半年後、新日本の『第3回MSGシリーズ』に特別参加という形で初来日した。80年5月17日、焼津スケートセンターで藤波は坂口征二、ストロング小林とトリオを組み、ホーガン（パートナーはダスティ・ローデス、ティト・サンタナ）と初めて肌を合わせている。

をしようとするしさ（苦笑）。実はホーガンに初めて会ったのは、木戸さんと一緒にアパートを借りてゴッチさんのところに通っていた75年の終わりか76年の初めなんだよね。アパートの下でギターを弾いていたもん、あいつ（笑）。まだ細かったけど、〝俺はいずれプロレスラーになるんだ〟とか言ってたよ。それから木戸さんは日本に帰って、俺はゴッチさんの家に居候するようになったから会わなくなって。しばらくして聞いたら、あの時の男がホーガンだったんだよね（笑）。ホーガンは不器用だったけど、変に我を出すことなく素直に一生懸命に試合をやる男で、そこは好感が持てたよ。ニューヨークのチャンピオンになってからは、やっぱり自分のスタイルで持っていこうとするから変わったけど。でも、駆け出しの頃から知っている猪木さんとか俺に対してはシングルで当たると素直に付いてきた（笑）」

――スーパースターになっても、ちゃんと先輩に対してリスペクトを持っていたわけですね。WWF系の外国人選手では、飛龍十番勝負第1戦の相手でもあるボブ・バックランドを外すわけにはいきません。

「俺がジュニアのチャンピオンになった1ヵ月後に、MSGでバックランドがパワーファイターのビリー・グラハムに勝ってヘビー級のチャンピオンになって。ちょうどニューヨークのプロレスが様変わりする時期だったよね。

藤波は79年1月から2月にかけて、WWFジュニアヘビー級王者としてアメリカに遠征。現地で同ヘビー級王者のボブ・バックランドと再会した。写真は1月12日、ロスのオリンピック・オーディトリアムのバックステージで、藤波はエディ・マンスフィールド・コンチネンタル・ラバーを相手に王座を防衛。バックランドとの初対戦は、78年の『第1回MSGシリーズ』になる。

よく一緒にサーキットもしたよ。彼はアマチュアのプライドを凄く持っている選手。アマチュアがそのまんまプロになったという感じでね。試合でも我の強さがあって、プロレスに馴染めない雰囲気があったかな。でも、俺自身は試合する分には苦手意識はなかった。当時の俺は90キロ台だったけど、身体の差も感じなかったしね」

——ヘビー級に転向しても藤波さんは飛ぶ回数が減っただけで、特にファイトスタイルを変えませんでしたよね。裏を返せば、それだけ自分に自信があったということですか？

「そういうことだよね。あの頃はラフもテクニックも兼ね備えた選手が多くて、よく身体が壊れなかったと思う。それだけ俺も若くて元気だったということだろうね。当時の自分が羨ましいよ（苦笑）」

——巧さといえば、マスクド・スーパースターも万能型でしたよね。WWFインター・ヘビー級王座の初防衛戦の相手でもありました。

「彼とは76年にノースカロライナで一緒だったから。素顔でモンゴル人のボロ・モンゴルを名乗っていた時代だよね。かなり大型だけど、凄く器用な選手で我々なんかと同じような動きをしていた。でも、何でもできちゃうから逆にインパクトに欠けて損してるタイプだったね」

——藤波さんはディック・マードックを〝プロレスの教科書〟、〝プロレスの生き字引〟と絶賛していますが、彼のパートナーだったアドリアン・アドニスやカウボーイ・ボブ・オートンはどうでした？

「アドニス、オートンにはないものをすべて持っていたのがマードックだよね。マードックはプロレスの申し子みたいな選手。やっぱりプロレスが一番巧いのはマードックだと思う。オートンはレスリング一家の育ちだし、基本のレスリングはできるんだけど、典型的なラフなアメリカンレスラー。アドニスは破天荒で、わかりやすく表現するなら橋本真也みたいなレスラー（笑）。豪快な選手だったね。いい試合になるのか凡戦になるのか極端だった」

——85年の春には、全日本プロレスのトップ外国人だったブルーザー・ブロディが新日本に参戦してきました。ブロディを初めて目の当たりにした時の印象は？

「やっぱりデカさだね。新日本にもアンドレ、ハンセンとかデカい選手は来ていたけど、全体的に全日本に来る選手の方が大きかったから。日本人選手にしても全日本の方が大きかったじゃない？　ジャンボ鶴田しかり」

——ブロディはその鶴田さんのライバルでしたが、藤波さんはその辺を意識しましたか？

「あまりなかったな。むしろ猪木さんにとって久々に好敵手が現れたという目で見ていたけどね。猪木さんにちょうど相手がいなかった時期だったでしょ。むしろブロディと一緒に新日本に来たジミー・スヌーカの方がサイズ的にも俺向きのタイプという感じがしたね」

――藤波さんは立場的にブロディとぶつかるカードが多かったわけですが、当たった時はどうやって攻略しようとしていたんでしょう？

「いや、ブロディに限らず、アンドレしかり、ハンセンしかり、ホーガンしかり、そういうことを考えたって始まらないから」

――戦略を練ったり、試合の組み立てを計算するよりもアドリブで？

「うん、もう臨機応変。相手に合わせる。相手に何も動きがない場合は、自分からいろいろ仕掛けて試合を転がしていくことはありますよ。でも、どこかで相手のいいところを引き出してあげてね。俺の試合というのは、まず相手のことを物凄く考えるの。自信を持っているわけじゃないけど、〝自分の方はいつでも出せる〟という気持ちもあるから、相手がどういう選手なのか、どんな技を持っているのか、相手のいい部分を自分がどこまで出してやろうかって物凄く考える。相手のことを理解しないと、絶対にいい試合はできないからね」

――とはいえ、藤波さんの試合は対戦相手と体格的に差がある場合も多かったので、相手に合わせたり、良さを引き出したりするのは大変ですよね。

「大きい選手とやる時には、ある程度、動きで撹乱するんだけど、それも限度があるからね。中途半端に撹乱しても、自分が疲れてスタミナをロスするだけだし。だったら、反対にまともに組み合った方がどこかやりやすさがあった。俺は元々、今のジュニアの選手みたいに軽快ではなかったからね。ポイントでドラゴンスクリューとかドラゴンロケット、ダイビングボディアタックをやっただけで。当時は〝ジュニアヘビー級の速さ〟みたいなことを言われたけど、今の選手と俺は全然違いますよ。彼らは物凄く速いもん。俺はそんなに動きはなかったと思うよ」

――そこは緩急の付け方ですよね。

「プロレスって不思議なもので、あの四角いリングの中でどう動きを速く見せるかといったらホントにちょっとしたポイントだけなんだよね。常に速く動いていても、ちょこっと動いても、お客さんの見た目ではあまり変わらないものなんだよ。タイガーマスクもそうだし、俺もそう。今のジュニアの選手みたいに動きっぱなしじゃないでしょ。ポイントしか動きを速くしないのね。たったそれだけでも動きが速いように見えちゃうんだよ。だから、今の選手も研究はしているんだろうけど、自分を速く見せるというものをもうちょっと大事にした方がいいかもしれないね。常にバーッと動くんじゃなくて、どこで動きの変化を見せるのかということを。動き過ぎたら、もったいないと思う。

凄いことが凄く見えないの。凄いことをやっても、〝繋ぎ〟に見えちゃうんだよね」

——振り返ってみれば、藤波さんはジュニアヘビー級時代からロープワークを使った試合ではなく、基本的には密着したレスリングをするタイプでしたよね。

「そうそう、ロープワークというのは自分の中にはあまりないよね。たまにメキシコの選手が来るとやっていたけど。俺のレスリングは、どちらかというとヨーロッパ流。ゴッチさんやビル・ロビンソンの動きに憧れてね。手の返し方とか足の捌きとか。実はゴッチさんってレスリングは不器用なんですよ。動きにもムラがあるしね。でも、不器用なんだけど、ポイント、ポイントで技がポンポンと決まるから物凄い業師に見えて、巧いような気がするんですよ。つまり技の見せ方を知ってるんだよね。それは技の決め方だけじゃなくて、外し方にしても同じだし。もちろん、関節の極め方もそう。理に適った極め方をするから、お客さんが〝あっ！〟と思うような説得力があるんだよね」

——ゴッチさんは強かっただけでなく、技の見せ方も知っていたと。

「我々の時代は、〝ヘッドロックひとつにしても、お客さんを納得させられる技なんだよ〟という教えでね。最初から最後までヘッドロックで終わる選手、足を取ったら、それだけで終わる選手もいたから。でも、それでお客さんを納得させちゃう。まあ、俺らが若手の頃、デビューして2年ぐらいまでは大技や先輩の技を使うとホテルに帰ってからボコボコに殴られたしね（苦笑）。そうなると大技に頼れないし、少ない技で試合をしなければいけないから、自ずとアドリブを覚えるしかないんですよ。今の時代は、〝何かやらないと！〟って選手が焦っちゃってると思うんだよね。他の選手がいろんなことをやっちゃうから、〝自分も何かやらなくちゃ！〟と思うんだろうけど。だったら、なおさら逆行して違う見せ方をしてもいいんじゃないかなって。自分の技なり動きなりを大事にした方がいいと思うんだけどね」

——ブロディに話を戻すと、実際に試合をされてみて戦いやすい選手でしたか？

「やりづらかったね。ブロディという選手は気が短いように見えて、自分の頭の中で試合が組み立てられているから突発的な動きがないんだよ。ハンセンなんか突発的な動きばっかりじゃない？　新日本は日本人選手もそういうタイプだから、合わせやすいというか」

——臨機応変に戦う選手にとっては、ハンセンタイプの方がやりやすいということですか？

「うん、ブロディの場合はハンセンみたいなムチャな動きをしないんだよ。自分の〝型〟や〝間〟をきっちり持っているから、こっちが変則的な動きをすると俺の方が浮いちゃうんです。だから、ブロディは新日本のガイジンにはない間を持っていたよね。ハンセン、ホーガン、アンドレは、ゆったりした中にも新日本流の突発的な動きをしたりする。それは猪木さんのレスリングから影響を受けているんだろうね。ブロディはやっぱりオーソドックスな全日本タイプで、一つの枠があって、そこからハミ出た動きがないんですよ。マニュアルの動きというか、〝プロレスとは、こういうものなんだよ〟という教科書があるかのような動きなんだよね」

――ということは、常に〝ブロディの試合〟になってしまうので藤波さんとしては自分の思い通りに試合を転がしにくいですね。

「俺は試合の中で常に試合を自分でどう転がすか意識しているから、やっぱりイライラした時もあった。俺の場合ね、ブロディやハンセン、アンドレとやった時にまともに受けちゃうんですよ。でも、まともに自分から突っ込んでいった方が瞬間的に衝撃を逃がせるんだよね。要するに、自分のタイミングで受け身を取ったりして対処できるから。変にかわしたりして食っちゃった場合には、逆にモロに衝撃を受けちゃう。準備ができていないから、物凄く衝撃が大きいんだよ。その頃からだね、猪木さんのアリキックを俺が多用し始めたのは。自分がレスリング上がりだったら潜ってバックを取って、そこから足を取ってとかあるんだろうけど、自分はレスリングのバックボーンがないんで真正面から当たろうとしちゃう。だから、大きい選手を崩そうとする場合にはアリキックから行くとか、ああいう入り方しかできないんですよ。それはガイジンだけじゃなくて、坂口さんが相手でもそうなんだけど」

――スタートは組んだとしても、崩すためには蹴って入っていくと。

「最初は組んで技量を確かめ合うんだけど、5分過ぎた辺りから崩してダメージを与えるために蹴っていく。だから、俺は猪木さんとどこかで動きがダブっちゃう部分があるんだけど、それは何もバックボーンがないままに猪木さんに憧れてプロレスラーになって、その動きを見てきたから。きっと猪木さんの間や変則的な動きが頭に焼き付いているんだろうね。だから、ジャンボがブロディと好敵手というのはわかりますよ。背が大きいから、真正面からガッチリ組めるんです。俺なんかは差があり過ぎて、真正面から組めない。相手がこっちに合わせて組んでくれれば組めるんだけど、まず身体の大きさが組み合うようなバランスじゃないからね。190センチ以上のクラスの選手は、試合をしていても楽なはずですよ。自分の体重をモロに相手に乗っけられるんだもん。俺はその相手の体重を全部支えてきたんだから（苦笑）。組むにしても下から受けるわけだから、それはスタミナを消耗しますよ。俺の技じゃないんだけど、アリキックにしろ、ラリアットにしろ、相手のデカさによって自分がその技を出さざるを得なくなっちゃったね。今の選手だったら、チョップやエルボーが身体の大きさを問わず使いやすい技になるんだろうけど。今の選手はチョップ、エルボーを禁じたら困ると思うよ。動きが止まっちゃうだろうね。今のプロレスは昔と流れが違うというか、最初に技量を確かめ合うこともしないし。それにレスリングの幅もないよね。みんな同じ試合だもん。いきなりエルボーをやって、そこから試合が転がっていくという。そういうのを見ると、たぶん今はグラウンドのスパーリングをやってないのかなと思うんだよね。だから、アドリブが利かないんですよ」

──では、ブロディと同じく全日本プロレスから移ってきたジミー・スヌーカはどうでしたか？

「ブロディの小型版というか、やっぱり自分の動きの型というのをしっかりと持っていて、そこから外れない。〝新日本流の動きは苦手かな〟という印象があった。あの頃は日本人選手もそうだけど、ガイジンにしても新日本派、全日本派という感じでスタイルが違っていたよね。動きから何から、それがハッキリしていた。だから、越中（詩郎）にしても全日本から新日本に来た当初は戸惑ったと思うよ。新日本は〝喧嘩〟という感じのレスリングスタイルで、型がないわけだから。新日本は〝まず相手と組み合って…〟というんじゃなくて、いつ何が起こるかわからないという部分がある。もちろん、基本通りにロックアップから入る時もあるけど、〝突拍子もないこともあるんだよ〟というね。それは猪木さんが意識していて、プロレスの型を壊すことをやっていた影響だろうね」

──藤波さんは、そういう猪木さん的な要素と基本的な型の両方を持ち合わせていますよね。

「それはアメリカをサーキットすれば、〝基本的なプロレスの型〟を知らないと、やっていけないからね」

──藤波さんの場合は、ジュニアヘビー級から転向して常

結果的にブルーザー・ブロディの新日本ラストマッチは86年9月19日、福岡国際センターにおける藤波とのシングルマッチとなった（両者リングアウト）。藤波vsジミー・スヌーカの初シングルは85年7月28日、大阪城ホールで組まれ、ジャーマンスープレックスで藤波が勝利している。

に自分より大きい相手と戦ってきたので…。

「だから、臨機応変さ、アドリブが利かないと通用しないんですよ」

——やはりプロレスは奥が深くて難しいですね。

「そう、プロレスというのは難しいんですよ。戦う2人の呼吸で成立するものだから。お客さんの反応を常に頭に入れつつ、戦っている相手の動きを瞬時に判断して対応していくわけだよね。勝ち負けだけでいいんだったら、お客さんのことを考えなくて済むから楽ですよ。だから、ブロディの他人に足を踏み入れさせない独特の世界というのも彼なりにお客さんのことを考えて練り上げたものだったと思う。だからこそ、神経質にもなっていたんだろうし、そこに物凄くこだわりがあったんだろうね。一言で言うと、物凄く神経質だった。常にピリピリしているというか、独特の自分の世界を持った選手だったよ。その世界を壊す者は許さないという感じだったね。だから、ワガママというのとは、ちょっと違うかな。ただ、ブロディはお客さんを納得させる迫力を持っていて、ひとつひとつの技を身体以上に大きく見せる術を知っていたし、それが絵になっていた。だから、技を大切にしていたと思いますよ。グラウンドでも、わりと対応してきたよね。昔は身体の大きさにかかわらず、まず手四つに組んで相手の腕の力加減を見ながら相手の足を取ったりバックを取ったりして、いかに崩していくかという動きでお互いの技量を確かめ合ったものだけど、ブロディもそういうタイプだった」

——ブロディはまず相手を試すというのは、よく言われています。昔はそういうレスラーが多かったようですが。

「海外ではよくあったよ。俺もカール・ゴッチ杯に優勝してヨーロッパに行った時（75年6月）、ホースト・ホフマンに試されたしね。試合をしていて死ぬかと思ったのは、あいつぐらいですよ。ヨーロッパはアメリカみたいにプロレスの型がなくてフリースタイルみたいなものだから、何もできなかった。もうオモチャ。あれは参ったね」

——誰もがホフマンは強かったと言いますね。

「それからアメリカではノースカロライナでやっていた時、ロニー・ガービンに試された。ガービンはアマレスで州のチャンピオンか何かになってるんだよね。最初にガッチリとバックを取って、逃がさないようにして足首を極めたりしてきたんだよね。でも、当時の俺はフロリダのゴッチさんの家でトレーニングした直後だったから、ゴッチ流の意地悪なテクニックを知ってたの。それで返していったら、何もしなくなったけどね（笑）」

——ブロディよりもディック・マードックの方が格上意識を見せつけると指摘する選手も多いんですが、藤波さんとしてはどう思いますか？

「ああ、そうなの？　マードックは自分で試合を組み立て

藤波がそのレスリングセンスを絶賛するディック・マードック。当然、日本プロレス時代は接点がなく、81年9月2日、敦賀市民体育館がシングル初対決となる（両者フェンスアウト）。藤波の言葉を頭に入れながら、改めてマードックの試合映像をチェックしていただきたい。

ていくから、認めていない選手が相手だと試合時間をもたさないんですよ。俺は物凄くやりやすかった。自分の仕掛けに反応してくる相手の時だと、マードックは何分でもプロレスをエンジョイしていたね。俺も真夏の炎天下で30分、40分…こっちはもう脱水状態になっちゃって（苦笑）。やりやすかったというよりも、彼はプロレスの教科書みたいな存在だったよ。ああいうタイプの選手がいないから、今の選手はプロレスを覚えないんじゃないかな。間であったり、技であったり、寝てよし、立ってよし。攻めも受けもね。彼とやった時は、自然に身体が動くんだよね。俺の仕掛けに瞬時に反応してくるし、俺もマードックの仕掛けに自然に反応して。あれで相手をオチョクらなかったら、最高の選手なんだけどね（笑）。実力もあるから、UWFが業務提携で新日本に来た時、危険視されていた前田日明を相手に一番試合運びが巧かったもの。あの前田でさえ、マードックにはコントロールされちゃって何もできなかったから。それでいて、ちゃんと試合では前田の良さも出していたんだよね。あの当時はレスリングが巧い選手がいっぱいいたよ。アドリアン・アドニスもそうだし。今はフットボール出身の選手が多いからグラウンドができる選手は少ないけど、昔はそこそこアマチュアレスリングをやっていた人が多かったからグラウンドができたんですよ」

——藤波さんは88年12月にケリー・フォン・エリックを破ってWCWA世界王者になりましたが、エリック兄弟はいかがでしたか？

「ケリーにしても、お兄さんのケビンにしても、レスリング一家のわりにエリック兄弟って器用じゃないんだよね。ケビンは裸足で突拍子もない動きをするだけであって、レスリングをしっかりと身に付けているという印象はなかった。ケリーもそうだね。お父さん譲りのアイアンクローの迫力だけはあったと思うけど」

——ケリーは86年6月のバイク事故で右足の甲を失い、義足でファイトしていたと言われていますが、藤波さんはそれを承知で試合をされたんですか？

「もちろん、知ってたよ。先入観でそういうものがあると、物凄く試合しづらいよね。やっぱり試合の中で、それをどうやってお客さんに見せないかということを考えるし、なるべくそこは触らないようにするというか。本人も当然、相手やお客さんにハンデを感じさせないように努力していたところは買えるけど、純粋にレスラーとしてはそんなに高く評価していないかな」

——藤波さんは91年3月21日、東京ドーム大会でリック・フレアーのNWA世界王座に挑戦し、2ヵ月後にもフロリダで再戦しましたが、フレアーはWWEのツアーで来日した際に〝日本人のベストは藤波。アメリカンスタイルを一番理解していたのは藤波だった〟とコメントしていました。

「俺はアマレスを知っているわけでもないし、何もバックボーンなしにプロレスに入っちゃってるから、まっさらなの。相手がアメリカンレスリングをやるなら、それに順応しちゃう。自分を相手に預けちゃうんだよ。だから、フレアーはそう思ったんじゃないかな。ガイジンとやる時は、誰が相手でも変に〝ああしたい〟、〝こうしてやろう〟と考えるよりも開き直ってやった方がいい試合ができるね。ま

ミッドアトランティック地区での初対面から約15年後、91年3月21日に東京ドームでIWGP王者・藤波はNWA世界ヘビー級王者のリック・フレアーとダブルタイトル戦を敢行。勝利して2冠王となったが、WCWから判定にクレーム（オーバー・ザ・トップロープ）が付き、NWAのベルトはフレアーがアメリカに持ち帰った。

ず相手がどういう技を出すのかを頭に入れて、相手のいいところを引き出しつつ、瞬時の判断で試合を転がしていく。そこが総合格闘技との違いでね。何をやったら相手が一番光るのか。そういうポイントを知らないと、プロレスは絶対にいい試合はできないからね」

――フレアーは、相手を自分の間合いに引き込むタイプですよね。

「プロレスはダンスじゃないけど、戦う2人の呼吸によって成立するものだから、相手を光らせて、その中で自分が2つ3つ何かやれば試合は転がりますよ。フレアーは自分と合わないと思ったら、試合を投げちゃうからね（笑）。彼とはノースカロライナ時代からの知り合いなんですよ。一緒にサーキットしたし、彼の家にも行ったし」

――フレアーの最初の売り出しは、カロライナ時代でしたからね。

「あの頃のカロライナは2つのグループに分かれて、サーキットしていてね。俺はあの時が一番金があったよ。中古車を買って、なおかつ貯えもあって。フレアーはバリバリに売り出していた時期だから、彼と同じグループになると、どこに行っても会場が満杯になって、その週のギャランティーはかなり高かった。当時の俺は彼と試合をするようなポジションではなかったけど、試合はよく見ていたからファイトのクセもわかるし、そういうのがあったから、いい試合になったのかもしれない」

――昭和期の新日本の話となると、藤波さんはどうしても長州さんとの〝名勝負数え唄〟ばかりクローズアップされてしまいますが、多くの外国人レスラーとの間にも様々なストーリーがあったんですよね。

「ガイジンには、その時々で自分の引き出しを開けてもらったから、それぞれに思い出がありますよ。途中から日本人対決が主流になったけど、自分は基本的にガイジンとの試合が好きだったしね。さっきのフレアーの言葉じゃないけど、その日の対戦カードを見て俺と当たる試合だったら結構、みんな安心していたみたいだよ（笑）」

副社長兼ブッカーの回想

坂口征二

1973〜1989年の「昭和・新日本」

聞き手＝小佐野景浩

NETテレビが金曜夜8時の新日本プロレス中継『ワールドプロレスリング』をスタートさせたのは、坂口征二が合流した直後の1973年4月6日だった。旗揚げからそれまでの1年間、ノーテレビでの活動を余儀なくされていた新日本は多額の負債を抱え、もしこの時にテレビ局が付いていなければ倒産の可能性もあったと言われている。

団体の窮地を救った坂口はリング上では〝二番手〟として絶対エースのアントニオ猪木を支え、リングを降りれば副社長として社長・猪木寛至をサポート。平成に入ってからは政界に転出した猪木に代わって社長に就任し、再び黄金時代を築き上げた。その後、会長を経て、現在は相談役を務めており、まさに新日本一筋の人生を歩んできたと言っていい。

本項では、その坂口にレスラー、副社長、ブッカーの立場から「昭和・新日本」を振り返ってもらった。

――まずは坂口さんが新日本プロレスに合流した経緯からお聞きしたいんですが、日本プロレスにフリー参戦していたマサ斎藤の仲介で72年9月に猪木さんと会ったのが最初だとされています。

「当時の日本プロレスは猪木さんが辞めて、次に馬場さんが辞めて、俺が任されていただろ」

――この時、坂口さんはUNヘビー級王座の他、大木金太郎と組んでインターナショナル・タッグ王座、吉村道明と組んでアジア・タッグ王座に就いており、3冠王として実質的なエースでしたね。

「その頃、日本テレビが離れて段々と会社の経営がキツくなっていって…ギャラももらえないような時期が続いていたんだよな」

――日プロは69年から日本テレビとNETテレビの2局で中継が放映されていましたが、日本テレビは団体側と交わした〝馬場の試合はNETの中継で流さない〟という約束を反故にされて激怒し、72年5月に放送をスッパリ打ち切りました。

「当時、NETからも〝もう来年は放送しない〟と言われていたんだよ。そうした中で、〝猪木さんと一緒にならないか?〟という話が持ち上がってきたんだよな」

――日プロの中継を打ち切った日本テレビは、馬場さんに新団体旗揚げを働きかけて全日本プロレスが誕生しました。一方のNETは坂口さんと猪木さんを合体させて、視聴率が落ちてきた金曜夜8時のプロレス中継を継続したかったということですね。

「当時のNETには専務の三浦（甲子二）さん、編成局長の辻井（博＝後の新日本プロレス会長）さんとかプロレスを応援してくれる偉い人がいたんだよ。辻井さんは日プロ時代の猪木さんを特に可愛がっていてね。そういう人たちに〝猪木と一緒になれ。NETで一生面倒を見るぞ！〟と言われたら…そりゃあ、考えるよな（笑）。昔はそういう豪傑みたい人がテレビ局にいたんだよね」

――マサ斎藤が坂口さんと猪木さんの間に入ったのは、NET側からマサさんが頼まれたということなんですか？

「それはまた別だよ。そういう流れがあった中で、たまたまマサ斎藤から〝一回、会おうや〟って。それで猪木さんが当時住んでいた六本木のマンションに行ったんだよ」

――猪木さんが日プロを除名されて新日本プロレスを旗揚げする際にスポーツ紙で〝坂口なんか片手で3分〟と発言し、坂口さんも〝俺なら両手で1分〟と言い返した有名な舌戦がありましたよね。

「まあ、確かに〝この野郎！〟って時代もあったけどね（苦笑）。馬場さんには入門した時からいろいろお世話になったけど、全日本プロレスを創る時に〝坂口、俺は日本テレビに義理があるから辞めて新しい団体を創るけど、お前は日プロを守れ〟と言われたんだよ。あの時、馬場さんは〝来い〟とは言わなかった。その後、ある人を通じて話があったり、日本テレビからも言われたけどね」

――『全日本プロレス中継』プロデューサーの原章さん辺りから声がかかったんじゃないですか？

「原さんは日プロの中継を担当していた頃は巡業に付いて

きて、いつもちゃんこの時に飲まされて引っくり返ってたよ（笑）。あの当時、原さんは個人的には猪木さんと仲が良かったんだよね。まあ、いろいろあったけど、俺はこの業界に誘ってくれた社長の芳の里さんにも恩義を感じていたし、〝日プロを守らなきゃいけない〟という気持ちもあって何ヵ月かやっていたんだ。でも、最後の手段としてNETから話が来て、猪木さんと話をして…プロレス観に共鳴したっちゅうことだよな」

——その時、猪木さんは坂口さんに何を語ったんですか？

「〝プロレス界は今のままじゃダメだ〟、〝俺たちは若いんだから、やり方によってはプロレス界を変えられるはずだ〟とかね。猪木さんは、そういうことを盛んに言っていたよ。その後、〝日プロも新日本も解体して新しい会社を創り、芳の里さんを会長に迎えよう〟というところまで話が進んだんだ。俺もまだ若かったけど、芳の里さんには〝このままじゃ日プロはダメになります。NETもやれと言っているし、すべて条件は整っていますよ〟ときちんと説明したし、グレート小鹿さんとか上田馬之助さんといった先輩の人たちにも集まってもらって話をして選手の方もまとまってね。だから、猪木さんと一緒に発表したんだよ」

時系列を整理すると、73年2月1日に代官山の日本プロレス事務所で選手会の会合が行われ、選手たちは坂口案に賛成。これを受けて同月8日、京王プラザホテルで猪木と坂口が共同記者会見を開いた。

その内容は「猪木は新日本を発展的解消、坂口以下の日プロ13選手も独立し、対等な形で新団体『新・日本プロレス』（仮称）を設立」、「猪木は株の60%を所有して社長に、坂口は株40%を所有して副社長に就任する」というもの。視聴率回復を目指して、2人の合体を水面下で推し進めていたNETも自信を強めた。

しかし、韓国に帰国中で先の会合を欠席した選手会長の大木金太郎が日本に戻ってくるや、強硬に反対したことで状況は一変。小鹿、上田、高千穂明久（ザ・グレート・カブキ）、ミツ・ヒライ、松岡巌鉄、桜田一男（ケンドー・ナガサキ）、伊藤正男、羽田光雄（ロッキー羽田）の8選手は大木に付いて残留を決める。

一方、合併案を潰される形となった坂口は、小沢正志（キラー・カーン）、木村聖裔（健悟）、大城勤（大五郎）の若手3選手と田中米太郎レフェリーを連れて新日本への合流を決意。3月8日、栃木・佐野市民体育館における『ダイナミック・シリーズ』最終戦まで出場して、日プロを去った。

翌9日、NETは日プロの放映打ち切りを発表し、4月から金曜夜8時の『ワールドプロレスリング』は新日本プロレスの中継に移行する。

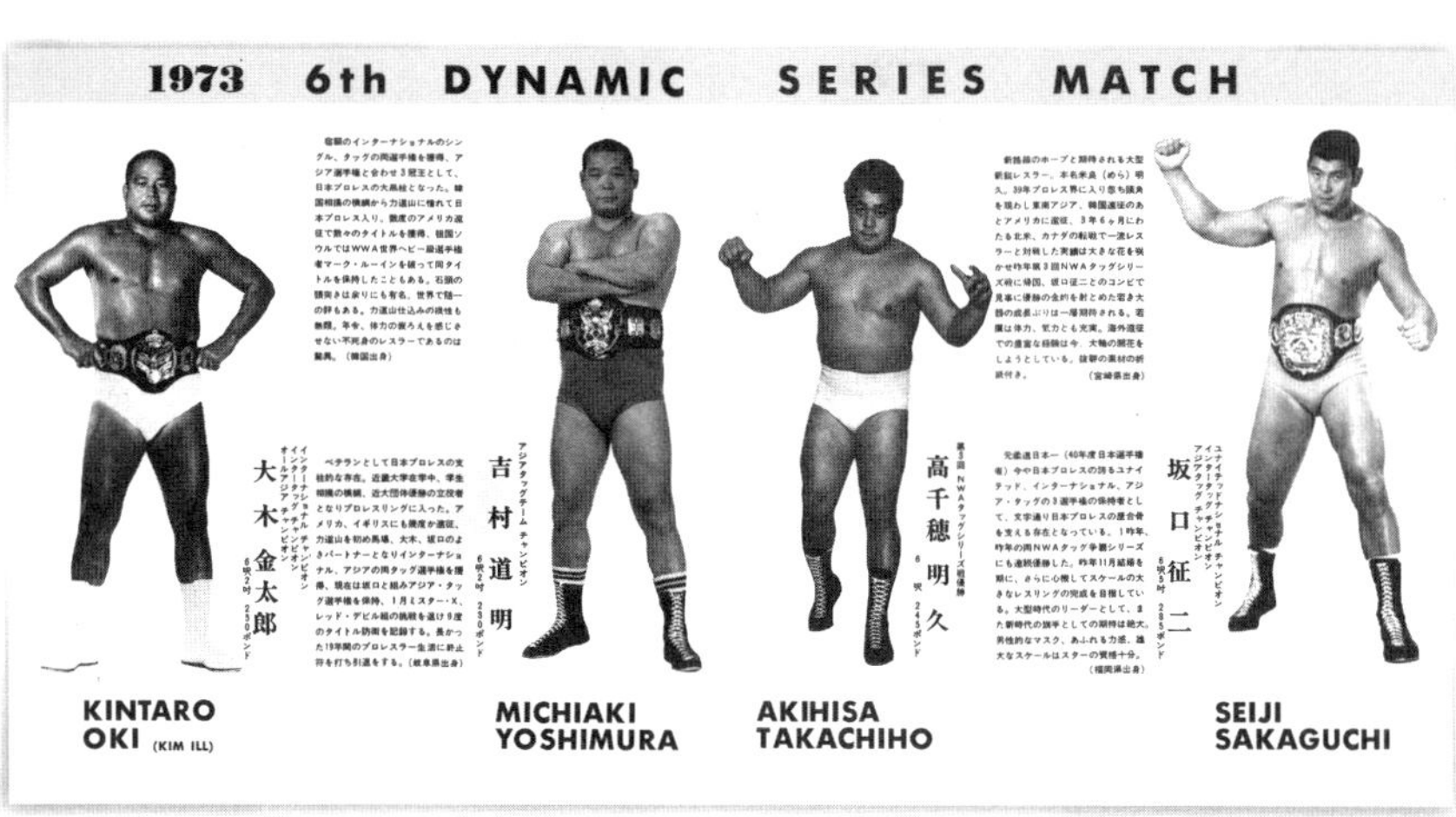

坂口にとって最後の日本プロレス出場となった73年『ダイナミック・シリーズ』のパンフレット。坂口はパートナーの吉村道明が同シリーズ中に引退したためアジア・タッグ王座を返上。UN王座はジョニー・バレンタイン、大木金太郎と保持していたインター・タッグ王座はバレンタイン＆キラー・カール・クラップに明け渡した。

――一度は合併案が正式に発表されながらも、大木さんの反対もあって日プロは2派に分裂してしまいました。坂口さんは、その過程をどう見ていました？

「やっぱりベテランの大木さんをみんなが立てたんじゃないの？　大木さん自身の中には、追い出した猪木さんと後輩の坂口が創る団体ではやれないというプライドがあったんじゃないかな。木村は俺の付き人だったし、大城は俺の車を運転していて、いつも3人で行動していたからさ。新日本に一緒に合流したのは自然な流れっちゅうかね」

――吉村道明の付き人だった小沢さんが坂口派に付いた経緯は？

「小沢は吉村さんに可愛がってもらっていたんだけど、その吉村さんが3月に引退しちゃったし、当時の団体の雰囲気が嫌だったんじゃないのかな。それはレフェリーのヨネちゃんも同じだったと思うよ。その他にも俺たちと一緒に行きたいという気持ちがあっても…まあ、派閥じゃないけど、やっぱり先輩後輩の関係とかで言い出せなかった人間もいたと思う。俺自身は一人でも猪木さん、ＮＥＴとの約束は守るという気持ちがあったから。でも、3月末日まで契約があるということで最終戦まで試合に出てね」

――最後のシリーズの雰囲気は、どうだったんですか？

「もうギスギスだよ（苦笑）。巡業に出ている時に新聞（寿）

さんから電話がかかってきて、〝もう試合に出るのは止めて、東京に帰ってきてください！〟と言われてね。それぐらい危ない雰囲気だった。最後の1週間は特に殺伐としていて、木村たちも可哀相だったよね。だけど、俺は最後までちゃんとやろうと心に決めていたよ」

——72年3月2日に横浜文化体育館で坂口さんはUN王座の防衛戦を行いましたが、挑戦者のジョニー・バレンタインがセメントを仕掛けるという噂が流れていたようですね。

「いや、逆に俺が何かやると思っていたのか、リングの周りにセコンドがたくさん付いていたよ。でも、お客さんの前で変なことできるわけないじゃない？　そこはバレンタインだってわかっているから、普通の試合だったよ。それは最後の佐野の時も同じだった。俺は大木さんと組んだんだけど、みんなセコンドに付いていてね。おそらく俺が変な動きをしたら、やってやろうって裏で話ができていたんじゃないの（苦笑）。あの日は大城がちょっと可哀相だったけどね。桜田にボコボコにされて」

——記録は14分45秒、桜田さんのリングアウト勝ちですが、大城さんに対して一方的に殴る蹴るの制裁を加えたと聞いています。

「桜田も訳がわからず先輩から〝やれ！〟と言われていたんだろうから、可哀相だったけどね。佐野の時は試合前に俺と木村、小沢、大城の4人でビジネスホテルに飛び込みで入って、そこで着替えて、必要なものだけを持って会場に行ったよ。俺はセミだったんだけど、木村と大城に〝車のエンジンをかけて待っとけ〟と言っておいてさ。試合が終わったら控室に戻らないで、パッと車に乗ってホテルに戻ったんだよ。そうしたら、何人かが追いかけてきて〝逃げやがった！〟って（苦笑）。それからホテルで着替えて、その晩のうちに俺が3人を新日本の道場に〝お世話になります〟と連れて行ったんだよ。山本小鉄さんと藤波（辰爾）がいて、〝よく来てくれた〟って」

——その後、日プロとは？

「その翌日、3人を連れて代官山の日プロの事務所に挨拶に行ってるんだよ。芳の里さんにも〝お世話になりました。私たちは今月いっぱいで辞めさせていただきます〟って、ちゃんと頭を下げてね。まあ、文句を言われて、心の中では〝この野郎！〟と思ったけどよ（苦笑）。結局、芳の里さんも（大木側に）引っくり返ってしまったよね」

——当初の計画は崩れてしまいましたが、新日本に合流するに際して坂口さんの立場や待遇はどういう取り決めだったんですか？

「株を10％ぐらいもらって、しばらくは専務の肩書だったのかな？　まだ俺も30歳だったから、金や役職がどうとか考えなかったよ。そんなことよりも、〝今から新しい場所でできるんだ！〟と希望が湧いていたんだろうな」

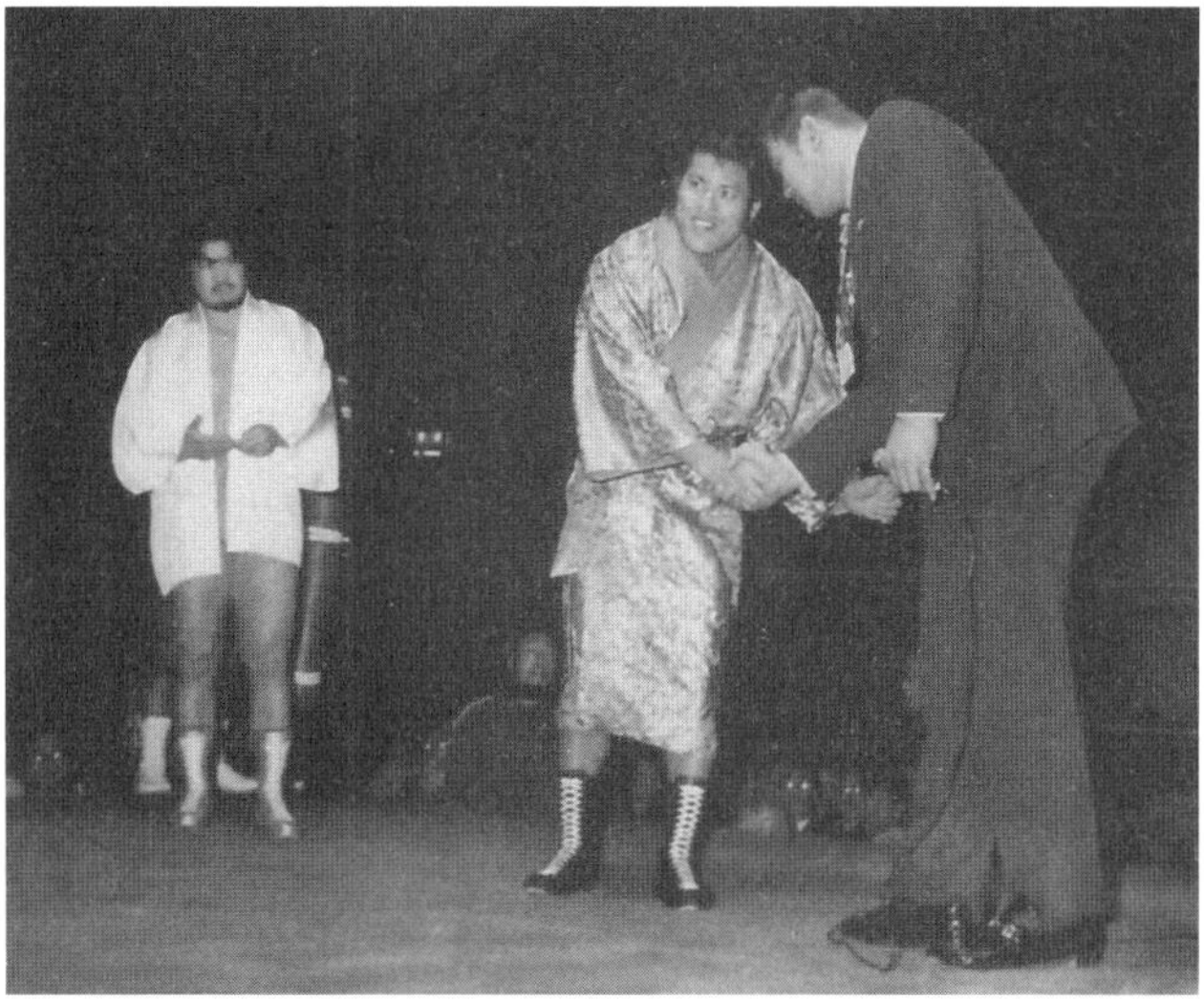

――4月1日から新日本に出場しましたが、リング外の仕事は？

「その頃は何もしていなかったよ。マッチメークから巡業の責任者まで山本さんがやっていたから、俺は何年間か選手に専念することができたんだ。俺がやったのは、日プロが潰れて海外に行ったままになっていた永源（遙）と星野（勘太郎）さんを新日本に入れたことぐらいだな」

――永源さんは73年10月、星野さんは翌74年1月に合流しましたね。

「永源は安達（勝治＝ミスター・ヒト）と一緒にカンザスに行っていたんだけど、その間に日プロがなくなっちゃったから、〝お願いします〟と言ってきて。安達は日本に帰ってこなかったよな。星野さんには俺の方から声をかけたよ。本当は日プロの選手全員を連れて猪木さんと合流するつもりだったんだから、そうするのは当然だろ。まあ、ちょっと時間は経ったけど、いいタイミングで来てくれたと思うよ。まだ戦力的に手薄な頃だったからね」

――坂口さんが合流してからの新日本の躍進ぶりは目覚ましいものがありましたが、その過程で実力日本一決定戦の気運が高まり、『第1回ワールドリーグ戦』公式戦として74年4月26日、広島県立体育館で猪木vs坂口のシングル初対決が実現しました（30分時間切れ引き分け）。初めて対峙したアントニオ猪木というレスラーは、いかがでした？

「俺はガーッと感情を剥き出しにするような試合をあまりやったことがないじゃない？　だけど、そういう気にさせられる戦い甲斐のある相手だったね。自分がワクワクするような相手だったよ、猪木さんは」

日プロを離脱した坂口は73年3月30日、大田区体育館における新日本プロレス『ビッグ・ファイト・シリーズ第1弾』開幕戦に来場。4月1日、佐賀県鹿島市中川公園内移動体育館（移動テント会場による興行）のサイクロン・マヌエル・ソト戦からリングに上がる。合流当初は、猪木と交互にメインイベントを務めた。

74年『第1回ワールドリーグ戦』では、決勝リーグで猪木との初一騎打ちが実現。この時はマサ斎藤、星野勘太郎ともシングルで対戦している。三つ巴の決勝戦で再び猪木と対峙するも、坂口は乱入したキラー・カール・クラップに血ダルマにされ、ドクターストップ負けとなった。

――当時の坂口さんにとって燃える相手といえば、翌75年の『第2回ワールドリーグ戦』で大木金太郎との遺恨マッチが話題になりました。坂口さんは大木さんの起用に否定的な立場を取っていたんですよね？

「その当時の仕掛けは全部、新間さんがやっていたと思うけど、大木さんが新日本に上がるという話になった時には、〝何を言ってるんですか!?〟と大反対したんだよな。俺にしてみたら、何を今更という気持ちが強かったからね。ワールドリーグの公式戦にしたって、〝俺はやらないですよ〟と言ったことがあったよ（苦笑）」

――リーグ戦開催中、大木さんとはシングルで3度ぶつかり、いずれも荒れた試合になりましたが、あれはそうした感情の表れだったと？

「やっぱり、〝この野郎！〟というのがあったよね。だから、ガッチガチの試合になっちゃったんだよ。その後、まったく接点がないもんな。大木さんが絡んだ新日本の韓国遠征にも俺は行ってないし」

――大木さんはその年の10月に主戦場を全日本プロレスに変えましたが、結局は和解していないんですか？

「まあ、その頃は…年を取ってから、ウチのリングで表彰したことがあったよな。あとは2006年に大木さんが韓国から来日して囲む会が開かれて、そこで10年ぶりぐらいに会ったんだよ。その時に、〝坂口、元気で頑張れよ〟と言われたんだよね。それからちょっとして亡くなってしまって」

——リング上に話を戻すと、75年の『第2回ワールドリーグ戦』では4月4日、蔵前国技館で国際プロレスのエースだったストロング小林とのシングル対決も実現し、時間切れ引き分けに終わりました。

「小林さんは昔から俺と似たようなタイプと言われていたよね。猪木さんと比べたら…やりやすかったよ（笑）」

——ストロング小林の入団によって、新日本の中で自然と猪木、坂口、小林という序列ができましたが、ご本人はそうした流れをどう感じていましたか？

「いや、俺は別にもう…。この頃から俺は副社長をやるんじゃないのかな。五分五分という感じで一緒になったけど、やっぱり猪木さんも若かったし、最初の頃はお互いに〝そうは行くかい！〟という気持ちがあったと思うよ。それが良かった時代もあったけど、やっていく中で…会社のことを考えたら、両雄並び立たずというね。そういうことが自分でもわかってきたんだよな」

——そこでリング上では坂口さんが一歩退く形を取ったと？

「ウィリエム・ルスカがウチに上がることになった時、最初は柔道の流れから俺がやるという話があったんだよ。でも、そこで新間さんが〝今回は猪木に…〟って。俺も馬鹿じゃないから、猪木さんがルスカとやった方が会社のためになるし、話題にもなるってわかるじゃない？　それを蹴ってまでも、〝俺にやらせろ！〟とはならないよ。その頃からだよね、リング上では猪木さんをトップとしてやっていった方がいいって自分なりに思ったのは」

——猪木vsルスカ戦が実現したのは76年2月ですから、この年がレスラーの坂口征二

75年の『第2回ワールドリーグ戦』は、前年の日本人大物対決路線を拡大。猪木、坂口、大木、ストロング小林の４強が覇を競った。その中でもマニアが注目したのは坂口と大木の喧嘩マッチ。シリーズ前に猪木は星野らを連れて韓国に遠征（大木のインター王座に挑戦）しているが、坂口は同行しなかった。

にとって一つの節目になったんですね。

「まだブッカーとかはやっていなかったけど、副社長になっていたしね。マッチメークは山本さんが引退した辺りから、やるようになったんじゃないかな」

――ルスカがプロレスの世界に来ることになった時、坂口さんは同じ柔道出身者としてどういう気持ちでしたか？

「まあねえ…それまでプロレスは柔道界から冷ややかな目で見られていたから。それは俺が転向した時からね。そうした中で、ルスカが来るというのは一つの転換期だったと思うね。ルスカは日本レスリング協会の福田（富昭）さんを通じて売り込んできたんだよ。奥さんが難病になって、その治療費を稼ぐためにね。ルスカはオリンピックで2階級を制覇したけど、先輩のアントン・ヘーシンク以上にはなれなかった。オランダでもそんなに脚光を浴びなかったんじゃないの？　俺は日本、外国に関係なく、柔道界からプロレス界に来るのはいいんじゃないかと思ったよ。ただ、〝そう簡単じゃないよ〟という気持ちはあったよね。ヘーシンクもそうだったけど、柔道で実績があるからといって必ずしもプロレスで成功できるわけではないからな」

――坂口さんは柔道時代にヘーシンクと対戦しているんですよね。

「2回やったよ。東京オリンピックの後の大会（64年10月の国際親善柔道大会）と翌年のブラジルでの世界選手権。2回とも判定負けで、一本負けはしなかったんだよ」

――世界選手権の試合は、〝疑惑の判定負け〟とも言われましたね。

「貫録負けだよ（苦笑）。ヘーシンクはやっぱり強かったよ。俺も一番脂が乗っている時だったから、お互いに突っ張って…。昔は突っ張って、相手が技を掛けてくるのを〝待ってました！〟とばかりに裏を取ったりね。今はそんな柔道をやったら注意されて、ポイントを取られちゃうけどな。その頃、ルスカはまだ世界のトップではなかった。やっぱりヘーシンクがいたからさ。ルスカはヘーシンクの練習相手として東京オリンピックに来たよね。でも、〝あいつは将来、オランダ柔道界を背負って立つ〟という噂はあったよ」

――猪木vsルスカという顔合わせになれば、当然『プロレスvs柔道』として注目を浴びるわけですが、柔道界から反発はなかったんですか？

「ルスカが講道館に練習に行った時に、日本のトップ連中を次々にやっちゃったんだよ。そういうこともあったから、〝プロでやるんだったら受け入れない〟という理由で講道館は出入り禁止になっちゃったんだ。ミュンヘンオリンピックから4年経っても、それぐらい強かったよ」

――実際、猪木vsルスカ戦を坂口さんはどう見ました？

「細かい部分はあまり記憶にないけど、柔道家が柔道衣を着て、相手が裸だったら何もできないよ。あの日、猪木vs

76年2月6日、猪木vsウィリエム・ルスカ戦でセコンドに付いた坂口。手前はルスカのセコンドとして来日したクリス・ドールマン（後のリングス・オランダ総帥）。この時期、猪木＆坂口は北米タッグ王座を返上。同月5日、札幌中島スポーツセンターで坂口は小林と組み、タイガー・ジェット・シン＆ブルータス・ムルンバとの王座決定戦を制して新王者となる。

ルスカ戦の前に俺はタイガー・ジェット・シンとやったんだよな（坂口が反則勝ち）。俺たちの試合が長引いたから、猪木さんとルスカの試合がテレビ中継の放送時間内に収まらなくて（苦笑）。だから、翌週も流して、2週とも凄い視聴率を取ったんだよ。生放送は大変なんだ。時間内に収まらなきゃ視聴者から苦情が来るし、番組的には時間が余っちゃってもマズいしな。タイトルがあって、CMがあって…8時2分15秒に現場中継がスタートだから、俺がマッチメークをしていた頃は、試合が早く進んでいる時には休憩時間を入れて調整したりね。やっぱり生中継というのは怖かったよな。こっちも分刻みの視聴率を調べたりとか意外と研究していたんだよ」

——猪木vsルスカ戦に続いて、76年6月26日には猪木vsモハメド・アリ戦が実現しました。この時は試合内容が酷評されただけでなく、多額の負債を背負ったことで新日本は危機的な状況に陥りましたよね。副社長という立場から、あの世紀の一戦を振り返ると？

「あの試合についてはいろいろ言われるけど、俺は実現させたことは凄いと思うよ。人がやれないことをやるっちゅうね。あの試合がなかったら、今の猪木さんはないだろ。金銭的には9億円ぐらいの赤字を食らったけど、NETから辻井さんと永里（高平＝運動部長、後の新日本プロレス専務）さんが役員として出向してこられてテコ入れしてもらったんだよ」

——それは局の看板番組である『ワールドプロレスリング』を続けたい、そのためには新日本プロレスが傾いては困るということですよね。

「三浦専務とか辻井さんが〝面倒を見てやれ〟と言ってくれて、NETがカバーしてくれたんだよな。その代わり、俺と猪木さんは代表権を外されて平の取締役になって、株も手放して(笑)。でも、NETがテコ入れしてくれるってことは逆に嬉しかったよ。代表権がなくなっても」

——会社が倒産する心配はないわけですからね。

「この時代は視聴率も良かったからね。アリ戦が失敗したからって、新日本を外すわけにもいかないでしょ。NETも〝金を出してでも面倒を見てやろう〟という状況だったんだよ」

——結局、アリ戦後に『格闘技世界一決定戦』シリーズが始まり、こちらは大当たりしましたからね。

「毎週金曜日のレギュラーの他に、月に1回ぐらい『水曜スペシャル』で格闘技戦をやってね。そっちの視聴率も良かったし、興行的にもお客さんが入ったから。まあ、中にはミスターXとか変なのもいたけどよ(笑)。その特番で、お金はすべて返済できたんじゃないかな」

——同年10月9日、韓国の大邱で猪木さんがパク・ソンナンをセメントで叩き潰したとされる有名な一戦がありますが

76年10月10日、韓国のソウルで行われた猪木vsパク・ソンナンのNWF戦。坂口は大木が絡んでいないため、この時の韓国遠征には同行し、『ワールドプロレスリング』の解説席にも座った。写真は試合開始前のセレモニー。

が、坂口さんもその場にいましたよね。

「あれは凄かったよ。試合が終わった後、体育館からホテルに帰れなかったからなあ（笑）。猪木さんはパッと帰っちゃったけど、俺たちはなかなか控室から出られなくてね。やっとバスに乗ったと思ったら、石を投げつけられて（笑）。どうにかホテルに帰っても、その晩は外出禁止だよ。向こうが仕返しに来るかもわからないからって」

――諸説ありますが、どうしてそういう試合になったんですか？

日本プロレス時代、3度目の海外武者修行に出た坂口は70年10月にドリー・ファンク・シニアが主宰するアマリロ地区に入り、パク・ソン（現地でのリングネーム）と日韓大型コンビを結成した。

「パク・ソンナンが試合中に何か汚いことをしてきたから、猪木さんが怒って目に指を入れたんだよ」

――パクと坂口さんは旧知の仲ですよね。

「アマリロにいた時（70年～71年）に、3ヵ月ぐらいパク・ソンナンとタッグを組んでいてね。仲が良かったからさ。心情的にちょっとね…」

――翌日、ソウルでのNWF王座防衛戦はテレビ録りで坂口さんがゲスト解説に入りました。

「あの日は普通に試合が始まって、何事もなく進行して、休憩時間もあって…でも、メインになったら2人とも出てこないんだ。現地では生放送なのによ（苦笑）。俺、控室まで行ったんだもん。〝一体、どうなってんですか!?〟って。まあ、何とか試合になったけど、やっぱりああいう時には…猪木さんは修羅場を潜っているからね」

――この韓国遠征の後、坂口さんは南アフリカ共和国に飛び、約2週間サーキットしましたね。

「あれはカール・ゴッチさんに呼ばれたの。ヨハネスブルグとかケープタウンとかで試合をしたね」

――当時の南アフリカはアパルトヘイト政策で白人の非白人に対する人種差別が厳しかったと思いますが、いかがでした？

「トイレも違うし、バスも違うという時代だよ。でも、日本人はホワイト扱いだからいいの。ただ、サーキットはゴッチさんと同じ部屋でね…堅苦しかったなあ（笑）」

――坂口さんは76年10月30日、ヨハネスブルグでジャン・ウィルキンスを破り、EWU世界スーパーヘビー級王座を獲得しました。ウィルキンスは地元の英雄ですから、坂口さんはヒール扱いですか？

「いや、そういう感じでもなかったね。クリーンな試合で。ケープタウンに行ったら、日本人がたくさんいてビックリしたな。後で聞いたら、マグロ漁船の日本の基地がケープタウンの港にあるんだよ。だから、日本人の応援団が会場に来たりしてね」

――翌77年1月になると、大木さんと同様に日プロ分裂劇の際に因縁がある上田馬之助が新日本に逆上陸して、タイガー・ジェット・シンと合体します。2人は坂口&小林の持つ北米タッグ王座に狙いを定めて、ベルトを巡る抗争が展開されました。

「上田さんとは…大木さんほどのわだかまりはなかったけどね（苦笑）。アメリカを遠征していた時に、フロリダとかカンザスで何回か上田さんとタッグを組んでるんだよ。だから、知らない仲じゃなかったし。あの頃の上田さんのヒールに徹する姿勢は素晴らしかったよね。普通は、あそこまでできないよ。上田さんにとっても一番いい時期だったんじゃないのかな。シン&上田は興行的にもテレビ的にも凄く貢献してくれたよ」

――この77年から坂口さんも異種格闘技戦に出陣するようになりましたね。最初の試合は10月25日、日本武道館におけるバッファロー・アレン・コージ戦でした。アレンは同年12月にルスカと柔道ジャケットマッチで対戦した後、新日本プロレスの練習生となり、バッドニュース・アレン、バッドニュース・ブラウンなど何度かリングネームを変え

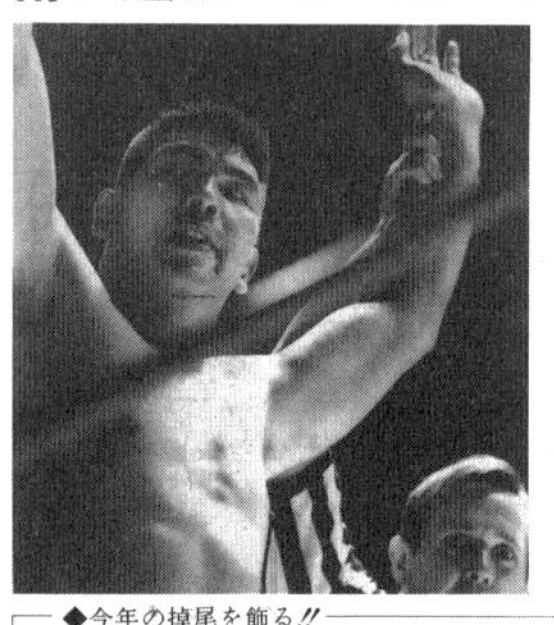

●新日本プロレス速報

南ア遠征・坂口選手緒戦を飾る!!

世界スーパーヘビー級選手権（60分3本勝負）
チャンピオン J ウイルキンス（南ア） 1－2 チャレンジャー 坂口征二（日本）
①ウイルキンス（17分10秒・体固め）坂口
②坂口（8分22秒・片エビ固め）ウイルキンス
③坂口（4分7秒・逆エビ固め）ウイルキンス

南アフリカ連邦共和国での世界スーパーヘビー級選手権大会に招へいされた坂口征二選手は出場のため10月25日夜南アに出発!!

この大会にはチャンピオンジャン・ウイルキンス、坂口征二、カール・ゴッチ、アルバート・ウオールなど世界の強豪26選手が参加、この大会はチャンピオンに次から次へとチャレンジャーが挑戦する仕組に成っており、10月31日ヨハネスブルグ・ウエンブリースケートセンターに一万余人の観衆を集めて南ア上陸第一戦を行ない坂口選手は緒戦で世界スーパーヘビー級チャンピオン、ジャン・ウイルキンスに挑戦し、すさまじい空手チョップ、柔道殺法で追い込み、プロレスラーに成って初めて見せるドロップキックの奇襲でウイルキンスをKO、2−1で快勝し南ア遠征第一戦で世界スーパーヘビー級選手権を獲得したと本社に国際電話が入りました。

◆今年の掉尾を飾る!!
格闘技世界一決定戦
アントニオ猪木 対 ウイリエム・ルスカ '76
12月9日 試合開始 午後6時30分 蔵前国技館 （無制限一本勝負）
◆お問合せ 400−9181 新日本プロレスリングKK ◆前売券 都内プレイガイド 絶賛発売中!!

'77 新春黄金シリーズ
1月7日開幕!!
新日本プロレスが贈る!!盛り沢山の一大企画にご期待下さい。

●編集後記
この創刊にあたって新日本プロレスが今何を考え、何をしようとしているかが少しでもおわかりいただけましたら幸いです。
創刊号（第1号）が予定より遅れましたが出来ました。スタッフ一同ズブの素人で編集、レイアウトには随分苦労しましたが…
本当は一寸ばかり専門家の方に手伝っていただきました。
第2号からは、坂口、小林両氏にも加わってもらって、もっと内容も充実してゆきたいと思っております。
又本号には子供さんむきの欄がありませんでしたが、次号から充分考えて編集してゆきたいと思います。
この会報に、お気付の点、ご意見、ご質問がありましたら、どしどし、編集係宛へお便り下さい。

編集発行人 猪木寛至
発行人 新日本プロレスリングK.K.
東京都港区南青山6−7−13
TEL03（400）9181（代）
印刷所 日本綜合印刷株式会社
TEL03（753）2330（代）

76年に新日本プロレスは会報『アントン』を発刊。創刊号に坂口の南アフリカ遠征のリポートが掲載された。11月15日、カール・ゴッチと共に帰国した坂口は『闘魂シリーズ第2弾』中盤戦から合流。この時、ゴッチがルスカ側のコーチに就き、打倒・猪木の秘策を伝授するというストーリーが展開された。

坂口vsバッファロー・アレン・コージの柔道ジャケットマッチは、ルスカがメインレフェリーを務めた。そのまま日本に残留したアレンは、続く『闘魂シリーズ第2弾』にも出場。木村健吾、荒川真、小沢正志、藤原喜明らを相手に前座で柔道ジャケットマッチのエキシビションを行った。

ながら日本や北米で成功を収めます。

「アレンは米塚（義定）さんの紹介だったんじゃないかな。米塚さんは日本大学出身で、俺にとっては柔道の先輩に当たる人。当時はニューヨークで指導していたんだよ。後にオリンピックのアメリカ代表監督になっているはずだよ。アレンはオリンピック（76年モントリオール）でメダルを獲ったけど、それでは食っていけないからプロになりたかったんだろうな」

——彼との柔道ジャケットマッチは、いかがでしたか？

「まあ、プロレス的な要素もあったと思うけど、面白かったよ。やっぱりアレンは強かったよな。俺に負けた後、日本に残って新日本の道場で練習生から始めてね。彼は熱心だったよ。よく荒川（真＝ドン荒川）なんかと練習してた。巡業にも連れて行って、プロレスを教えてね。彼はプロレスを吸収するのが早かった。ルスカと違って（苦笑）。一緒に海外にも行ったよ。ソ連、南アフリカ、ドバイ、それにイラク遠征…重宝がられたよね、アレンは」

——それは、いざとなったら強いという理由もあったんですか？

「知らない土地に行ったら道場破りみたいにチャンレンジャーが来たりとか、そういうことも考えられるからよ。だから、〝何かあった時のために〟ということでアレンを連れて行ったというのもあったんじゃないかな。まあ、実際にはそういうことはなかったけどね。アレンは怒ったら強かったよ。アンドレ（・ザ・ジャイアント）に喧嘩を吹っ掛けたんだよな。その話は知ってる？」

――アンドレの人種差別的な発言に怒ったアレンが呼び出したんですよね？

「何を言ったかは知らないけど、アンドレが何も言えずに黙っていたらしいよ。それくらいガイジンの間で一目置かれていたからね。まあ、実際に喧嘩するわけじゃないんだけど、〝こいつは普段は温厚でも怒らせたらヤバいな〟と感じさせるものがアレンにはあるんだろうな。まあ、俺にしてもよ、何かの時に〝この野郎！〟ってテーブルをガッとひっくり返したことがあるんだけど、みんな引いたもんな（笑）」

――78年3月20日のMSG定期戦では、坂口vsルスカの一騎打ちが遂に実現しましたよね。これも柔道ジャケットマッチでしたが。

「ルスカとニューヨークで戦ったのはWWFのビンス・マクマホン・シニアからの要請。メインイベントではなかったけど、お客さんの反応は良かったよ。やっぱり柔道の日本チャンピオンとオリンピックチャンピオンが柔道衣を着て戦うんだから、それなりに話題になったよね。アメリカで柔道はクリーンなイメージで見られていたし、柔道人口も多かったし」

――結果は坂口さんの反則勝ちでした。ということは、坂口さんがベビーフェースで、ルスカがヒールですか？

「どうだったかな（笑）。純粋に柔道をやっても仕方ないから、帯で首を絞めたりプロレス的な戦いになったよね。最後は喧嘩みたいになって、カーッとなったルスカの反則負けだよ（笑）。あの時はモーテルに2人で住んで、2週間ぐらいサーキットしたかな。昼間は暇だったから映画館

THE GOLDEN TERROR

MASK VS. MASK

The mask vs. mask match pitting these two arch rivals pictured here should unvail once and for all the true identity of one of these men. Who will lose his mask? Their match at Madison Square Garden will decide this.

MIL MASCARAS

★★★★★★★★★★★★★★★★★★★★★★★★★★★★★★

JUDO JACKET MATCH

Seiji Sakaguchi has an arm bar on Wilheim Ruska during their recent "Judo Jacket" match held in Madison Square Garden. (Photos on this page by George Napolitano)

WWFのプログラムに掲載された坂口vsルスカの柔道ジャケットマッチ。この時、坂口は春の『ビッグ・ファイト・シリーズ』を全休して、ニューヨークに飛んだ。シリーズ終了後には小林、猪木らも相次いで渡米し、78年4月4日にフィラデルフィアで『ワールド・マーシャルアーツ・コンペティション』が開催される。

に行ったり、夜は中華を食べに行ったり。ルスカは取っ付きやすい面白い人間だったよ。金メダリストだったことを鼻にかけたりというのも全然なかったしね」

――プロレスについて坂口さんが何かアドバイスをしてあげたことは？

「あいつとはタッグを組んだこともあるし、その都度アドバイスはしたよ。俺も最初の頃に言われたけど、柔道とプロレスはフットワークからして違うからね。柔道の摺り足というのは、あまり強く見えないんだよ。あとは力を入れる配分とか…。ルスカは強いんだけど、プロレスでは不器用だったよね（苦笑）。彼は走っても速かったし、泳ぎだって上手かったし、サッカーなんかやったら凄いんだよ。プロレスが一番ダメだったな（笑）。ルスカとは京都でも柔道ジャケットマッチをやったはずだよ（79年12月13日＝京都府立体育館、4分5R時間切れ引き分け）。柔道をやっている人間はやっぱり腕力はあるし、ルスカはグレコローマンのレスリングをやっていたから上半身も強かったよ」

――坂口さんはプロ空手のザ・モンスターマン、ザ・ランバージャックとの異種格闘技戦も経験されました。彼らと肌を合わせた感想は？

「あの当時、俺たちはパンチをやらなかったからね。ちょっとした蹴りぐらいだったら大丈夫だけど、パンチには対応できなかったな。モンスターマンとやる前には道場でヘッドギアを付けてパンチを受けて、ダッキングして、フットワークを使って…俺もそういう練習をしたんだよ（苦笑）。でも、モンスターマンには、いいのを食らってよ。その後のランバージャック戦もキックからのパンチを食らった時、首筋にビリビリッと電気が走ってね。〝この野郎！〟と思って、やったことのないニードロップを首にかましてやったんだよ。そうしたら、伸びちゃった（笑）」

――改めて異種格闘技戦の難しさは、どこにありますか？

「異種格闘技戦はその後、ＰＲＩＤＥとかの総合格闘技として発展していったけど、俺たちがやっていた頃は何もかもが見えないような戦いだったから不安は不安だったよね。プロレスラーとは違うから、相手がどういう戦い方をするかわからない。キックにしろ、パンチにしろ、どれぐらい威力があるのかわからないしね。試合前の不安というのは、普通のプロレスの試合の時よりも凄くあったよ。柔道ジャケットマッチはそうでもないけど、モンスターマン、ランバージャックの時は不安だった。もちろん、向こうだって俺が何をやるかわからないんだから不安だったと思うよ。それがプロレスとはまた違う緊張感になって、観ている方は面白かったのかもしれないけどね。まあ、俺がやった相手には変な奴はいなくて、みんなフェアに戦ってくれたと思うよ」

――そうやってご自身が体験した上で、猪木さんの異種格闘技戦をどう見ますか？

「やっぱり巧いよ。アリ戦もそうだったけど、他の人にできない何かを持っている、猪木さんは。戦いは戦いなんだけど、その中でプロとして魅せるものを持っているよね」

――ここで話題を変えると、70年代後半、坂口さんの北米タッグのパートナーは団体の中で〝三番手〟のポジションでしたよね。79年6月には、その座がストロング小林から長州力に代わりました。

「その都度、俺も立場が変わっていったよね。猪木さんと組んでいた時には、やっぱり猪木さんを引き立てていたし、小林さんとのタッグは五分五分ぐらいでやっていたと思う。その後、長州と組んでからは…長州に6割ぐらいやらせてよ（笑）」

――歴代のパートナーでベストは？

「一番やりやすかったのは長州かな。ある程度、自分の考えで試合を運べるからね。猪木さんの時はこちらからあまり言えないし、小林さんには気を遣うから（笑）。そういうもんだよ」

――79年8月26日には、東京スポーツ新聞社主催『プロレス夢のオールスター戦』が開催されました。カードは余計な摩擦を避けるために団体の枠を超越した混合チームによるタッグマッチが主体でしたが、その中で唯一、新日本vs全日本の純粋な対抗戦として行われたのが坂口さんとロッキー羽田の一騎打ちでしたね。

「オールスター戦のマッチメークに俺は一切絡んでないから。そのカードになったのは…馬場さん、猪木さんの両巨

79年4月5日、東京体育館で坂口＆小林はヒロ・マツダ＆マサ斎藤に敗れて北米タッグ王座から陥落。6月15日、坂口はパートナーを長州力に替え、ロサンゼルスで王者組からベルトを奪回した。ここから長州がヘビー級の三番手に浮上する。

頭が気を遣ってくれたんじゃないの（笑）。〝羽田とのシングルでいいか？〟と聞かれたから、〝ああ、いいですよ〟って。それだけだよ。まあ、オールスター戦はやるまでは良かったんだけどな。メインの後に猪木さんがいろいろ言ったから、また…（笑）」

――70～80年代の日本マット界は、ＢＩの対立によって動いていました。75年1月の第1回プロレス大賞授賞式では馬場さんと猪木さんが日プロで別れて以来、4年ぶりに同じ写真に収まりましたが、握手の要請に対しては2人とも無視したと聞いています。

「控室も別々でな（笑）。最初の頃は殺伐としていたよ。

81年4月23日、蔵前国技館でタイガーマスクがデビュー。一部で「デビュー戦で被っていたマスクは、坂口が自宅に保管している」と囁かれていたが、坂口本人も長男の坂口征夫も否定している。

俺は毎年、顔を出していたけど、受賞した人間しか行かないような時期もあったよな」

――その頃は口も利かないような感じだったんですか？

「控室は別々だったけど、壇に並ばなきゃいけないじゃない？　その時に顔を合わせりゃ、さすがに挨拶ぐらいはするよ。ただ、何だかんだと小さいことで全日本とは常にギスギスしていたよね。まあ、企業戦争だからギスギスするのは仕方がないことだよ」

――80年4月4日には、川崎市体育館で山本小鉄の引退式が行われました。先ほども話に出ましたが、この辺りから坂口さんがマッチメークをやるようになるんですね。

「マッチメークとか選手の管理とかをね。ガイジンの招聘はまだ新間さんがやっていたし、新人のデビューなんかは、その後も小鉄さんが決めていたのかな？　新人の管理は藤原（喜明）もやっていたかもしれない」

――81年になると、4月にタイガーマスクがデビューしました。これが当たったことで、新日本はテレビ的にも興行的にも新しいファン層をかなり開拓できたと思います。

「テレビ中継の日には8時3分…1発目にタイガーマスクが映るようにマッチメークしてたよ（笑）。あの頃は生放送だから、そういうことは考えてた。最初にタイガーマスクが出て、セミで藤波が出てきて、メインは猪木さんで…タイガーマスクがいた時は視聴率が最高だったよね。この時期から俺は段々と退いて、そんなに試合をしてないと思うよ」

——伝説となっている81年9月23日、田園コロシアムにおける外国人頂上対決、スタン・ハンセンvsアンドレ・ザ・ジャイアント戦も坂口さんのマッチメークなんですよね？

「いや、あれは社員から話が出たんだよ。俺は〝そんなのできるわけないじゃないか！〟と言ったのを憶えてる。結局、俺が〝じゃあ、猪木さんに言ってみろよ〟と投げたら、猪木さんは簡単に〝面白いじゃないか！〟って（笑）。そうしたら、アンドレもハンセンも〝やる！〟と言い出してよ（笑）。あれは2人のプライドがぶつかり合って、物凄い試合になったよね。だからこそ、今でも語り草になってるんだろうな。結果的には、やらせて良かったと思ってるよ」

この81年は、新日本プロレスと全日本プロレスの仁義なき引き抜き戦争が勃発した年でもあった。

5月7日、京王プラザホテルにおける『第4回MSGシリーズ』前夜祭の席で新間寿営業本部長が全日本のトップ外国人だったアブドーラ・ザ・ブッチャーのIWGP参加を発表。翌8日、川崎市体育館にブッチャー本人が出現したことが発端だった。

これに先駆けて、4月7日に新日本の事務所で記者会見を行った新間氏は全日本のジャンボ鶴田、タイガー戸口（キム・ドク）、国際プロレスのラッシャー木村、アニマル浜口にIWGP参加を呼び掛けている。戸口は、この会見前日に全日本に辞表を提出。5月14日、ヨーロッパに発つ前に羽田空港でフリーとしてIWGPに参加することを表明した。

これらの動きに激怒したジャイアント馬場は新日本の2大外国人エースであるタイガー・ジェット・シン、スタン・ハンセンの引き抜きを画策。このレスリングウォーに関しては、全日本の勝利と見る向きも多い。

——ブッチャーの移籍に関して、坂口さんは多少なりとも携わっているんですか？

「いや、あれはユセフ・トルコさんが新間さんに売り込んだんだよ。トルコさんと新間さんは合わないはずだったんだけど、どこでどうなったのか…。俺はこういうのはあまり賛成できないなという気持ちもあった一方、しょうがないなって思いもあったよ。戸口のこともそうだよな」

——新間さんは以前、〝鶴田とテレビ朝日の三浦専務を会わせたことがある〟と言っていました。

「昔はいろんなことをやってたんだよ、裏でな。俺は関与していなかったけど、まあ…上の方ではいろいろあったんだよ」

——報復として、全日本プロレスは7月に新日本からタイガー・ジェット・シンを抜き返しましたね。

「俺の立場からしたら、シリーズが始まるとガイジンが全員来てくれているのか心配だったよ（苦笑）。全員揃っているのを見て、ホッとして」

G馬場を坂口&新間が表敬訪問
取り沙汰された45分の密談で何が交されたのか？

対抗戦実現第一歩!?

さる1月2日、東京・後楽園ホールにおいて行なわれた全日本プロレス「新春ジャイアント・シリーズ」開幕戦にかねてからの噂通り新日本プロレスの新間寿営業本部長と坂口征二が姿を見せ、控室でG馬場と45分間にわたって会談を行なった。その間、報道関係者はシャットアウトされ、その内容はまったくの謎……馬場、新間両氏ともに「単なる新年の挨拶と雑談だけ」と語っていたが、レスリング・ウォー（企業戦争）の真最中という状況での出来事だけに大いに気がかり。果たしてこの"密談"は何を意味するのだろうか。

新日本の坂口副社長と新間寿営業本部長が83年1月2日、全日本の後楽園ホール大会に来場したことを報じる別冊ゴング同年2月号のグラビア。この時、全日本の社長は馬場ではなく、日本テレビから出向してきた松根光雄氏。新日本との関係改善は…“復権”を視野に入れての動きだったのか!?

――さらに暮れにはスタン・ハンセンが全日本の『世界最強タッグ決定リーグ戦』最終戦に現れる形で引き抜かれましたが、6月の時点で馬場さんはハンセンとダラスで会って話を付けていたそうです。

「ウチの年末のシリーズはその3日前ぐらいに終わっていて、俺たちはもうハンセンはアメリカに帰ったと思っていたんだよ。だから、〝何、帰ってない!?〟という話になって（苦笑）。馬場さんも怒ったら、凄いことをやるよなあ」

――この時の引き抜き戦争は新間さんが停戦を申し入れ、82年2月7日、ホテルニューオータニでBI会談が実現しました。同年夏には新日本と全日本の間で引き抜き防止協定を締結し、これによって一旦は友好関係を結ぶことになりましたね。

「最初は猪木さんや新間さんが会っていたんだよね。でも、馬場さんが〝坂口を窓口にしてほしい〟と新間さんに言ったらしいんだよな。馬場さんには、〝猪木はいつどうなるかわからないから、お前も必ず来いよ〟と言われてさ。あの頃は全日空ホテルとか帝国ホテルに部屋を取って、月に1回ぐらいは会っていたんじゃないかな」

――この82年は全日本との停戦が成立する一方、タイガーマスク人気が大爆発し、10月には長州力が噛ませ犬発言を機に革命戦士に変貌するなど新日本にとって充実の年だったと思います。

「長州があそこまでできるとは思わなかったな。メキシコに行って、ただ帰ってきたんじゃ意味がないとは思っていたけど、本人も必死だったんだろうね。それを見て、俺もマッチメークする立場として藤波と長州の一騎打ちを売っていこうという気持ちになったよ」

――年が明けて、83年1月2日には全日本の後楽園ホール大会に坂口さんと新間さんが表敬訪問しています。あれは水面下で催立した友好関係を公にアピールするための画作りでしたね。

「あの頃、本当に雰囲気が良かったんだよ。ウチと全日本でオールスター戦をやる話も出ていたしね」

――だから、83年夏のクーデター事件が起こらなければ、新日本と全日本の間で新しい何かが生まれていたかもしれませんね。

「あの時、タイガーマスクはカルガリーで試合をして、それが終わったらロサンゼルスで結婚式をすることになっていてね。ラスベガスのNWA総会に出席していた俺も合流して、馬場さんも出席してくれることになっていたんだよ。それなのにタイガーマスクが会社の慰安旅行から姿を消して、〝辞めます〟って…」

話を整理すると、新日本の選手やフロントは8月8日から社員旅行で草津温泉に行っていた。タイガーマスクは仕事の都合で9日に帰京したが、10日に予定されていたテレビ朝日のバラエティー番組『欽ちゃんのどこまでやるの!』の収録に姿を見せず大騒ぎになる。さらにタイガーは10日付で新日本とテレビ朝日に契約解除通告書を送付。それは事実上の引退宣言だった。

契約解除通告書が新日本に届いた11日、坂口はNWA総会に出席するために渡米している。また、同時期に猪木と新間氏もカルガリー遠征のため日本を留守にしており、会社幹部は不在という状況で水面下の動きは進展する。

猪木は20日、新間氏は24日に帰国。その24日の夕方に赤坂プリンスホテルで決起集会を開いたクーデター派は、翌25日の役員会で猪木、新間氏に退陣を迫り、猪木は社長辞任を表明、新間氏はタイガーマスク引退の責任を取って謹慎する形になった。

同日に帰国した坂口は役員会には出席しなかったが、夜に電話で退陣を迫られ、翌26日の大宮スケートセンターにおける『ブラディ・ファイト・シリーズ』開幕戦で猪木と話し合って辞任を決意。29日に改めて行われた役員会で猪木&坂口の退任が了承され、テレビ朝日から出向していた大塚博美氏、望月和治氏、そして山本小鉄の3人が代表権を持つトロイカ政権が誕生した。

――このクーデター事件によって、新日本の流れは大きく

プロレス引退を決意した佐山聡は、黄金のマスクと2本のベルトを新日本側に返上した。当初は新団体『ワールドプロレスリング』設立を目指していたクーデター派とも訣別し、独自の道を歩んでいくことになる。

変わっていきました。坂口さんは副社長を辞任されましたが、マッチメーカーも降りたんですか？

「あの時は鬼の首を取ったように、〝副社長を降りて、明日からはマッチメーク、会計・経理も辞めて、専属選手としてやってください〟と言われてよ。〝何を言ってやがんだ〟って。でも、猪木さんに〝坂口、黙っておけ〟と言われたから俺も了承したんだけどね。それが3日後には、〝副社長、マッチメークをやってください。自分らではできないです〟と言われて（笑）。だから結局、俺がやったよ」

――3日後ということは8月29日ですから、猪木さんと坂口さんの辞任が承認されてトロイカ政権が発足した役員会でのことですか？

「そうそう。結局、クーデター派の人間が不満を持っていたのは猪木さんがやっていた事業のアントンハイセルだったんだよ。俺の場合は新間さんから資金繰りが苦しいというのを聞いていたから、個人的に何人かの選手に話をして、ちゃんと理解してもらった上で猪木さんに協力したんだ。でも、クーデターを起こした人間たちからすれば、それが〝副社長&マッチメーカーという権限を持つ坂口さんに頼まれたら、選手は嫌でも逆らえなかったでしょう〟という話になってよ（苦笑）」

――つまり今で言うパワーハラスメントということですよね。

「そういうことだよな（笑）。でも、その役員会で〝マッチメークなどの職務には落ち度はなく、取締役に留まって、これまで通りにやってもらいたい〟と虫のいい話になったんだよ（苦笑）。そうこうしていたら、テレビ朝日の三浦専務が〝お前ら、猪木、坂口を外して何が代表だ！〟と怒り出したんだよな。〝猪木、坂口に新しい会社を創らせて、テレビ朝日が放映する！〟って。それぐらい豪傑だったよ、三浦さんは。〝すぐに元に戻せ！〟ということで、11月に株主総会をやった時に役職も元に戻ったんだけどね。でも、新間さんだけは退社になってしまったから、渉外とかの仕事も俺がやるようになって」

——その新間さんは83年の年末から猪木さんの受け皿として新団体設立の動きを見せ始め、翌年に旧UWFが誕生しました。

「年が明けてから、前田（日明）、ラッシャー（木村）が3月シリーズの開幕戦を無断欠場して、いなくなってな。やっぱり脅威だったよね。新間さんには誰もできないと思っていたアリ戦を実現させたという自信もあっただろうし、俺たちもそれを側で見て知っているわけだからさ。戦々恐々としていたのは確かだよ」

——結局、猪木さんが来なかったことで新間さんは事態収拾を図り、業務提携という形で旧UWFのレスラー及びフロントを新日本に戻すべく水面下で坂口さんと話をしたはずです。84年5月8日に新日本と旧UWFの合同記者会見が行われて、坂口さんも出席していますよね。

「会見に出たのは、まったく憶えてないな（笑）。詳しい経緯は忘れたけど、UWFに関してはとにかく事を荒立てたり、あまり汚くならないように穏便に解決したいということを俺は常に考えていたと思うんだよ。でも、その後に藤原と髙田（延彦）がUWFに移籍するというから契約違反で訴えざるを得なくなったんだ。普通の選手契約だけじゃなくて、テレビ朝日との専属契約もあったから」

——クーデター派の中心人物だった営業部長の大塚直樹さ

大塚直樹氏と馬場が握手したことで、マット界の勢力図は大きく変わる。新日本プロレスから総勢13名の選手が離脱して、新日本プロレス興行に移籍。同社はジャパンプロレスに社名を変更し、一大勢力に変貌した。

んは同年11月に退社し、新日本プロレスの大会をプロモートする兄弟会社的な『新日本プロレス興行』(後のジャパンプロレス)を設立しました。その後、両社の関係がギクシャクすると馬場さんが大塚さんに声をかけて全日本プロレスと新日本興行が業務提携することになりますが、坂口さんとしては当然、阻止したかったと思います。

「それはそうだよ。でも、もうすでに提携発表の記者会見の会場を押さえているというから、それを新日本と全日本のオールスター戦計画の発表にすり替えようと思って馬場さんと連絡を取ろうとしたんだけど、馬場さんが電話に出ないんだよ(苦笑)。結局、馬場さんと大塚は一緒に記者会見をやっちゃったんだよな。俺は株主総会でも大塚たちの立場を庇ったし、専務の永里さんと〝全日本と提携するのは止めとけ〟と年間の具体的な興行数とか、いい条件を大塚に持っていったんだよ。大塚はウチが一番いい時の営業部長でね。信頼していたし、プライベートでもゴルフをやったり、麻雀をやったりしていた仲だったから、最終的にウチから独立して新会社を創ってプロモーターとしてやっていくことになった時は応援したし、大塚のところがウチの興行を手掛けてくれることで客入りが良くなればいいと思っていたしね」

――その後、新日本プロレスが大塚さんに契約解除を通告し、新日本興行は引き抜き宣言をするという最悪の事態になってしまいました。

「俺が〝5匹の狸に騙された!〟と言ったやつだよな(苦笑)。あの時は大阪でシリーズが終わって、ホテルで打ち上げをやって…その後、長州と谷津(嘉章)はニューヨークに行くことになっていたんだよ。だから、〝頑張ってこいよ〟と声をかけたのに、翌日になって東京に戻ったら向こうに行ってるんだもんな」

――この大量離脱騒動が起こる直前のシリーズでは、ストロング・マシン&将軍KYワカマツ(若松市政)のマシン軍団が登場しましたね。

「あれは…キン肉マンにする予定が、クレームが付いてダメになってマシンが生まれたんだよな。タイガーマスクがいなくなって、すぐにジョージ(高野)がザ・コブラとしてカルガリーから帰ってきたけど、やっぱりインパクトがあるマスクマンが欲しかったってことだったと思うよ」

――マシンは若松さんがマネージャーになった経緯について、〝俺から頼んだわけじゃない〟と言っていましたが。

「若松は平田(淳嗣)とは別の形でカルガリーから帰国して、野毛の合宿所の舎監をやっていたんだよ。ウチの顧問になった吉原(功)さんに、〝真面目で誠実な人柄だから〟と頼まれてね。マシンのマネージャーになったのは、タイミングが合ったというだけで最初から考えていたことじゃないんだよ。その年の8月のパキスタン遠征で、たまたま俺が白い民族衣装とムチを土産に買ってきていたから、それを渡してね。体育館の拡声器も持たせてよ（笑）。そんな若松も途中で偉くなったけどな」

――90年に起きたSWS引き抜き騒動の時ですね。

「〝私の後ろに誰が付いているか知っていますか？　大変なことになりますよ〟って（笑）。メガネスーパーの田中八郎氏のことを言っていたんだよ。ウチはジョージと佐野（直喜＝巧真）を引き抜かれたけど、裁判で勝ってメガネスーパーからはちゃんと違約金を取ったよ」

――話を戻すと、84年の暮れには『第5回MSGタッグリーグ戦』参加のために来日したダイナマイト・キッド&デイビーボーイ・スミスが出場をドタキャンし、キャピトル東急ホテルで全日本の『世界最強タッグ決定リーグ戦』参加を電撃発表するという事件が起こりました。この引き抜きを事前に察知していた坂口さんは2人の契約書を持ってホテルに急行し、記者会見前にロビーで報道陣と談笑していた馬場さんに対して猛抗議しましたね。

「あれは安達がやったんだよ。安達はカルガリーでウチの若い連中の面倒を見てくれていたんだけど、吉原さんが7月にウチの顧問になった縁で同じカルガリーに住む大剛（鉄之助）さんがガイジンを呼ぶブッカーになってね。安達は、それが面白くなかったんだろ。馬場さんに文句を言いに行った時は頭に来ていたから、車の中で時計とかも外してよ。安達たちが何かしてきたら、こっちもやってやろうと思ってた。あのキッドとスミスの引き抜きはメチャクチャだったよな」

――改めて振り返ると、選手やフロントがどんどん抜けていった84年は新日本の歴史の中で最も危機に陥った年かもしれません。それに伴い、テレビ中継の視聴率も興行成績も落ちていきましたが、坂口さんは新日本の行く末をどう考えていたんですか？

「あの時期、いたのは俺と猪木さんと藤波、木村ぐらいだ

84年は旧UWF、ジャパンプロレスの設立で選手が大量に離脱した反面、新弟子の入門に関しては豊作の年となった。85年11月に武藤敬司がアメリカ武者修行に出発した際、坂口も同行。ケンドー・ナガサキに武藤のサポート役を頼んだのも坂口である。

ろ。あとは若いのばっかりだったもんな」

——選手の離脱が続く一方で、84年は武藤敬司、蝶野正洋、橋本真也、船木優治（誠勝）、野上彰（ＡＫＩＲＡ）らが入門しました。そういう面では当たり年でもあるんですよね。

「その年の9月に橋本をデビューさせて、長州たちの離脱騒動が起こってから、すぐに武藤と蝶野をデビューさせたじゃない？　あの頃は〝若手の中でも身体が大きいこの3人は、5年もしたらトップに食い込むだろう。5年辛抱すれば、何とかなる〟と信じていたよ。だから、興行的にもテレビ的にも苦しい時代が続いたけど、武藤は1年もしないうちにフロリダのヒロ・マツダさんのところ（ＣＷＦ）に連れて行ったし、蝶野も橋本も敢えて早い時期に海外修行に行かせたんだよ」

——85年に入っても全日本プロレスとの企業戦争は終結する気配がなく、今度は新日本がブルーザー・ブロディを引き抜きましたね。

「その前に全日本から引き抜いたブッチャーは、ウチでは活かしきれなかったよね。この年の1月に猪木さんとシングルをやって負けたのが最後の来日になったのかな。そんなにしょっちゅう来ていたわけじゃないし、ウチのリングではパッとしなかったね」

——結果的に、ブッチャーと入れ替わるようにブロディが来たことになりますね。実はブロディを全日本から引き抜いた黒幕が誰なのか不明な点が多いんですよ。

「それはヒロ佐々木（ミスター空中の兄）。猪木さんの格闘技戦の相手として、小錦のお兄さんのアノアロ・アティサノエを引っ張ってきた男だよ。日本で動いたのは山本さんだったと思う。まあ、あの頃のブロディは全日本でも浮いていたんじゃないの？　長州をガイ（※相撲用語でひどい目に遭わせること）にしたんやろ」

——同年3月9日、全日本の両国国技館大会で組まれた長州&谷津vsブロディ&キラー・ブルックス戦のことですね。ブロディは長州さんを格下扱いするようなファイトぶりで、かなり荒れていました。当時、ヒロ佐々木はハワイでピーター・メイビア夫人のリア・メイビアが手掛ける『ポリネシアン・レスリング』でファイトしていましたが、この時期の新日本は積極的にハワイマットと交流していましたね。

「元々、俺は亡くなったピーター・メイビアと仲が良かったんだよ。ハワイも好きでしょっちゅう行っていたし、奥さんが相談に来て、そこから付き合いが始まったんだな。向こうはひどいリングを使っていたから、新日本の海外用リングをハワイに持っていってさ。新日本の試合のテープも向こうの日本語のＫＩＫＵテレビで流してね。そういう関係だったから、俺や猪木さんをはじめウチの選手も頻繁に行ったし、ガイジンもアメリカに帰国させる途中に送ったりしていたんだよ。アンドレも行ってくれたからね。ハワイとの交流は面白かったよ。小さいところでやっていたのが、とうとうアロハ・スタジアムに進出したからね」

――85年は坂口さんの外交手腕によって、全日本に大反撃した年でした。メキシコ修行に出ていた越中詩郎は1月31日付で全日本に辞表を送付しましたが、坂口さんは翌月にハワイに呼んで会っていますよね。

「それは大剛さん経由で話が来たんだよ。越中は三沢（光晴）と2人でメキシコに行ったけど、三沢はタイガーマスクになって帰国して一人だけ残されちゃったんだろ。それが面白くなかったみたいでね。〝それならハワイに行く時に来いよ〟と呼んであげて、話を聞いて。その後、ロスにも呼んだのかな」

――4月と6月に会っていますね。

「メキシコでロクなものを食っていなかったみたいで、越中は凄い食べてた。うどんとか食わせてよ。安いもんだよな（笑）。新日本でやりたいということだったから、〝馬場さんに挨拶に行け〟と全日本の巡業先の八戸に日帰りで行かせたんだよ（7月12日）。でも、馬場さんの許しは出なかったんだよな。そこで新日本がアジア進出に向けて立ち上げたアジアプロレス協会の岩田（浩）会長と全日本の松根（光雄）社長に話し合ってもらってね。最終的にアジアプロレスの所属として新日本に上げるということで落ち着いたんだよ。越中はウチに来てから、すぐにジュニアで頑張ってくれて、UWFが戻ってきた時には髙田なんかといい試合をやったよね」

――越中は8月23日の東村山大会で初めて新日本のリングに上がりましたが、この日はスーパー・ストロング・マシン、ヒロ斉藤、高野俊二の3選手が無断欠場してカルガリー・ハリケーンズ結成へと走りました。

「マシンたちが離脱したという報告を受けた時には、〝またか〟という感じだったよ（笑）。さっきも言ったけど、あの当時はオフが終わってシリーズの開幕戦になると、〝全員来てるか？〟って（笑）。そんな心配ばかりしていた時代だった」

85年に全日本プロレスから引き抜かれた越中詩郎は85年8月23日、東村山市民スポーツセンターから参戦（ブラック・キャットに勝利）。この時期、新日本はザ・グレート・カブキにも誘いの声をかけている。

――マシンたちが離脱した時、坂口さんはロスで全日本の桜田一男、プリンス・トンガ（キング・ハク）の獲得に動いていましたね。

「これも大剛さんからの話で、ロスのホテルに2人を連れてきたんだよ。桜田は全日本の所属だったけど、海外が長かっただろ。向こうで嫁さんももらってね。前々から桜田には向こうで会った時に、〝何かあったら来いよ〟みたいな話をしていたんだよね。それで10月から外国人扱いでウチに来ることになったんだよ」

――その翌日、馬場さんがハワイからロスに駆けつけて坂口さんと会っていますよね？

「そこで馬場さんといろいろ話をしてね。〝マシンたちの引き抜きに全日本は関与していないし、上げるつもりはないからトンガは引き抜くなよ〟と。馬場さんは、そういうところはちゃんと守ってくれたよね。実際にウチとの契約（翌86年3月末日）が切れるまで、マシンたちを全日本のリングで使わなかったから」

――坂口さんはロスで馬場さんと会った後、ニューヨークでWWFのビンス・マクマホン・ジュニア、フロリダでヒロ・マツダ&デューク・ケオムカと会談し、さらにダラスでフリッツ・フォン・エリックと会って新日本とWCCWの業務提携を成立させてから帰国しました。エリックは馬場さんと仲がいいイメージがあったので、これはちょっと驚きでしたよ。

「ダラスはデュークさんの紹介。あの2人は昔から仲がいいんだよ。デュークさんはフロリダに行く前に長年ダラスでファイトしていて、エリックとの一騎打ちはドル箱カードだったらしいよ。〝エリックのアイアンクローと俺のストマッククローの対決で毎週、フルハウスにしていたんだ〟とよく言ってたから。俺も修行時代（68年）にデュークさんの紹介で3ヵ月間、ダラスでファイトしたしね。そんな関係もあって、改めてデュークさんを通じて話をして、10月にエリックの息子たち（ケビン&ケリー）を呼んだんだよ」

――この時期の坂口さんは、海外マーケットの開拓に奔走していましたね。

「シリーズ中はマッチメークをやって、シリーズオフになったらブッカーとしてガイジン選手を探しに行っていたよな。エリックのところだけじゃなくて、マツダさんの紹介でオクラホマのビル・ワットのところ（中南部地区のMSWA）とも業務提携できたしね。あそこからはトップのスティーブ・ウィリアムスを引っ張ってきたのが収穫だったよ（86年7月に初来日）。ただ、ウチがニューヨークに年間4～5万ドルの業務提携料を払っているのをエリックもワットも知っていたから、すぐに〝ブッキング料はいくら払ってくれるんだ？〟という話になるのには参ったけどよ（苦笑）」

――この年の10月末日で長年続いたWWFとの業務提携が終了してしまいますが、それを見越しての開拓だったんですか？

「前の年にビンス・マクマホン・シニアが亡くなった時、俺も新間さんと一緒にフロリダでやった葬式に行ったよ。それでビンス・マクマホン・ジュニアと、とりあえず1年契約を交わしたんだよね。そろそろ1年になるからってエリックに会う前にニューヨークに行ったら、マクマホン・ジュニアが〝次から業務提携料を100万ドルにする〟とか言い出してよ。それも凄い剣幕なんだよ。5万ドルがいきなり100万ドルだからな。そんなもん、払えるわけないだろ（笑）。そこでWWFとは終わったよ。だから、あの頃は常にアンテナを張っていたよね。大剛さんもマツダさんも動いてくれたし」

――大攻勢に転じた85年でしたが、年末にはブルーザー・ブロディ＆ジミー・スヌーカが『IWGPタッグリーグ戦』決勝戦をボイコットするという大事件が起こりました。

「ブロディっちゅうのは変にプライドが高いんだよ。他のガイジンを持ち上げると北向いたり（※相撲用語でヘソを曲げること）、試合をするのしないのって時間ギリギリに会場に来たりとかね。トラブルメーカーだった。ブロディたちは上野駅まで行って、仙台に向かう列車には乗ったんだよね。でも、発車間際に飛び出していっちゃったというんだから信じられないよな」

――同じ日、全日本は『世界最強タッグ決定リーグ戦』最終戦で私は日本武道館にいましたが、〝ひょっとしたら、ブロディが来るんじゃないか？〟と報道陣は色めき立ちました。馬場さんは、〝ブロディに来る度胸はないだろ〟と言っていましたが。

「ブロディのことだから、誘いを待ってたんじゃないの（笑）。馬場さんとは夏にロスで話して以降、日本でも何回か会っていたんだよ。そこでこういうブロディのワガママみたいなものを許しちゃいけないし、業界の秩序を保つためにということで、双方の弁護士立ち会いの元、日本人もガイジンも含めた引き抜き防止協定書を作成して締結したんだよね。年末、ハワイ遠征に行った時には俺と猪木さんで馬場さんのマンションにも行ったしな。あの頃がウチと全日本の関係が一番いい時だったんじゃないかな」

――そこから統一コミッションを創ろうという話に発展したんですよね？

「年が明けて、86年の4月には話が具体化していたからね。アントンハイセルが大変な時に佐川急便の佐川（清）会長が結構、援助してくれて、その関係で新日本も応援してくれるようになったんだけど、猪木さんは馬場さんにも佐川会長を紹介したんだよ。そうした中で統一組織を設立して、

新日本に世代交代の波が迫ってきた。85年12月12日、宮城県スポーツセンターで行われた『IWGPタッグリーグ戦』決勝は藤波辰巳＆木村健吾が猪木＆坂口を破り、感動の優勝。坂口は足を負傷しており、試合は猪木のローンバトルが続く展開だった。

プロレス界をきちんとした形にしようって話になってね。佐川会長も〝そういうことなら私も応援するから、やってください〟と」

――86年の半ば頃、馬場さんと猪木さんが揃って京都の佐川会長宅を訪れたのは公然の秘密になっていたような記憶があります。

「あの時期は〝コミッショナーを誰にするか？〟とか、お互いの弁護士も入れて具体的に話が進んでいたんだよ。月に1回はミーティングしていたんじゃないかな。馬場さんと猪木さんの統一コミッションに関する合意の覚書を作成して、それを佐川会長に提出したんだから。ところが、途中で余計な第三者が介入してきたことで嫌気が差したのか、馬場さんも猪木さんもパッと引いてしまったんだよね。もし、あの話がストップしないで進んでいたらプロレス界も変わっていただろうね。あれはもったいなかったな」

――話をリング上に戻しますが、この頃から新日本は世代交代の波が徐々に押し寄せてきます。ブロディのボイコット事件が起きた『IWGPタッグリーグ戦』は猪木＆坂口の黄金コンビを撃破した藤波＆木村が優勝、しかも藤波さんが猪木さんからドラゴンスープレックスで3カウントを奪うという劇的な結末でした。

「あの時代はまだ三銃士も若手だったし、藤波と木村しかいなかったから、彼らに賭けるしかなかったよな。藤波が

自力での興行活動継続が不可能になった旧UWF勢が新日本に出戻り参戦。「UWFが来れば話題になって、お客さんが入ると期待してたんだけど…」（坂口）。

猪木さんをフォールしたのも大きかったけど、木村が藤波に迫る勢いがあったのもマッチメークする上では大きかったんだよ。藤波と木村の一騎打ちだけで、ワンマッチ興行というのをやったろ（87年1月14日）。あれも後楽園ホールが満員になったもんな」

――『IWGPタッグリーグ戦』最終戦を前に、85年12月6日の両国国技館大会では活動停止に陥った旧UWFの前田日明、藤原喜明、木戸修、髙田延彦、山崎一夫がリングに上がって年明けからの新日本マット参戦をアピールしました。このUWF勢との業務提携は、山本小鉄さんが主導する形で進められたんですよね？

「山本さんが大阪にいた前田の空手の師匠（田中正悟氏）と話をしたんだよ。その時は、〝金を貸してUWFを応援したけど、回収できないから新日本で持ってほしい〟という話だったと思うよ」

――86年になってUWF勢が戻ってきたはいいものの、坂口さんはマッチメークに神経を使っていた印象があります。

「いやあ、あいつらはロープに飛ばないしよ。星野さんなんかは試合が終わった後に、〝何を考えてんだ、この野郎！〟って控室に殴り込んだりとかな（笑）。そうやってギクシャクしていたけど…やっぱりみんなプロだから、何だかんだと言いながら手を合わせてやってたよ。越中なんかは、よくやられてたよな。でも、一番の問題はUWFが来ても、お客さんが全然入らなかったんだよ。毎日、何百人とか冷えた時代だったよね。それで例の水俣の事件があるんだよ（笑）」

——UWF勢が参戦してきて1年後、87年1月23日に新日本とUWFの選手が親睦のために宴会をして、熊本県水俣市の旅館を壊してしまったという伝説の事件ですね。

「移動も別、宿舎も別、控室も別…顔を合わせるのはリングの上だけで、しかもギスギスした感じで1年近くやっていたけど、それじゃ上手く行くわけがないよな（笑）。だから、〝みんなで、ちゃんこでもやれ！〟とね。そこで武藤が〝UWFが来たって客が全然入らないじゃないですか！〟とか言ったら、前田が〝この野郎！〟となっちゃってよ（笑）」

——あの日は全員が泥酔していたようで証言の食い違いも多いんですが、坂口さんの記憶では？

「俺が2人を座らせて、〝いいから飲め！〟と一升瓶で焼酎を飲ませたんだ。前田にはずっと本物の焼酎を飲ませていたけど、武藤には途中から水を注いでよ（笑）。そうしたら、前田が途中でそれに気付いてね（笑）。〝いいから飲め、この野郎！〟、〝やるのか、この野郎！〟、〝ちゃんこを片付けろ！〟と今度は俺と前田が揉めちゃって（苦笑）。それを見ていた武藤が怒って、前田と外に出て行って殴り合ったんだよ。最後は俺が前田をビール瓶で殴ったのかな？まあ、俺もよく憶えてないんだけど（苦笑）。あとは髙田がフルチンで歩いてた（笑）。船木は相変わらず泣き上戸で、泣くしよ。3階のトイレはゲロが詰まって、噴水みたいになったり（笑）」

——最後の最後は、どうなったんですか？

「確か俺と猪木さん、荒川なんかで2〜3時頃まで飲んでたよ（笑）。メチャクチャな宴会だったけど、次の日になったら、みんなケロッとしていてね。武藤はお客さんに見せられないぐらい顔が腫れていたから、試合で怪我をしたことにして欠場にしたけどよ（苦笑）。まあ、そんなことがあってから、みんなの心が少しは通じるようになったというのかな」

——元々は同じ釜の飯を食っていた先輩後輩ですからね。でも、坂口さんはマッチメーカーとして最後まで猪木vs前田のシングルは組みませんでしたよね。

「ちょっと猪木さんは嫌がったね。前田に関しては、例のアンドレ戦もあったしな」

——86年4月29日、津市体育館でのセメントマッチですね。あれも諸説ありますが、坂口さんの見解は？

「ガイジンがみんなで〝あいつは生意気だから、やっちゃえ〟とアンドレを焚きつけたんだろ。あの試合はテレビ中継も入っていたし、俺も不穏なものを感じたから、試合前にアンドレには〝ちゃんと試合をしてくれよ〟と念を押しといたんだけど、あんな感じになっちゃって。前田はその年のドン・ナカヤ・ニールセンとの異種格闘技戦の時も終わった後に、〝ニールセンを焚きつけたんでしょ？〟とブツブツ言ってたからね。でも、いい試合だったし、あれで前田の名前も上がったんだから。そういうのを考えると、お互いに疑心暗鬼っちゅうか信頼関係を築くのは難しかったのかな」

――坂口さん自身は同年11月24日、札幌中島スポーツセンターで前田日明と一騎打ちを行いましたよね。結果は、コーナーに前田を逆さ吊りにしたまま攻撃を続けて反則負けになっています。

「本当は、あの日は前田vsブロディを組んでいたんだよな。8月にハワイのアロハ・スタジアムで俺たちが試合をした時に、〝やっぱり新日本に上がりたい〟ということだったから、すぐに呼んでやってよ。でも、11月に札幌の目玉カードとして前田との一騎打ちを組んでいたのにドタキャンして来なかったから、俺が急遽やったんだよな。アキレス腱固めをやられても、〝そんなもん、効くか！〟とすぐに立ち上がってな（苦笑）」

――坂口征二の強さが際立った一戦として、記憶に残っているファンは多いと思いますよ。

キャリア後半の坂口の試合でファンを最も熱くさせたのは、この前田日明との一騎打ちだろう。結果は9分55秒、暴走した坂口が反則負けとなったが、ブルーザー・ブロディの来日ドタキャンによる失望感を現場責任者として見事に打ち消した。

「俺は、ああいう試合は好きじゃないな。キックなんか一歩間違えたらKOされちゃうから、どうしても構えてギクシャクした試合になっちゃうよ。それが観ている人間には面白いのかもしれないけどな。まあ、昔のレスラーは何が来ても大丈夫なように常に準備していたよ。猪木さんなんかもよくやってたろ（苦笑）」

――この86年は若手が台頭してきた年でもあり、春の『第

2回ヤングライオン杯』では前座戦線の人気者だった山田恵一（獣神サンダー・ライガー）が初優勝して9月にイギリス武者修行に出発しました。

「とにかく早く成長させるために、若い人間は積極的に海外に出したよ。山田の場合は身体が小さいために日本でプロレスラーになれなくて、自力でメキシコに行って、そこで入門を直訴してウチに入って努力して這い上がってきたというファンが共感するようなストーリーがあったよね。次の年には佐野と畑（浩和）をメキシコに行かせたし、蝶野をヨーロッパ、橋本をカルガリーに行かせて。あの当時は海外に出て一人前になるようなシステムだったからね」

――海外に出る選手がいる一方で、武藤敬司がアメリカ武者修行を終えて86年10月シリーズに凱旋帰国しました。武藤の場合は、『スペースローンウルフ』というキャラクターを与え、新日本では過去に例のないアイドル的な売り方をしましたね。

「あれは外注というか専門のスタイリストに頼んでコスチュームを作ってもらったり、外部のブレーンのアイディアを取り入れながらイメージ作りをしたんだよね。その『スペースローンウルフ』というキャッチフレーズもそうだし。ヘルメットも被ってたな。あれはちょっとウケなかったけど（苦笑）」

――武藤の帰国第1戦は10月13日の後楽園ホール大会で、藤波さんとのシングルマッチが組まれましたが、この試合は『ワールドプロレスリング』が金曜夜8時から月曜夜8時に移行した初回の放送で流れたんですよね。

「ずっと続いた金曜夜8時の放送がなくなってしまったのは残念だったけど、あそこで武藤を出したのは新しい時間帯になって、そこに新しい選手が出てきてインパクトをつけるという番組的な意図はあったよね」

――武藤は映画『光る女』の主演も務めるなど多角的に売り出しましたね。

「実際には、あまりパッとしなかったけどな（苦笑）。最初、助監督が巡業に付いてきて、武藤にセリフの勉強をさせていたんだよ。でも、その人は麻雀好きでね。地方に行くと、俺、星野さん、武藤、その助監督で毎晩、麻雀（笑）。俺たちに巻き上げられて泣いてたよ。もう演技の勉強なんかできやしないよ（笑）」

――87年になるとジャパンプロレスが分裂し、長州力らがUターンしてきました。新日本としては起死回生の一策だったと思いますが。

「あの当時は興行的にもテレビ的にも苦しかったのは確かだし、俺も長州たちが必要だと感じていたんじゃないかな。でも、これでまた全日本とギクシャクしてしまったよね。この時はUWFの連中も面白くなかっただろうな。UWFとの関係をちゃんとしておけば、長州たちにまで手を出さ

87年に長州軍団がUターン後、新日本のリング上では新旧世代闘争が勃発。坂口もナウリーダーズの一員としてニューリーダーズを迎え撃ったが、長州と藤波が再び対立したことにより、この路線は4ヵ月しか続かなかった。

なくて良かったかもわからんな」

——長州軍団が戻ってくる直前にレギュラー中継が今度は火曜夜8時に移行し、『ギブUPまで待てない！ ワールドプロレスリング』がスタートしました。

「おちょくった番組で、視聴率も悪かったんやろ？」

——新日本側としても本意ではなかったと思います。

「でも、拒否できなかったよ。どういう形であれ、ゴールデンタイムで放映してくれることが大事だったから。当時、放映料が年間で5億円ぐらいだったんだよね。それを失うわけにはいかなかったよ」

——結局、半年で再び月曜夜8時に戻るんですが、その初回放送はアントニオ猪木vsマサ斎藤の巌流島決戦でした。

「あれはお客さんを入れない試合だったから、辻井会長は〝興行会社として、どうなんだろうか？〟と言っていたよ。そこで幟を1本＝10万円で募集したら、1300万円の収益になってね。でも、あの時は興行収益が上がらなくても話題になることが重要だった。試合中には取材のヘリコプターが飛んでくるし、内容的にも話題的にも凄い試合だったよな」

——話題といえば、これも視聴率回復の一環だったと思いますが、同年10月にビートたけし率いるTPG（たけしプロレス軍団）が新日本に挑戦状を叩きつけました。しかし、12月27日の両国国技館大会にTPGの刺客としてビッグバ

前田の長州顔面蹴撃事件で、マット界の勢力図は再び大きく変わった。新日本が下した解雇処分は再交渉（再雇用）を前提としたものだったとも言われているが、前田は新生ＵＷＦを旗揚げし、時代の寵児となる。

ン・ベイダーが初登場すると、怒り狂ったファンによる暴動に繋がって。

「ああいうのは猪木さんならではの発想だよな。その前の海賊男とか（苦笑）。でも、俺としたら〝ちょっとなあ〟という感じだったよ。両国は暴動になっちゃって、俺は警察と消防署に謝りに行ったしね。消防署からは文句を言われたなあ。火を点けたお客さんがいたから。実は年明けにも両国国技館を借りようと申し込んでいたんだけど、相撲協会に謝りに行ってね。その時の担当だった放駒親方（元大関・魁傑＝後の理事長）に〝すみませんでした。お願いしていた件はご辞退申し上げます〟と言ったんだよ。放駒親方には、〝そうしてくれたら、ウチも嬉しいよ。こちらから貸さないと言うよりも、そちらから辞退してもらった方がいいから。坂口さん、お互いにプロだから、また何かあった時にはいつでも貸せるようにするから〟と言ってもらったんだよね」

――87年は長州軍団の引き抜きで始まり、両国の暴動で終わるという波乱に満ちた年でしたが、もうひとつ大きな事件がありました。11月9日の後楽園ホール大会で前田日明が試合中に長州力の顔面を蹴って右前頭洞底骨折の怪我を負わせた一件ですが、これにより前田さんは出場停止処分になり、そのまま88年3月1日に解雇されます。

「あれが故意か偶然かわからないけど、やっぱりプロとしたらルール違反だろ。出場停止にしたのは、それに対するペナルティーは当然だけど、あのまま前田をシリーズに出場させたら、どこかでまたアクシデントが起こる危険性もあったからでね。あれは前田自身の身の安全を考えてのことでもあったんだよ」

――その後、年俸の15％ダウン、メキシコ遠征に出して88年4月から復帰というラインで話を進めたものの、前田さんはすべて拒否したんですよね？

「ああ、メキシコに行かせる話はあったね。俺は87年9月にUWAの会長になったから。確か前田は〝メキシコは嫌ですけど、ヨーロッパなら行かせてください〟と言ったのかな。俺としたら、やっぱり解雇はしたくなかったよ。プロレスってさ、リングの上で起こったことは最終的にはリングの上で解決するべきだろ。でも、〝問題が解決するまではマスコミの取材は一切受けない〟という約束を破って、前田が週刊誌（『週刊プレイボーイ』）で余計なことを喋っちゃったから、そこはしょうがないよな」

——87年暮れから、新日本はUWFの選手も個人契約に切り替えていたんですよね。前田さんはこの契約中に解雇となり、髙田、山崎は88年4月からの契約を更新せず新生UWFの旗揚げに参加しました。

「もう垣根を取ってやって行こうってことで、2月に伊豆の土肥温泉で新日本、長州たち、UWFの合同合宿をやったはずだよ。UWFからは藤原しか参加しなかったけどな（笑）。でも、あの合宿は良かったよ。朝、全員で走って順位を決めたり、地引網をやったり。夜は宴会で楽しかったな。UWFには船木と鈴木（みのる）も行っちゃったよな」

——旗揚げの1年後、89年4月ですね。新日本が東京ドームに初進出する直前でした。

「最終的に猪木さんは〝いいよ〟とOKを出したけど、俺はやっぱり船木は欲しかった。今、プロレスに戻ってきていることを思うと、UWFに行かずに三銃士と一緒に新日本を担ってほしかったよね。鈴木は契約が終わる時に、泣きながら〝お世話になりました〟と俺のところに来たよ。だから、〝わかった、ちゃんとしろよ〟と言ったんだけど、今はウチに出てるよな（笑）」

——テレビ朝日『ワールドプロレスリング』は88年3月21日の放送をもって月曜夜8時の枠から撤退し、3週間のオフを経て、4月16日から土曜夕方4時の時間帯に移行しました。同時期に、日本テレビの『全日本プロレス中継』もゴールデンタイムから撤退しています。振り返ってみると、やはりこれは大きな出来事でしたよね。

「新日本もシンの全盛期とかタイガーマスクの頃は、常に視聴率が20％ぐらいあったからね。25％以上の時もあった。〝何だ、20％を切ったんか!?〟とか言っていた時代があったんだよな。それが頑張っても11％とかさ…。15％に届かせることも不可能になっていって」

——坂口さんが現場を仕切っていた時代なので、いろいろと葛藤もあったと思います。

「ゴールデンタイムを外れて夕方の時間帯になった時は前田たちがいなくなっていたし、武藤もその年の1月にプエルトリコに行かせただろ。三銃士の結成は、その後だもんな。長州たちは戻ってきたけど、いなくなる人間もいて、マッチメークに苦労していた時期だったよ」

——あの顔面蹴撃事件が起きていなければ、翌年の新生U

WF旗揚げはなかったでしょうし、前田日明や髙田延彦らが新日本の所属選手になっていたら、また違いましたかね？

「いや、逆にそうなっていたら長州たちの方がギクシャクするかもしれないし、三銃士もチャンスがなかったかもしれないよな。結果論になるかもしれないけど、こういう流れで正解だったんじゃないのかな」

――テレビ中継の時間帯は戻りませんでしたが、元号が昭和から平成に変わった89年の6月、参議院議員選挙出馬を決めた猪木さんに代わって坂口さんが社長に就任してから、新日本は〝冬の時代〟を乗り越えて再び興行会社として黄金時代を迎えましたからね。

「まあ、新日本プロレスというのはさ、常に何かが起こる会社だったから（笑）。昭和の頃の新日本がちゃんとした会社だったら…これはわからないよな。何事もなく、あれだけの人間が何もしないでジッとしていたら飽和状態だよ。誰かが出て行って新しい団体を創るとか、また戻ってくるとか、また出て行くとか…それで新陳代謝があったり、業界が活性化されたりして大きなウネリがいろいろと起こったんだからよ。ただ、あの時代…俺は心が休まる時がなかったけどね（笑）」

元東京スポーツ編集局長の回想

〝激動の昭和〟と〝燃える闘魂〟を語る

櫻井康雄

■元『ワールドプロレスリング』解説者

聞き手＝本誌編集部

本書の最後は、舟橋慶一アナ、古舘伊知郎アナとのコンビでテレビ朝日『ワールドプロレスリング』の解説者を務めた東京スポーツ・櫻井康雄氏の回想録で締め括りたい。

櫻井氏は力道山時代に東スポのプロレス担当となり、続くBI砲時代の隆盛と分裂劇、新日本プロレスと全日本プロレスの冷戦も最前線で見続けた歴史の証人である。また、1979年にはジャイアント馬場とアントニオ猪木の間に立ち、『プロレス 夢のオールスター戦』開催に向けて尽力。原康史名義で綴った著書『激録 馬場と猪木』、『激録 力道山』（いずれも東京スポーツ新聞社）も残している。

2017年4月10日に櫻井氏は逝去されたため、あの名解説を聞くことはもう叶わない。ミスター東スポは昭和のマット界の変遷を、そしてアントニオ猪木という稀代の名レスラーをどういう想いで眺めていたのか？

――櫻井さんが東京スポーツ新聞社に入社されたのは、1961年（昭和36年）になりますね。

「僕はその年の1月に東スポに入社して、4月の『第3回ワールドリーグ戦』から正式にプロレス担当になったんですよ。力道山の最後の黄金時代です。この時はグレート・アントニオという怪物が来て、日本中どこへ行ってもプロレスブームでした」

付き人として力道山の肩をマッサージする若き日の猪木寛至。櫻井氏がプロレス担当になった『第3回ワールドリーグ戦』当時、猪木はキャリア約7ヵ月だったが、同期の馬場正平はシリーズ終了後に早くも初のアメリカ武者修行に出される。

――その頃、18歳の猪木寛至はまだデビューして半年の新人レスラーで力道山の付き人をしていましたよね。

「試合後には控室で力道山の背中を拭いたり、氷がいっぱいのバケツでサイダーを冷やしたりしていましたよ。力道山は試合の後には必ずサイダーを2本、一気飲みしていましたから」

――猪木さんは日本プロレスに入門した当初、力道山の命令により〝ブラジル生まれの日系2世で、日本語は喋れない〟ということになっていたそうですが。

「よくユセフ・トルコが〝あいつは日本語ができないからな〟なんて言っててね（笑）。本人もあまり喋るなと言われていたみたいです。ただ、僕が取材を始めた頃は、もう普通に喋るようになっていましたよ。いつもニコニコしている好青年でね。力道山にも可愛がられていました。よく殴られてもいたけど（笑）」

――その時代をリアルタイムで知らない世代としては力道山に靴べらで殴られたとか、そういうイメージしかないんですが、実際はどうだったんですか？

「確かに、力道山は猪木に対して特に厳しかったですよ。というのは、やっぱり将来性を見込んでいたんでしょう。逆にジャイアント馬場には全然厳しくない。力道山は〝あいつは、あれでいいんだ〟と言っていましたね。言い方は悪いけど、力道山自身の言葉をそのまま借りれば、〝あれは見世物だから〟と。ハッキリ、力道山は僕らにそう言いましたよ。その頃、力道山が一番厳しく鍛えていたのは猪木と大木金太郎。だから、トレーニングの時には目を皿のようにして2人を見ていました。試合では決して派手なパフォーマンスは許さないし、本格的な関節の取り合いをさせてね。ジムでも、そういう練習をさせていましたから」

――当時、道場で猪木さんたちを指導していたのはレフェリーの沖識名さんなんですよね？

「いや、沖識名は総合コーチみたいなものです。練習を見ながら、〝もっとヒンズースクワットをやれ！〟とか、そういう指示はしたけども」

――細かい技術を教えていたのは、どなたですか？

「猪木に関しては、吉原（功）と大坪（清隆）ですね。アマレスのテクニックは吉原が教えて、関節技は大坪が教えていましたよ」

――大坪さんは後輩とのスパーリングで関節を極めてタップした後も離さなかったり、かなり厳しい指導をされていたと聞きます。

「うん、厳しいコーチだったよね。当時の日本プロレスでは、大坪が特に寝技が上手だった。元々は高専柔道をやっていたし、実業団の柔道でも鳴らした選手だから。木村政彦のプロ柔道にも参加しているしね。身体は小さいけど、技は切れましたよ。吉原は〝ネルソンの吉原〟といってね。早稲田大学時代から風間栄一（日本のアマレス創世記に活躍した名選手）の門下で、オリンピックの代表にはなれなかったけど、彼も巧かった。猪木は2人に基本を徹底的に教え込まれていましたね。柔道でいう裸絞め、三角絞め、逆腕固めとか、そういう技は全部、大坪が教えて。足関節技なら足首固め、膝固めとか。柔道では反則なんだけども、これはレスリング技ですから。沖識名も柔道の経験者で、プロレスがストロングスタイルだった時代を知っている人間ですし、芳の里（大相撲での最高位は前頭十二枚目）もよく若いレスラーたちを教えていました。芳の里も強かったですよ」

――今は難しいんですが、当時は道場での練習も自由に取材できたんですよね？

「いや、取材できる人とできない人がいたね」

――櫻井さんは、猪木さんと馬場さんのスパーリングを見たことはありますか？

「ありますよ。ただ、滅多にやっていなかったけどね。僕も2回ぐらいしか見てない。で、すぐに終わっちゃう」

――どちらかがすぐ極めると？

「いや、極まらないうちに馬場がやめちゃうんだよ。まあ、力道山も馬場にはそんなにうるさくなかったし。なにしろ馬場は入門した時から月給5万円の高給取りだから。〝元巨人軍のピッチャー〟というブランド品だし、大事にされていましたよ。大きいということが売り物でね」

――猪木さんの1年後輩にあたる北沢幹之さんは、〝その時代は猪木さんが道場で一番強かった〟と仰っていました。

「ジムでのレスリングということになれば、やっぱり猪木、大木が強かったね。その頃の猪木は非常に地味だったけども、運動機能というのは素晴らしかったよ。それから肉体そのものが凄いバネを持ってた。ジムでは馬場ってマット

力道山道場の三羽烏と呼ばれた馬場、猪木、大木金太郎。日本プロレスの若手時代に猪木は馬場だけでなく、大木からも勝利を挙げていない（9敗29分）。馬場vs大木のシングルは13回組まれ、後輩の馬場が5勝2敗6分と勝ち越している。

の上に、あまり上がらなかったし。それはマンモス鈴木も同じだったね」

──そっちの練習は、それほど熱心にはしていなかったと？

「うん、あまりしてなかったね。北沢が入ってきた頃に、練習場で猪木が一番熱心にそういう練習をやっていたのは間違いないです。一口にプロレスと言っても、いろんなスタイルがあるわけですよ。ご存じのようにプロレスというのは観賞用のスポーツでもあるから、確かに最初から最後までパフォーマンスで行こうと思えば、それで行けるんだけども、力道山という人は基本的にそれをやっちゃダメだという考えだったから」

──櫻井さんから見て、猪木さんはその当時から馬場さんを強く意識していましたか？

「やっぱり意識していたし、大木の存在もかなり念頭にあったよね。猪木はどっちが先にメインイベントを取るかというようなことではかなり意識してたと思うけども、馬場のレスラーとしての実力、いわゆるストロングスタイルという意味での力は、あまり問題にしていなかったんじゃないかな。これは大木にしても同じだったよね。だから、猪木は〝本気でやれば、いつでも馬場に勝てる〟という気持ちを若い頃から持ってた。要するに昔、流行った言葉で言えば、彼はショーマンスタイルだと。パフォーマンスだと」

――その頃の猪木さんの試合は映像が残っていないんですが、どういう選手だったんでしょうか？

「力道山の方針として猪木には派手な大技をあまり使わせなかったから、試合はグラウンドレスリングが多かったですよ。猪木はバックを取るのが非常に上手でね。バックの取り合いから首を決める、腕を決める。要するに、ストロングスタイルの最も基本のような技を中心に試合をやっていましたよ」

――猪木さんの若い頃のフィニッシュホールドは、ネックブリーカードロップだったんですよね？

「そうそう、首を取ったら相手の身体を回してね。背中合わせになって、自分がドーンと腰を落とすという。ドロップキックは最後までひどいぐらい下手だったけども、その頃からだったね（笑）」

――ネックブリーカーは誰に習ったんでしょうか？

「猪木に後から誰に教わったか聞いたら、〝何となく覚えちゃった〟と。その頃のマッチメーカーは沖識名だったから、やれと言われたのかもしれないけど、それ以外のフィニッシュホールドというのは、あまり見たことがないね。もちろん前座の試合だから、そんなに派手なことはできないし。まだ教育期間中ということで、大木にしても最初から頭突きに行くと怒られたりしていましたよ。力道山もよく通路で若手の試合を見ながら、〝極めろ、極めろ！〟と怒鳴っていましたし。その頃、前座で猪木と大木が試合をやったんだけど、最後まで決まらなくて引き分けになってね。控室に戻って、もう一回やらされたそうですよ」

――観客不在ですから、それは〝プロレスの試合〟ではないですよね？

「これはもうマスコミもシャットアウトして、やってるからね。僕は後から田中米太郎に聞いたんだけど、凄かったらしいよ。控室の床はコンクリートで、その上にスノコが引いてあるわけだけど、力道山に〝ここでやれ！〟と言われて10分ぐらいやらされたと。猪木にも聞いたら、そうだと言ってましたよ」

――猪木さんはどうしても馬場さんと比較されてしまうので若手時代に〝雑草〟として不遇な扱いを受けたように思われていますが、試合の記録を見ると、すぐに先輩レスラーに勝つようになりますよね。

「そうですよ。猪木は〝力道山は俺に冷たくした〟なんてことも言うけども、やっぱり力道山は猪木の力というものは認めていましたよ。先ほどもちょっと話したけど、僕らと力道山が酒を飲んでる時に、馬場やマンモス鈴木については〝あれはアメリカに行って、すぐ商売になる。だけど、猪木とか金太郎はこっちで育ててからアメリカに行かせる〟と言っていたから。つまり力道山の言葉で言えば、猪木を〝見世物的な売り方〟はしたくなかったんですよ。だから、力道山は死ぬまで猪木を手許から離さなかったよね。それによく殴られたと言っても、プロレスラーにとって弟子を殴るというのは愛情表現だから。特に力道山の場合はね。別に猪木だけを殴っていたわけではなくて、吉村道明だって僕らの目の前でぶん殴られていたし。吉村はもう中堅というより、メインイベンターでしたけどね。マンモス鈴木なんて、竹刀がバラバラになるぐらい殴られたから。さすがに豊登が殴られたのは見たことないけども」

――今と違って、いわゆる〝かわいがり〟が普通のことだった時代ですからね。

「力道山が猪木を外国に出さなかったのは、ずっと自分の手許に置きたかったということじゃないかな。猪木は、よく力道山のお古の高い洋服をもらっていたしね。〝そのコート、似合ってるね〟なんて言うと、嬉しそうにしていましたよ(笑)。他に付き人で離さなかったのは田中米太郎ぐらいですし。その頃、田中は力道山の秘書みたいな形になっていましたから。他の若手で力道山にあそこまで付いていたのは、猪木だけですよ」

――猪木さんはデビューした翌年のシングルマッチの戦績を見ると勝ち越していますし、コーチ役の吉原さんや大坪さんからも白星を挙げています。単純に数字だけを見れば、周りが先輩ばかりの中で決して悪くないポジションですよね。

「吉原や大坪に勝つのは、これは言ってみれば当然だよね。やっぱり猪木はそれだけの力があったということと、それからご存知のようにプロレスにはマッチメークというものがあって、言葉は悪いけど、吉原や大坪はあくまでも〝生涯前座〟なんですよ。彼らは教える立場で、その代わりに興行では前座。興行的なバリューということになると地味だしね。でも、猪木は将来のエース候補ですから。力道山はそう見ていた。ただ、やっぱり大坪なんかは猪木と厳しい試合をやっていましたよ」

――猪木さんはデビュー2年目で『第4回ワールドリーグ戦』にエントリーしていますが、キャリアを考えれば大抜擢ですよね。

「そうですよ。しかも、この時はルー・テーズが優勝候補ですからね。力道山は猪木をぶつけてるでしょ」

――62年5月3日に鹿児島県立体育館で対戦し、1R4分25秒、パイルドライバーで猪木さんが敗れています。

「一発でやられちゃってね。でも、猪木は全力投球でぶつかって行ったんじゃないかな。あの時代にテーズと対戦させるということは、力道山の猪木への期待度がそれだけ大きいということですよ。このリーグ戦では元NWA世界チャンピオンのディック・ハットンともやってるしね。当然、猪木が負けてるけども」

――この年の11月にリングネームが本名の猪木寛至からアントニオ猪木になりましたが、ネーミングの理由に関しては諸説あるんですよ。

「付けたのは当時ナンバー2の豊登ですよ。別にそんな難しい理由はないんです。ブラジル出身でラテン系の顔をしてるからというイメージ作りで」

――この時代、馬場vs猪木のシングルマッチが全部で16回行われていますが、櫻井さんはご覧になっていますか？

「見ています。馬場には全部負けてるんだよね。なぜかというと、やっぱり当時の力道山は馬場も将来の柱になるという考えで。その頃のランクから行くと、やっぱり馬場、猪木の順なんですよ。僕が印象的だったのは馬場が最初のアメリカ遠征から帰ってきて、三嶋大社でやった試合だな(63年7月28日＝静岡・三嶋大社境内特設リング)。3本勝負をやって、猪木が初めてフォールしたんじゃないかな。試合は1－2で負けるけども」

――3本勝負のシングルマッチは4試合ありまして、この静岡での一戦と同年8月3日、大阪・岸和田港大会で猪木さんが1本取っています。

「まあ、馬場は馬場でまた魅力があったんだけどね。僕から見れば、本当の〝馬場の時代〟って、まだ力道山が生きている時なんです。馬場が最初にアメリカから帰ってきた年が一番良かった」

――63年の『第5回ワールドリーグ戦』に華々しく凱旋した時ですね。

「うん、(力道山没後に) 馬場が2回目のアメリカ遠征から帰ってきて豊登とダブルエースの時代があったけど、その時にアルバート・トーレスにフライング・ヘッドシザースでやられちゃったのを見てね。結局、あれは受け損なって脳震盪を起こして。よく元子さんに〝櫻井さん、意地悪なこと言わないで〟なんて言われるんだけども、僕は馬場のプロレスラーとしての力というのは、あまり買ってないんだよね」

――馬場さんをあまり評価されていないということですが、櫻井さんの中で〝プロレスラー〟というものは、どうあるべきだと？

「やっぱりプロレスラーというのは基本的に競技者じゃなきゃいけない、格闘家じゃなきゃいけないということですよ。もっとやさしく言えば、強くなきゃいけないという(笑)。じゃあ、プロレスとは何だといったら、基本は〝レスリング〟じゃなきゃいけないし。アマチュアレスリングの基本的なテクニックを土台にして、それをさらに昇華させてね。当然、プロフェッショナルだから、それにプラスして魅せる要素も必要だろうし。でも、やっぱり基本はレスリングなんだから強くなきゃいけないし、アスリートじゃなきゃいけない。魅せるだけのカッコだけの技というのもあるけど、あれは言葉は悪いけどね、女だってできるし。昔、僕は〝女子プロみたいな真似するな！〟と若手レスラーによく言ったんだけども。〝当たってねえだろ！〟って（笑）。メキシカンプロレスというのは、またあれはあれでいいんだけども、古い言葉で言えば、やっぱりプロレスはストロングスタイルじゃなきゃいけないし。だから、猪木が新日本の頃に言っていた〝誰の挑戦でも受ける〟という。それがプロレスラーの精神だよね」

——そうした櫻井さんのプロレス観に一番当てはまったのがアントニオ猪木だったということですか？

「うん、日本人の中では猪木だね。それと猪木がどうしてカリスマと言われるまでになったかというと、彼のプロレスに生き様そのものが反映されているわけでしょ。〝猪木イズム〟という言葉があって…まあ、これは最初に僕が書いたんだと思うけども（笑）、プロレスには思想がなきゃいけないという」

——知る限り、プロレスラーで最初に思想やイズムを打ち出したり、人生訓のようなメッセージをファンに送ったりしたのは猪木さんが初めてですよね。

「そうですよ。でも、その遺伝子は力道山から受け継いだものなの。力道山にも、それがあったんですよ」

——思想が、ですか？

「これは余談になるけど、力道山が55年以降の黄金時代にやっていたプロレスよりも、僕は彼が初期にやっていたプロレスの方が好きなんです。彼がシャープ兄弟とやる前、プロレス修行のためにアメリカに行っていた2〜3年の間に書かれた手紙には何のためにプロレスをやるのか、ということが彼の肉筆で書かれているんです。僕が書いた『激録 力道山』の中に少し引用しているけどね」

——力道山は何のためにプロレスをやったんでしょうか？

「まあ、ひとつには金持ちになりたいという（笑）。そこに基本的な考え方があったんだけど、太平洋戦争の終了直後だから、やっぱり日本人のアメリカコンプレックスを吹っ飛ばしてやりたいというのがあったわけですよ」

——日本国民に勇気と夢を与えると。

「あの頃は、日本人に元気がなくなっていた。今と同じだよ（苦笑）。だから、元気を与えてあげたいというね。それはアメリカにいた時点ですでに書いてます、手紙の中に」

——最初からそういう意図で、あの力道山&木村政彦vsシャープ兄弟戦というカードを組んだということですよね。

「あれは力道山自身が選んだ相手ですからね。だから、古い言葉で言うとシャープ兄弟というのは〝紅毛碧眼〟ですよね。青い目をして、胸毛はモジャモジャ、身体はデカい。アメリカの象徴的な男ですよ。まあ、本当はカナダ人なんだけども（笑）」

——猪木さんも95年に北朝鮮で『平和の祭典』を開催した時、金髪で白人のリック・フレアーを相手に〝力道山の弟子が鬼畜米英を叩く〟という構図にしましたよね。

「北朝鮮でのフレアー戦というのは、僕はあまり評価してないんだけどね（苦笑）。猪木は力道山の遺伝子を引き継いで、実践しているんです。それに力道山というのは生き様も、まあ凄かったからね。事業家でもあったし。その分、借金もしたけど、〝借金も財産〟というのが彼の考え方だから。でも、力道山も晩年はね、体力が落ちたなあと思った。無理をした試合をやっていたけども、僕がプロレス担当になった頃というのは、それは凄かったよ。本当に相手を殺してしまうんじゃないかと思うぐらいの迫力があったもの。猪木の試合にも全盛期はそれがあったよね。力道山はよく出自のことを言われるけど、僕から見れば自分が朝鮮半島の血を引いてるということにあまりこだわっていなかったし。偏見を持っていろいろ書いてる人がいるけども、もう本当に典型的な日本人ですよ。日本精神を持っていたんです、彼は。昔、僕が取材した時に力道山が言ってたんだけど、太平洋戦争に負けた時に杉並の疎開していたところから両国へ行ってね。国技館の天井が空襲を受けて焼けただれているのを見て、涙が出たと。そして、〝この野郎、アメリカをやっつけてやろう！〟と思ったと」

――猪木さんは自分でも、そういう〝怒り〟を力道山から受け継いだと言っています。

「だから、猪木というのは力道山の伝統を受け継いだ、その象徴なんですよ。よく力道山の伝統を受け継いだのはジャイアント馬場だと言われるけど、馬場はアメリカンプロレスの中のいわゆるショーマンスタイルの要素をかなり取り入れた。〝明るく楽しく〟というのは、そういうことなんだよね。これは新日本になってからだけど、猪木が僕によく言っていたのは〝格闘が楽しいはずがない〟と。そういう考えが猪木の好きなところかな。それと力道山と猪木の共通点は、とにかく雰囲気が粋ですよ。ファッションも粋だよね」

――猪木さんは、昔から私服もオシャレですよね。

「これは力道山がそうだった。力道山は当時、ペンギンのマークの付いたシャツを愛用していてね。今でこそマンシングウェアなんて東洋紡が作るようになって日本でも安く手に入るけども、その頃というのはアメリカじゃなきゃ買えないわけだから。それと〝G〟というベルトのバックル。今はグッチなんて女の子でもみんな持ってるけども、力道山はまだ珍しかったグッチのベルトを締めていて、腕にはロレックスの時計をはめていましたよ。僕らも最初に会った時に、〝うわあ、カッコいいな！〟と思ったし。力道山は話すことも粋ですよ。猪木だって、そうでしょ。猪木は力道山にもらった高級な古服をちゃんと着こなしていたからね。今は赤いマフラーがトレードマークになってるけども、ああいう粋なセンスがある」

――力道山から、人前に出る人間はどうあるべきか学んだんでしょうね。

「雰囲気ってスーパースターにとって特に大事だと思う。粋じゃないといけない。他の世界チャンピオンたちを見ても、みんな粋ですよ。野暮なやつはスーパースターにはなれない。雰囲気がいいという。これはスーパースターの条件だと思う。そういう粋なやつが今はいないじゃない？アントニオ猪木はカッコ良かったですよ」

――何だかんだ言っても、アントニオ猪木の一番の魅力は見た目のカッコ良さのような気もします。

「見た目だけではなく、内面からも醸し出される雰囲気の粋さだよね。だから、弱いとかいろいろ言われていたけど、バディ・ロジャースなんていうのはカッコいいもんね。ルー・テーズだってカッコいいよ」

――逆に馬場さんが力道山から受け継いだのは、どういう部分ですか？

「馬場が受け継いだものというのは、要するにチャンピオンベルトをもらったよね（笑）。インターナショナル・ヘビー級の。でも、馬場のプロレスと力道山のプロレスはまったく違うものだから」

――そこは体型が違うという理由も大きいと思うんですが。

「馬場は、あのスタイルでいいと思うんだよね。ただ、馬場も力道山の生前、初めてのアメリカ遠征から帰国した時はやっぱり〝力道山スタイル〟をやろうと一生懸命心がけてたよ。だけど、そのうちに段々スタイルが変わってきた。空手チョップのことで、力道山が僕にこう言ったことがあるんだよね。フレッド・ブラッシーとやった時なんだけど、力道山は肩口にチョップを打つでしょ。僕が〝頭に打ったら、どうですか？〟と言ったら、〝馬鹿野郎、俺がやったら死んじゃうよ！〟と。力道山にそう言われたことがある。鍛えている胸だからいいと。急所に打ったら、相手は死ぬんだと。ところが、馬場は脳天チョップをやったもんなあ」

――〝技の説得力〟に対する意識に大きな違いがあると？

「ストロングスタイルということで考えたら、あれはできませんよ。わかりやすい例で言えば、力道山と馬場の違いはそこかな」

太平洋上略奪事件

――力道山が亡くなった後、64年3月に猪木さんはアメリカ武者修行に出発しましたが、66年4月に凱旋帰国する際、いわゆる『太平洋上略奪事件』が起きて東京プロレスに参加することになりますね。

「あの時、東スポは山田隆（後の『全日本プロレス中継』解説者）さんをハワイまで行かせました。僕が代わりにデスクに入って、連絡を受けていましたから。僕は猪木がハワイに入る直前、ロサンゼルスに来た時に電話で喋ってます。猪木の方から国際電話があってね。その時点では、猪木は日プロに戻るつもりだったから。僕にそう言いましたからね。ですから、ハワイに行ってから急に考えが変わったんですよ」

――この時、猪木さんは日本の事情をよく把握できていなかったようですね。

「日本からあっちこっちへ国際電話をかけたりしてたのは、新間（寿＝当時は東京プロレス営業部長）氏で、これは猪木から聞いたんですけど、遠征先のテネシーのホテルに新間氏から電話が来たと。その時に代わって電話に出た豊登から東京プロレスに誘われたけども、猪木はその時点では結論を出していないんですよ。その後、向こうで一緒だったヒロ・マツダにも相談したらしいです。マツダも東プロに誘われていましたからね。猪木の話によると、マツダは〝我々にとっては、日本に帰って試合をするのもビジネスだよ。その辺をよく考えなさい〟と言っていたようだけど、結局、そのマツダは日本プロレスに誘われて向こうに行ったわけだよね（笑）。その後に吉原さんと国際プロレスを創って、猪木と一緒にやることになるけども」

――この時点でマツダさんはすでにNWA世界ジュニアヘビー級王座を巻いていますし、もし東プロに来ていたらエース＝ヒロ・マツダという路線になっていたんですかね？

「いやあ、それはわからないけど、確かにその時は格ではマツダが上ですよね。アメリカでタッグを組んでいた時も

66年1月に日プロを追放された豊登は、ハワイで猪木の略奪に成功。2人は同年4月23日に帰国すると同時に、東京プロレスリング興行の設立を正式に発表した（当初は同年7月下旬の旗揚げを予定）。

マツダがリーダーでやっていたし。年齢も上で、いろいろと猪木の面倒を見ていたわけだしね。ただ、彼が日本に初めて凱旋した時（66年5月の日プロ『ゴールデン・シリーズ』）はウケたんだけども、その路線を続けたとしてウケたかどうかというのは国際プロレスの失敗が証明しているよね。だから、いずれにしろ猪木の時代になったんじゃないかな。マツダと猪木が組んで国際プロレスと東京プロレスが合同興行をやった時（67年1月の国際&東プロ『パイオニア・シリーズ』）はマツダがリーダーシップを取っていても、猪木のファイトの方がウケたからね。それにマツダには、猪木vsジョニー・バレンタイン戦のような試合はできないし」

――この帰国前の猪木さんのハワイ入りは、日プロ『第8回ワールドリーグ戦』への凱旋を前に馬場さんや吉村道明さんたちと合同トレーニングをするという名目でしたね。

「それでハワイへ行ったら、日本プロレスが猪木のホテルの部屋を取っていなかったと」

――すでに日本では東プロに合流するという噂が流れていたようですが、部屋を取っていなかったというのは意図的なものだったんですか？

「いや、これは単に日プロのフロントの手違いだったんだけども（笑）。そこで猪木は、〝じゃあ、いいですよ〟とディーン樋口の家に行っちゃった」

――樋口さんは後に東プロにも参戦されましたし、猪木さんがアメリカ本土に渡る前にハワイに寄った時も一緒でしたね。

「オレゴンでも一緒に試合をやっていたしね。現地に行っていた山田さんの話を聞くと、馬場と吉村の猪木に対する接し方というのが素っ気なくて、猪木の方もちょっと白けていたと。この時は東スポとスポーツ毎夕だけがハワイまで追い掛けたんですけど、言ってみれば、この合同トレーニングというのはその2社へのサービスみたいなものでね」

――ワールドリーグ戦と猪木さんの凱旋帰国を煽るための〝画作り〟ということですよね。

「だから、沖職名も〝そこを走れ！〟、〝写真を撮れ！〟と言うだけで、すぐハワイの自分の家に帰っちゃう感じだったと。その辺から猪木は何か話が違うぞと思い始めたみたい。海岸でロードワークの写真を撮って、馬場も吉村もすぐホテルに帰っちゃうし」

――この時、猪木さんは日本に帰った際の自分の扱いを知りたかったそうですが、そういう状況で日プロを追い出されていた豊登さんがハワイに勧誘に来たわけですね。

「新間氏の話だと、豊登を説得するのも大変だったみたい。金を一生懸命集めて、〝トヨさん、飛行機に乗って行ってくれ〟と。豊登は飛行機嫌いだから（笑）。でも、このまま じゃ猪木は日本プロレスに行っちゃうということで、豊登が来たのはもう日本に帰る直前なんだよね。豊登の切札は、〝このまま日本プロレスに帰れば、お前は永久に馬場の下だ。ワールドリーグ戦に参加したって、優勝するのは馬場だぞ〟と。これも猪木に聞いたんだけども、それで話がだいぶ違うなと思ったみたいだね。猪木は日本に帰ったら、本気で馬場と競争するつもりでいたらしいから。つまり、もうこの時点で猪木の心の中には〝俺は馬場に勝てる〟という自信があったと思うんだよね。それに豊登のことだから、かなりのホラを吹いたみたいで（笑）。猪木もそれは後で笑いながら話していたけど、金もいっぱいあるし、大きな会社（スポンサー）も付いてるし、テレビ局だってすぐ付くと言われて、〝お前がトップだ〟と。僕はハワイで沖さんや吉村、馬場がもっと親切に上手く誘導していれば、猪木は東京プロレスには行かなかったと思う。猪木は日本の事情を知らないんだから。しかも、まだ23歳の若者だしね。猪木も金が何千万もあるというような豊登の話は信用していなかったようだけども、日本プロレス側のハワイでの対応がマズくて、それでフラッとなったというのが僕は真相だと思います」

――そして、猪木さんは東プロのエースになるわけですが、66年10月12日、蔵前国技館における旗揚げ興行でのジョニー・バレンタイン戦は至極の名勝負だったと伝えられています。残念ながら、この試合も映像が残っていないんですよね。

「猪木のベストバウトを10試合選べと言われたら、間違いなくその中に入りますよ。バレンタインというのは凄い迫力のあるレスラーでね。赤坂プリンスホテルで旗揚げの前夜祭をやったんだけど、その時にバレンタインたちの飛行機が遅れて、みんな待たされていたの。レフェリーの阿部修が唄を歌って、場を繋いだりしていて（笑）。そこへいきなりバレンタインが雪崩れ込んできてねえ。猪木が着ていたタキシードをむしり取って、そこから始まったんだよ、物凄い殴り合いが。それはまあ、半分は演出があるんだろうけど、いやあ凄い迫力でしたね。バレンタインというのは暴れると本当に金髪が逆立っちゃって、目も狂気を感じさせるようなレスラーでしたから」

――これもリアルタイムで見ていた方じゃないとわからないことなんですが、猪木さんはアメリカ武者修行に行く前と比べて、かなり変化してましたか？

「うん、やっぱりアメリカの水を飲んできたから。日本プロレス時代というのは、力道山の方針でファイトの幅も非常に制限されていたよね。でも、もう自由にできたし。アメリカで彼はウィルバー・スナイダーと物凄くいい試合をやってるんだよ。これは猪木自身がそう言ってたんだけど、スナイダーといえば当時のストロングスタイルの代表的な選手だから。それから、セントラルステーツではモンゴリ

東京プロレス旗揚げ戦の前夜祭で、猪木とジョニー・バレンタインが乱闘を展開。当時の東京スポーツは日プロ寄りのスタンスを取っており、伝説の猪木vsバレンタイン戦は同日の馬場の6人タッグマッチより小さな扱いだった。

アン・ストンパー（アーチ・ゴルディ）という非常に荒っぽい選手とタッグを組んでね。オレゴンのレスラーの戦い方はロッキーマウンテンスタイルと言ってまた全然違うし、テネシースタイルの荒っぽいファイトも覚えてきた。テキサススタイルも荒っぽいよね、大技を使わずに。東京プロレスで最初に神田のYMCAで公開練習をした時には、フロント・ネックチャンスリードロップという古典的なブレーンバスターを初めて披露してね。そういうものも覚えてきたし、試合をしながらアメリカで覚えてきたことを全部出したという感じなんじゃないかな。だから、もし日本プロレスに帰ってきてワールドリーグ戦に参加しても猪木はいい試合をやったと思うよ。彼が特に影響を受けたのは、僕はサニー・マイヤースだと思うんだけどね。マイヤースというのはね、全盛期にはNWAのジュニアヘビー級チャンピオンにもなっているけども、技は巧い、それからブルファイトも巧い。何でもできる選手でね」

――確かに猪木さんと同じですね。

「それで体型も似てるんだよな、猪木と全盛期のマイヤースって。いわゆる万能の選手。しかも、マイヤースというのは、〝プロレスラーはアスリートでなければいけない〟という信念を若い頃から持っている選手だから。猪木は物凄く影響を受けていると思いますよ。60年の『第2回ワールドリーグ戦』にマイヤースが初めて来た時、僕はまだ学生だったからテレビでしか観ていないんだけども、いやあ素晴らしいファイターでした」

BI砲の結成と離反

——67年1月に東京プロレスが崩壊した後、4月に猪木さんは日本プロレスに復帰しましたが、内心ではやはり屈辱だったんでしょうか？

「まあ、戻らざるを得ないというか、経済的な事情もあっただろうし。アメリカ人の女房（ダイアナさん）も子供（文子ちゃん）もいたしね。それから猪木に付いてくる若手もいた。とにかくいろんな事情があって、日本プロレスの試合を放映していた日本テレビ側や日本プロレスの後援新聞であったスポーツニッポンの後藤秀夫さん、東京プロレスを後援していたデイリースポーツの編集局長だった植田（信治＝後の全日本女子プロレスリング協会コミッショナー）さんとか、みんなで寄ってたかって猪木を説得したという話でね。それで最後は当時、自民党の副総裁で日本プロレスリングコミッションのコミッショナーだった川島正次郎さんが保証人になって、猪木は戻ったと。裏金が動いたとか、いろんなことを言う人がいるけども、僕が後から聞いたところ馬場と同じ条件で戻るという話だったみたいでね。だから、BI砲があるんだけども」

67年4月6日、猪木は馬場が不動のエースに君臨していた日本プロレスに復帰。しかし、すぐにシリーズには参加せず、「トレーニング」の名目で渡米した。北沢幹之によれば、猪木は寺西勇も日プロに連れて行きたかったようだ。

——実際には、日プロのエース＝ジャイアント馬場という路線は最後まで揺るぎませんでしたよね。

「でもね、常に猪木は〝馬場には、いつでも勝てる〟という気持ちを根底に持っていたはずですよ。僕はよく〝猪木の名勝負はどの試合ですか？〟と聞かれるんだけど、一番プロレスラーとしての力を見られたなと思うのは新日本プロレス時代より日本プロレスに復帰してから追放されるまでの時代だよね。あの時期は猪木にあまり名勝負がないと言われたりするけど、いやあ、そんなことはなかったよ」

——日プロに復帰後、猪木さんはアジア&インターナショナルのタッグ2冠王になりますが、翌68年1月に空港トラブルのため広島で組まれたインター・タッグの防衛戦を欠場するという大失態をおかしました。これも諸説あるんですが、原因は何だったんですか？

「ダイアナさんの問題です。あの時はダイアナさんが自殺するとかしないとかいう騒ぎになってね。猪木が東京へ飛んで帰って、試合に間に合わなくて。あの日、僕らは試合場から選手たちと一緒に旅館に帰ってきたんですよ。そうしたら、猪木がもう戻ってきていて。僕らもいたんですけど、旅館の玄関で両手をついて土下座したよね。馬場や社長の芳の里に」

——この年の大きな試合としてはNWA世界ヘビー級王者のジン・キニスキーが来日して、11月29日に室蘭市富士鉄健保体育館でノンタイトルながら猪木さんとのシングルマッチが実現しました。

「猪木はキニスキーと凄くいい試合をしたんですよ。最後はキニスキーのバックドロップで猪木が負けたんだけども、猪木がガンガン攻めて、キニスキーは慌てていたよね。あのキニスキーが猪木に攻め込まれてオタオタしているという。この試合はキニスキーの来日第1戦だったんだけど、結局は猪木以外にキニスキーの力を見るというか引き出せる選手がいなかったということだよね」

——その後に馬場さんはインター王座を懸けてキニスキーと2連戦を行い、初戦はフルタイムドロー、2戦目は反則絡みでしたが、2－1で現役のNWA世界王者を破るという快挙を成し遂げました。結果だけを見ると、この時期はまだBIの間にかなり差がありますね。

「そういう見方をするファンもいるよね。馬場が勝って、猪木は負けたと。ただ、プロレスの担当記者でも、ある程度見る目を持っている人は〝内容〟を見るから。僕は反則勝ちというのは、まったく評価しないんです。それと両者リングアウト。一番安っぽい逃げ方だと思うんだよね。このキニスキー戦の頃から、僕らの見る目では馬場と猪木は並んでるんですよ。この頃は日本プロレスも金があったからアメリカのトップレスラーをガンガン呼んで、凄くいい時代だった。ただし、マッチメークの上では猪木が馬場のおこぼれになっちゃうんだけどもね。特にシングルマッチでは。でも、とにかく猪木がいい試合をやっていたという印象が強いですよ。僕はね、実際に猪木が一番強かったのはこの時代じゃないかと思う」

——振り返ってみると、かなり露骨なんですが、翌69年5月にNETテレビでのレギュラー中継『ワールドプロレスリング』開始が決まった瞬間から日プロは猪木さんを急激にプッシュした感があります。

「結果的にNETの参入というのがプロレスの流れを、歴史を変えたんですよ。馬場の試合は放映しないという条件はあったけども、NETの方は名前よりも実を取ったよね。ただ、解説が遠藤幸吉で、〝柳の下にナマズはいない〟とか何とか変なことを言ってたけども（笑）」

——猪木さんが『第11回ワールドリーグ戦』で初優勝したのは、NETが放映開始を正式に発表した4日後でした。

「あの時は馬場がボボ・ブラジルと引き分けて、猪木がクリス・マルコフを卍固めで破るわけだけども、内容を見たら、よくマルコフとあそこまで凄い試合をやったなという。そこが猪木の力だよね。この時、僕は嫌味を言ったんだ。馬場の脳天チョップが効かなかった、ブラジルの頭が硬いからだろうというような解説をしたんだけど、やっぱり見ていて、あの脳天チョップは迫力がないよね。僕はあれを〝ジャンケンチョップ〟と呼んでるんです。飲み帰りだったかな、本人にも言ったことがありますしね。馬場に〝それはないだろう〟と言われたけども（笑）。要するに、もうハッキリしてきたんですよ、この頃から」

——結局、2局放映になったことで馬場さんと猪木さんの関係も徐々におかしくなっていくんですが、当然、視聴率は日本テレビの方が上ですよね。

「それはそうですよ。だって、馬場と猪木の両方出るんだから。でも、NETは猪木の将来性を見ていたし、いずれ猪木の時代が来るんじゃないかということでね。それで猪

69年春の『第11回ワールドリーグ戦』を初制覇した猪木は、同年7月2日にスタートしたNETテレビ『ワールドプロレスリング』のエースとして変則的なプッシュが始まる。この2局放映による弊害もあったが、猪木自身は馬場よりもゴールデンタイムでの露出が増えることになった。

木を取ったんだけども」

――そこで生まれたテレビ局の対立がＢＩ分裂の一番の原因かなと。

「日本プロレスは金が入れば良かったんだよね、早い話が。当時は客も入っていたし、興行をやればガンガン金が入ってきたし。でも、まさか後々ああいうことになるとは思っていないわけだ。それが当時の日本プロレスの経営陣の頭の悪さだったと思う。だから、潰れちゃったんだけども」

――69年12月2日に、猪木さんが大阪府立体育会館でドリー・ファンク・ジュニアの持つＮＷＡ世界王座に初挑戦しました。この試合は現在でも名勝負として語り継がれています。

「よく猪木と馬場は比較されるけども、特にこの時のドリーとの試合というのはね、猪木と馬場の両方が戦っているからハッキリ比較できるわけですよ。猪木はノーフォールで60分時間切れだったけども、あれは僕も目の当たりで見て本当に最高の試合だったね。ドリーだって、この時の猪木との名勝負がなければ、日本でこんなに強烈なインパクトを残していなかったと思う。その後の馬場との試合なんてのは見られたもんじゃなかったから」

――櫻井さんから見ると、そこまで違いましたか？

「猪木の試合は芳の里がテレビの解説をやっていたんだけど、記者席はテレビ解説席のすぐ側ですから何を言ってるのか聞こえるんだよね。まあ、テレビ用の解説はつまらないことを言ってたけども（笑）、試合が終わった時に〝ああ、力入ったなあ〟と芳の里が深い溜め息をついたの。これが一番の解説だったと思うんだよね。翌日、東京体育館で馬場とドリーがやって同じ時間切れドローなんだけど、どっちが評価されるかといったら僕もストロングスタイルだから（笑）。その時に、僕は今が猪木の全盛期だと思ったからね。それから猪木は翌年にテリー・ファンクとも、いい試合をやってる。これも僕は取材に行っていますけど（70年7月28日＝横浜文化体育館、２－１で猪木が勝利）」

――その70年の夏にドリーは再来日して、再びＢＩを相手に防衛戦をしていますね。

「その時、福岡でやった試合も凄かった（8月2日＝福岡スポーツセンター、１－１から時間切れ引き分け）。猪木がドリーにジャーマンスープレックスを決めてね。その前に大阪で馬場がドリーとやったけど、試合の途中で馬場はへたっちゃって（7月30日＝大阪府立体育会館、１－１から両者リングアウト）」

――真夏でしたし、テレビ用の照明も入ったので、リング上は灼熱地獄だったと聞いています。馬場さんは脱水症状になって、倒れる寸前だったんですよね。

「控室でぶっ倒れて、みんなで馬場に水をぶっかけてね。僕が飛び込んだら、〝まだ待て！〟と入るのを止められた記憶があるけども。この時期だと71年に前橋でミル・マスカラスとやった試合も良かった（3月6日＝群馬県スポーツセンター、2－1で猪木が勝利）。マスカラスというのは非常に難しい相手なんだけども」

――マスカラスは自分が良く見えればいいという試合をするので、対戦を嫌がる選手も多いですから。

「そのマスカラスにパフォーマンスをさせないで、ストロングスタイルのレスリングをさせたという。本当に、いい試合をやったんだよね。それからNWAのチャンピオンになる前なんだけども、ジャック・ブリスコだって猪木とはいい試合をやっていますよ」

――同じ年の8月5日、愛知県体育館でのUN戦ですね。2本目に猪木さんが芸術的なジャーマンスープレックスを決めた試合としても知られています。

「そうそう、僕の見方から言えば比較してみると、もう猪木と馬場は試合内容で完全に差が付いていたよね。67年8月14日に大阪球場でやった馬場vsキニスキー戦というのもね、よく名勝負と言われるけども、あれも僕はリングサイドで見ていたわけだけど、あまりいい試合だとは思っていないし」

――延長戦を含めて65分時間切れ引き分けに終わった伝説の一戦ですね。馬場さんのベストバウトとも言われていますが。

「いいや、僕はあれが馬場時代の峠だと思ってたから」

――ところで、猪木さんは71年3月26日にロサンゼルスのオリンピック・オーディトリアムでジョン・トロスを破りNWA認定UNヘビー級王座を獲得しましたが、櫻井さんの著書『激録 馬場と猪木』では馬場さんは猪木さんがUN王座を巻くのをかなり嫌がっていたように描かれていますね。

「それはもう嫌だったでしょ。だから、69年はワールドリーグ戦で猪木が優勝する。70年は馬場がドン・レオ・ジョナサンに勝って優勝する。それで71年は猪木と馬場が併走していくわけだよね。どっちが優勝するんだと。これは変な話だけど、フロントの中でも土壇場まで論争があったんですよ。馬場で行くのか、猪木で行くのか。面白いことにね、外国人レスラーの中にも馬場シンパ、猪木シンパというのが出てくるんです」

――誰がどちら派なんですか？

「この時はデストロイヤーが参加していて、デストは僕のポン友なんだけど、その頃から大の馬場シンパなんですよ。ずっと馬場の味方なんです。これは馬場の人柄もあって、外国人レスラーにえらいウケがいい。馬場シンパというのは物凄く多くてね。ファンク兄弟もそう。後の行動を見てもわかるんだけど、あれも馬場の味方になってしまってね」

――猪木シンパの外国人というのは、誰だったんですか？

「いや、いないんですよ。というのは、猪木の場合は常に闘志ギラギラ、野心ギラギラで。それは僕はいいことだと思うんだけどね。だから、猪木シンパというのはカール・ゴッチぐらいしかいなかった」

――結局、71年5月19日、大阪府立体育会館での『第13回ワールドリーグ戦』決勝は4強対決になって、猪木さんがザ・デストロイヤーと引き分けて脱落、馬場さんがアブドーラ・ザ・ブッチャーを破って2連覇という結果になりました。

NETは日プロの協力を得て、猪木用の新タイトル「UNヘビー級王座」を用意。猪木は71年3月に同王座を獲得すると女優・倍賞美津子との婚約を発表し、世間から注目を浴びた。そして、2ヵ月後に馬場への挑戦をぶち上げる。

「デストロイヤーと引き分けた瞬間に控室から伝令が飛んできて、猪木が記者会見をやりたいと。僕らは〝これから馬場vsブッチャーをやるんじゃないの！〟って」

――メインイベントの時間にマスコミを呼んで記者会見を開くというのは馬場さんの試合を妨害することになるので、業界のルールに反していますよね。

「うん、サブの記者を一緒に連れて行ってたから〝ちょっと馬場vsブッチャーを見てろ〟と言って、僕は控室へ飛んで行ってね。そうしたら、猪木が〝挑戦したい〟と」

――ワールドリーグ戦は年間最大のシリーズですし、翌日の話題は〝馬場2連覇〟になるはずだったんですが、それを打ち消す刺激的なコメントをフライングで出すというのは二重でルール破りですよね。

「だから、僕はそれだけ猪木が真剣だったと思う。というのは、猪木の思想というのは強いやつが勝つのが当たり前だろう、プロレスはこんなことをやっていたんじゃダメになると。だから、あくまでも実力勝負で行きたいと。マッチメークはマッチメークでそれはいいんだけども、あまりにもそのマッチメークがお粗末だというのが猪木の考え方で。その時、僕は〝ここで言うだけじゃなくて、ちゃんと筋を通すべきだろう。挑戦状を正式にコミッショナーへ出すべきじゃないか〟と言ったんですよ。そうしたら、猪木は〝明日、東京へ帰って、すぐに形としてコミッショナーの事務局へ持っていく〟と。その頃はまだコミッショナーというのが存在していたから。会場には事務局長の門茂男さんがいて、僕が〝猪木が馬場に挑戦したいそうですよ。明日、事務局へ挑戦状を持っていくそうです〟と言ったら、かなり慌てていてね。それで一応、猪木は挑戦状を持っていったんですよ」

——結局、コミッショナーの裁定は2人が戦うのは〝時期尚早〟ということになりました。

「その時の芳の里のコメントが〝2人で世界を制して、他に敵がいなくなったら試合をやればいい〟という話だったんだよ。僕は〝馬鹿言ってんじゃないよ〟と言ったんだけども。猪木の〝どっちが強いか決めよう〟というのは、僕は筋が通っていたと思うんだよね。だから、やれば良かったんだけど、馬場としては絶対に受けられないし。大体、馬場のそういう時のコメントというのは〝俺はやってもいいんだけども、町の喧嘩じゃないんだ。よし、やってやろうと言うわけにはいかない。ちゃんとコミッショナーと日本プロレスのフロントがそういうカードを組むならば、やってもいいよ〟という。それが馬場のスタイルだよね。それで〝やってもいいと言うんだったら、やるよと言ってほしかった〟というのが当時の猪木のコメントだよね。でも、こういう形になってくれれば、当然これは実現しないわけです。だから、コミッショナーが時期尚早ということにしたんだけど、馬場に言わせればね、〝それはプロレスじゃないだろ〟と」

——それも正論なんですけどね。馬場さんに挑戦表明をした後、この年の暮れに猪木さんは会社乗っ取りの嫌疑で日プロを追放されます。猪木さんの目的は選手たちの手で〝放漫経営〟を〝健全経営〟に切り替えることだったとされていますが。

「もうね、どんぶり勘定でメチャクチャだったんですよ。猪木は本気で改革しようとしたんだけど、ちょっと過激だったよね。重役を全員追放するというのは」

——最終的には、猪木さんが社長に就任する予定だったんですよね？

「僕は社長になるというところまでは考えていなかったと思う。ただ、猪木側に会計士の木村（昭政＝後の新日本プロレス専務）さんという人がいて、夜中に日本プロレスの代官山の事務所に入っていってね。経理をやっていた女の子に金庫の鍵を開けさせて、書類を持ち出したんだよね。それで会社の不正を追及するということだったんだけども、結局は選手会がひっくり返っちゃって、シリーズの途中で猪木が追放という形になってね。あの時は、（グレート）小鹿とミツ・ヒライが猪木追放の急先鋒で」

――猪木さんの日プロ最後の試合は71年12月7日、札幌中島スポーツセンターでした。ここで馬場&猪木がザ・ファンクスを相手にインター・タッグ王座を落とすわけですが、ユセフ・トルコさんなど猪木派の方たちはバックステージでかなりピリピリしていたみたいですね。

「トルコもずっと猪木支持派だから。猪木がメインイベントでやる試合は、トルコがレフェリーをやるという構図ができていたでしょ。それで結局は猪木が飛び出してね。代々木上原の病院に入っちゃったんだけど」

――右輪尿管結石症で緊急入院して〝面会謝絶〟ということだったんですが、当時の記事を見ると櫻井さんは病室の中に入っていますね（笑）。

「まあ、実際には病気じゃなかったんだけども（笑）」

――これは猪木さんも仮病だったと告白していますから。

「あの時、猪木は上田（馬之助）よりも馬場に裏切られたという感情が強かったね。だって、馬場はハワイに行っちゃったんだから、騒ぎになった時に（苦笑）。選手会長をさっさと降りてね。結局、日本プロレスも猪木を告訴できなかったし、猪木も告訴しなかった。ただ、猪木は日プロに凄い金額を借りてたんだよね」

――1億円と言われた倍賞美津子さんとの結婚式の費用ですね。

「でも、猪木は返したから。あれは倍賞美津子が偉かったよね。いろいろ工面して。あの時、猪木も倍賞美津子がいたから崩れなかったんじゃないの。僕はそう思うな。彼女はかなりの賢夫人だったよ。後にいろいろ問題になったけども（苦笑）」

新日本プロレスの旗揚げ

――72年4月に新日本プロレスを旗揚げした時、猪木さんは東プロが崩壊した時以上に四面楚歌でしたよね。

「でもその頃、もう猪木は馬場も日プロを飛び出すという感触は掴んでいてね。馬場がこのまま収まるわけがないし、選手会長を降りたというのも馬場が責任を取らされた形なわけだから。それに日本プロレスは、あの経理の状態ではもたないと」

――これは後年になって模倣されるんですが、旗揚げ戦でエースの猪木さんが敗れるというのは、あの時代ではかなりのギャンブルですよね。68年1月に国際プロレスがＴＢＳプロレスとして再出発した際のグレート草津の例もありますし。

「でも、相手がカール・ゴッチだから。ゴッチなら負けても当然というのがファンの中にもあったと思う」

新日本プロレスが旗揚げした72年3月6日は月曜日。当日の夜8時からNET『ワールドプロレスリング』の放送があり、横浜文化体育館における坂口征二＆大木金太郎vsハーリー・レイス＆フランシスコ・フローレス（UWA代表とは同名異人）戦が生中継された。

——当時、ゴッチさんは47歳でしたが、まだ猪木さんより強いというイメージだったんですか？

「ゴッチのバリューというのは物凄かったからね。ゴッチだから負けてもいいという。試合内容は良かったしね。あの旗揚げ戦の前に突然、新間氏から僕に電話がかかってきたんです。〝トヨさんと大田区体育館に花を持っていきたいんだけど〟と。ちょっと相談があると言うので新間氏の家に行ったら、豊登がいてね」

——豊登さんは新日本に助っ人参戦しましたが、東プロ末期に猪木さんと訴訟合戦を繰り広げたにもかかわらず、よく和解できましたね。

「僕が事務所にいた山本小鉄に電話を入れたんですよ。小鉄は〝いいですよ、腐れ縁ですよ〟と言ってた（笑）。それで新間氏と豊登がお祝いに駆けつけたんです。そうしたら、ひょんなことで豊登をリングに上げることになっちゃって。その時、猪木も言ったよね。〝腐れ縁だよ〟って。あの時は、新日本としては一人でも選手が欲しいわけだから」

——新日本の旗揚げから4ヵ月後の72年7月29日、馬場さんが日プロに辞表を提出し、独立を発表しました。

「日本テレビが中継を止めても馬場とはずっと繋がってたしね。当時のプロデューサーで原章さんという人がいて、僕がその話を聞いたのは5月頃。馬場も居心地が悪いわけよ。猪木が抜けた後、馬場と坂口（征二）が組んだけど、もうひとつ盛り上がらないしね。しかも日本プロレスの中の新しい主流派、小鹿とかミツ・ヒライが大きな顔をしてるしさ。上田とかね。でも、どんどんNETの視聴率は落ちてるし、後楽園ホールもいっぱいにならなくて。当時、日本プロレスの芳の里はNWAの副会長だからアメリカのネットワークを押さえていて、新日本にはいい外国人は来ないと。逆に日本プロレスはその時、凄いメンバーを呼んでるんだよね。高い金を出して。でも、盛り上がらない。だから、日本プロレスもどんどん赤字を作っちゃって」

――新日本プロレスと比べて全日本プロレスはテレビ局が付いて、最初から豪華な外国人を呼んだりと華々しい船出のように思われますが、最初の頃は客入りが悪かったんですよね。

「うん、入らなかった。というのは、ファンがそっぽを向いてるんですよ。プロレスがファンから見放されてきたというのがこの時期だよね。新日本も旗揚げはしたもののテレビは付かないし、興行をやるたびに赤字を出して、もうみんなメチャクチャ。馬場が飛び出した後も、日本プロレスはそれまでの縁で結構いいメンバーを呼んでるんだけど、日本側は主軸が大木金太郎、坂口征二、高千穂明久（ザ・グレート・カブキ）とかでしょ。もうひとつ客が入らないし、NETの視聴率は下がる一方で、もう末期的症状だったよね」

――新日本の2度目のビッグマッチは72年10月4日、蔵前国技館で行われた猪木vsゴッチの『実力世界一決定戦』（世界ヘビー級選手権）でしたが、これは東京12チャンネル（現・テレビ東京）で放映されて櫻井さんがテレビ解説を務めましたね。

「要するに当時はカール・ゴッチしかいないんだ、猪木の相手は。しかも、テレビ局も付かない。まだNETは日本プロレスの放送をやっている時だから。それでテレビ東京、当時の東京12チャンネルに白石（剛達）さんという運動部長がいて、〝猪木とカール・ゴッチが凄いタイトルを懸けてやるということで売り込みがあったから放送しよう〟と言われたんだけど、僕は〝そのタイトルはおかしいんじゃないか〟とクレームを付けたんです。〝猪木vsゴッチというカードはいいんですけど、これを世界選手権試合ということにすると、ちょっと解説のしようがない〟と。これはフランク・ゴッチ由来の凄いタイトルで、今はカール・ゴッチが所有しているという話だったんだけど、それはちゃんと立証されていなきゃいけないと」

――まあ、実際には違うんですが、この〝フランク・ゴッチ由来のベルト〟というアイディアはロマンがあって素晴らしいと思うんですけどね。

「いや、今は各団体が適当に何でも作っちゃうけど、やっぱり世界タイトルと付けるんだったら、ちゃんとそれなりの格式のある裏付けがなきゃいけないよ」

――あのベルトは、本当はオハイオ版AWA世界ヘビー級王座というローカルタイトルですよね。

「そうそう、昔、カール・ゴッチがドン・レオ・ジョナサンを破って獲ったものなんだけども、それ以降は全然使われていないし、それはちょっとね。だから、それならそうでちゃんと裏付けをしなきゃいけない。当時、新日本の営業責任者だった岩田浩さんから電話がかかってきて、〝お前、いちゃもん付けてるらしいけど、ちょっと来い〟と言われたから、事務所へ会いに行ったわけです。でも、岩田さんじゃ話にならなくてね。結局は猪木が出てきて、〝じゃあ、どうしたらいいんですか？ 考えてくださいよ〟と。それで僕が『実力世界一のベルト』という名称を考えてね。〝カール・ゴッチは実力世界一ということでいいんじゃないか？〟と。猪木は〝その通りでいいですよ〟とあっさりしていたよ（笑）。プロレスジャーナリズムといっても、デタラメはいけないから。確かに記事を書く上で工夫はするんだけども、少なくとも勝手にタイトルを作ってやるにしても誰が認定しているかというのはちゃんとした形を取らないと」

――日プロ時代に猪木さんが巻いたUN王座もそうでしたが、昔は権威付けや下地作りの部分が綿密でしたよね。

「それが絶対に必要だと思う。それじゃなくても、プロレスはインチキだとか言われてる。そうじゃなくて、少なくともプロレスだから、きちっとそれをやらなくちゃいけないと思うんだよね。それがプロレスのステータスを上げるという。だから、レフェリーは引退しているけどもルー・

猪木はカール・ゴッチを破り、実力世界一ベルトを獲得。この一戦は東京12チャンネルが放映し、実況席には後に『国際プロレスアワー』を担当する杉浦滋男アナと櫻井氏のコンビが座った。

テーズじゃなきゃいけない。ゴッチと猪木が『実力世界一決定戦』という名目で戦って、それをテーズが裁く。そういうシチュエーションが必要なんですよ。テーズがレフェリーをやるということがひとつのロマンでね。それで試合後にテーズは、〝今日の試合を見て、血が熱くなった〟と。〝俺もカムバックするぞ〟と。その時、僕がそういうテーズのコメントを取ったんですよ。それが後の『世界最強タッグ戦』に繋がっていくわけです」

――この頃は櫻井さんもブレーン的な存在として、いろいろアイディアを出していたんですか？

「いや、ブレーンというよりも僕はプロレスが好きだから。それにやっぱり僕なりのプロレスはこうでなきゃならないというのがあるし。これでゴッチvs猪木というカードは、新日本の中でひとつの格付けになったわけだしね」

――全日本プロレスの旗揚げ戦の目前、72年10月16日付の東スポで猪木さんが〝統一日本王者を決めよう〟と挑発的に日本選手権の開催を提唱しました。この翌日に全日本は百田家との〝合体〟を発表するんですが、これは猪木さんが情報を掴んでいて、敢えて爆弾を投げつけたんですよね？

「それにぶつけたんだね、当然。全日本は百田家というのが一つの金看板になるわけですよ。それで力道山の残したインターナショナルのチャンピオンベルトを復活させてね。あれは力道山が死んだ時に、これは百田家の家宝として永遠に外には出さないということになったんだけど、それを復活させると。それは百田家をバックアップしていた人が水面下で動いたんだけども、馬場はあくまでもそういう形にこだわるんですよ。要するに、そうすることで〝自分は力道山の継承者である〟という形を取ったわけだよね」

――新日本が〝フランク・ゴッチ由来のベルト〟を持ち出すと、全日本は〝力道山ベルト〟を復活させたり、この辺のせめぎ合いは今の視点で見ても面白いです。

「馬場は最初、日本プロレス時代のインターベルトを本当に持って出るつもりだったの。〝自分のベルトだから〟と言って。そうしたら、大木に挑戦されてね。9月6日に田園コロシアムでやろうということで、日本プロレスは本当に会場を押さえたんですよ。でも、馬場は〝冗談じゃない、それだったら返すよ〟と。それでベルトを返上して出て行っちゃった。結局、大木がベルトを継承したんだけど、やっぱり大木の看板じゃ客は入らないよね」

――翌73年4月に坂口さんが合流してNETの新日本プロレス中継がスタートしましたが、もしこれがなかったら、やはり新日本はそのまま倒産していたんですか？

「新間氏は、そうだと言うね。僕はサインをしたものを見たわけじゃないんだけども、猪木と坂口は同じ条件。それはギャランティーも含めて全部。そういうことになっていた」

――この年の5月にタイガー・ジェット・シンが登場したことで新日本は大きくブレイクしていきます。そうなると当然、同年11月に起きた新宿・伊勢丹前での猪木襲撃事件の話になるんですが。

「僕は猪木あってのタイガー・ジェット・シンだと思う。それまでのシンはアメリカでどれぐらいのポピュラリティーがあるかというとね、〝ヒンズー・ハリケーン〟なんて言ったって、そんなもんは誰も知りませんよ。彼はかなり衝撃的な登場をして、爆発的な人気を得てしまうんだけども、やっぱりキッカケになったのは新宿事件だよな」

――画期的な仕掛けでしたよね。新宿のど真ん中で猪木さんが襲われて、警察が出動するという。

「あれは演出があったとか、いろんなことを言う人がいるけども、僕から言わせれば、〝演出ならば、そこに東スポがいたはずだ〟と。東スポのカメラマンがね。でも、誰も撮ってないですよ。東スポには襲撃されている時の写真はないんです」

――確かに襲撃現場の写真は見たことがありません。

「あの日、僕はデスクにいてね。ファンから〝今、猪木が新宿でやられてますよ。血だらけになってます〟と電話がかかってきたんですよ。だから、カメラマンを飛ばしたんだけど、もう片付けた後で。あれはどういうリアリティーがあったかというと、四谷警察署からパトカーが2台も出動してるから。でも、シンはホテルに帰っちゃっていてね。その後、パトカーがホテルまで追いかけてるんだけど、シンは部屋から出てこない。警察の中にも、あれはプロレス流のやらせだと言う人もいたんだろうな。それで四谷署から新日本に〝説明に来い〟と電話がかかってきて、謝りに行ってね。いずれにしてもパトカーが出動したんだし、やらせじゃないと言うなら被害届を出せということで。結局、始末書を書くということで収まったんだけども」

――猪木さんは後年になってシンにサーベルを持たせたのは自分のアイディアだったと明かしていますが、あの天才的なプロデュース能力はどうやって培ったんですかね？

「猪木は相手の力を引き出す不思議な力を持っていますよね。日本プロレス時代もあの自分勝手なプロレスをやるマスカラスでさえ、猪木とやった時にはいい試合をしたという。まあ、天性のものもあるんでしょう。猪木は実に〝受け身のレスリング〟が上手ですよね。猪木と戦うことによって相手も光るという。相手に攻めさせるんですよ。力道山もそうだったけど」

――まあ、ベビーフェースの典型的な戦い方と言ってしまえば、そうなんですが。

「でも、それは猪木に力があるからできるんですよ」

――懐が深いんですかね。

「そういう意味では、懐は深いですよね。シンだって昔のヒンズー・ハリケーンのままだったら、そんなのとっくに消えているレスラーですよ。シンは最初の売り出し方が川崎市体育館でいきなり乱入して、山本小鉄を血だるまにして。あの出し方も良かったですよね」

——猪木さんのサプライズを起こしたり、観客を掌に乗せて転がす才能は絶品ですよね。

「凄いアイディアマンだから。アイディアが出過ぎると、何とか電機みたいなことになるけども（笑）。一緒にメシを食ったり、酒を飲んだりした時に猪木がよく言っていましたよ。〝そっちの裏をかいただろ？　思ってもいなかったでしょ？　俺はそれに快感を覚えるんだよ〟って（笑）。だから、先ほど最初にゴッチに負けてスタートしたという話があったけど、あれも猪木のひとつの素晴らしいマッチメークだと思うし」

——この年のビッグマッチとしては、10月14日に蔵前国技館で『世界最強タッグ戦』が開催されました。この大会は東スポ主催でしたが、言い換えれば新日本にテーズとゴッチを呼ぶ資金がなかったということですよね？

「そういうことです。新間氏は〝そんな金ないよ〟と。それで東スポが全部ギャランティーすると。NETで放送が始まって、坂口が新日本プロレスに来て、せっかく〝黄金タッグ〟という理想に近いタッグチームができたんだけど、新日本は相変わらず外国人が弱くてね。新日本に力がないから、ロクな選手が来ないの」

——渋いレスラーは来てるんですけどね。

「だけど、ゴッチのラインだから、強力にアピールする選手が来ないでしょ。そんなんじゃダメだということで、『世界最強タッグ戦』というのを企画して猪木に呼びに行ってもらって。カール・ゴッチは猪木との関係ですぐ来るけど、ルー・テーズをちょっと口説いてもらってね。この『世界最強タッグ戦』というのも僕がネーミングしたんです」

——この時、テーズはもう57歳でした。今の感覚では、〝それはちょっとどうなの⁉〟という気もするんですが。

「ルー・テーズは57歳でも、普通の57歳ではないからね」

——この試合もそうですし、75年10月に蔵前国技館で実現した猪木さんとのシングルマッチもそうなんですが、テーズさんは自分主導の試合しかしませんよね。相手の好きなようにさせないで、随所できちんと〝強さ〟を観客に見せつけるという。

「日本プロレス時代の馬場戦もそう。猪木との一騎打ちも完全にテーズがリードしてやる試合だから。彼には〝俺はルー・テーズだ〟というプライドがあるし、実際に強かったですよ。握手してみたら、彼の手は末端肥大症的に大きい。それで物凄い力。本当にやったら、やっぱりゴッチよりは強かったんじゃないかなと思う。東スポが狙ったのはテーズとゴッチというプロレス界の最高峰の伝説、これが

東京スポーツ新聞社が主催した『世界最強タッグ戦』のパンフレット。猪木と握手を交わしているのが当時の井上博社長である。取材時、櫻井氏に「史上最高のレスラーは？」と尋ねると、「やっぱりルー・テーズですね。彼はまさに不世出のレスラーです」と即答した。

主催・東京スポーツ新聞社・　後援・NETテレビ　　提供・新日本プロレスリングK.K.

主催者から

世界最強タッグ戦
開催にあたって…

御挨拶
東京スポーツ新聞社では、このたびNETテレビ後援・新日本プロレスKKの提供により日本プロレス界20数年の歴史にかつてない、画期的なプロレス・ビックマッチ"世界最強タッグ戦"を開催するはこびとなりました。
皆様よくご存知の"20世紀最大のレスラー"ルー・テーズ"実力世界一"カール・ゴッチの二大強豪が始めてのタッグチームを組み、日本マット界が誇るアントニオ・猪木、坂口征二の黄金コンビと激突、90分3本勝負で栄冠を争う大試合です。
創刊以来、プロレスの発展のために微力をつくして来た"東スポ"が全力をあげて取り組みプロレスファンに贈る"世紀の大決戦"——今後とも全国のプロレス・ファンの絶大なご支援をお願い致します。

東京スポーツ新聞社　代表取締役社長
井上　博

御挨拶
新日本プロレスが発足しまして1年7カ月になります。わたくし達もこの間、死物狂いの努力をしてやっと世界マットの中での新日本プロレスを認めていただけるようになりました。これもひとえにファンの皆様の温い御支援のたまものと深く感謝いたしております。
今回、東京スポーツ新聞社の絶大なる御協力を得て"世界最強タッグチーム"ルー・テーズとカール・ゴッチに挑戦することになりました。御説明するまでもなくプロレス界にこれ以上の強い相手はありません。勝つか負けるかわかりませんが、わたくしも坂口も精魂こめて戦い、これが本当のプロレスなんだ——という試合をみていただく覚悟です。今後共どうか宜しく御声援のほどお願い申し上げます。

新日本プロレスリング株式会社　社長
猪木　完至

▲井上社長と握手・健斗を誓う猪木選手

— 1 —

LOU THESZ
鉄人テーズ
思い出のアルバム

六度にわたって世界王座に君臨している地上最強の男"鉄人"ルー・テーズ。その思い出の名勝負や思い出の名場面の数々をズラリと集めてみました……。

▲テーズのバックドロップがF・ブラッシーに爆発する（37年第4回Wリーグ戦より）

▼対力道山との一戦（37年第4回Wリーグ決勝戦より）

▶テーズとデストロイヤーの激しい攻防戦

◀ディック・ハットンをキーロックで攻めるテーズ

◀39年にテキサスでA・猪木と再会したテーズ（右）

▶テーズの世界ヘビー級王座に魔術師パット・オコーナー（左）が挑む！

— 10 —　— 11 —

タッグを組むというところにロマンがあると。ただし、これはワンマッチのみと。やっぱりテーズとゴッチが組むというのは強かったね。蔵前国技館が超満員になって」
——これもプロデュース能力の部分なんですが、ジョニー・パワーズから奪ったNWFのベルトにしても、まだNWAの威光が強い時代にそれを団体の金看板にしちゃったという。
「あれはもうローカルタイトルもいいところだよね。それでも猪木はジョニー・パワーズをあれだけ売り出したわけだから。デストロイヤーは〝足4の字固め〟だから、パワーズは〝足8の字固め〟という。英語では〝パワーズロック〟という名称にしたんだけども、まあ入り方がちょっと違うんだけど、同じ技なんだよね（笑）。パワーズに〝これはフィギュア・フォー・レッグロックか？〟と聞いたら、〝ノーノー、俺のはエイトだ〟と言ったんで、じゃあ足8の字固めでもいいんじゃないかと。パワーズにどういうニックネームを付けるかという話になった時は、彼にはあまり喋らせない方がいいということでね（笑）。それで〝死神〟と付けたんだけど」

猪木はジョニー・パワーズからNWFヘビー級王座を奪取すると、池上本門寺を訪れて師・力道山に報告。この頃、国際プロレスのストロング小林は団体のエースでありながらメインイベントから外されることが多く、おそらく「水面下の動き」も始まっていたと思われる。

新日本vs全日本の戦争

——翌74年3月19日には、蔵前国技館でアントニオ猪木vsストロング小林というビッグカードが実現しました。小林さんはある日突然、新間さんから誘いの電話が来たと言っていましたが、他団体のエースを引き抜くというのは、かなり大胆な仕掛けでしたよね。

「猪木と勝負させるんだったら、馬場か小林しかないと。それでかなり新間氏が動いたんです」

——桜井さんも水面下で動いたんですか？

「僕が動いちゃマズいだろ（笑）。僕は〝これは東スポだけがスクープしたんじゃダメだ〟と言ってね。〝小林が記者会見をしたいと言ってる〟と僕

東京スポーツは74年2月13日付の1面で小林が「辞表提出→フリー宣言後に行方不明」とスクープした。小林はマッチメーカーのグレート草津からイジメに近い扱いを受けており、後に「吉原社長も冷たくなって…」と述懐している。

が各社に電話をかけて、プロレス担当記者を呼んだんですよ。まあ、そういうことはしたけどね。それで猪木だけじゃなくて、馬場にも挑戦状を出すべきだという話になって」

――この時代の新日本は、そういう発想をするところが凄いですよね。確信犯というか、馬場さんは絶対に受けないわけじゃないですか。

「確かに受けないんだけども、受けたら受けたで面白いじゃないですか（笑）。新間氏が郵便局に行って挑戦状を内容証明で出して、それから記者会見をやってね。小林に契約上の問題がないか聞いたら、〝1年契約だから大丈夫です〟ということだったんだけども、国際プロレスから抗議があって、吉原さんが契約書を持って東スポに乗り込んできて。見たら、付帯事項として〝契約解除後も1年間は他団体のリングに上がらない〟とか書いてあるから、いろいろ揉めてね」

――その結果、小林さんは東スポの所属選手になりますよね。

「結局、〝違約金を払え〟という国際プロレスの要求があったんだけども、新間氏は〝そんな金はない〟と。それで東スポの井上（博）社長が〝これは力道山vs木村戦以来、20年ぶりの意義のある試合である〟ということで違約金を代わりに出して、国際から東スポの専属として移籍するという形にしたんですよ。あれは最高の試合でしたね。ストロング小林というのは、この1試合によって日本のプロレス史に名レスラーとして名前を残した。ハッキリ言って、それまでの国際での試合とか新日本に移った後もあまりいい試合はありませんよ。この試合だけで名レスラーと呼ばれるという。その後、12月に再戦して、これもいい試合でしたけど、やっぱり3月19日の試合が最高だったね」

——そこまでして東スポが猪木vs小林戦を実現させようとしたのは、どういう理由からだったんですか？

「どうして東スポが身銭を切ってやったかというとね、これもハッキリ言うけど、馬場では勝負できなくなったから。離れかかったファンに向けてプロレスの凄さというものを伝えて、もう一回振り返ってもらおうと。原因は、やっぱり日本プロレスの騒動ですよね。猪木を追放する、馬場が飛び出す。それによってプロレスファンにそっぽを向かれてしまった。東スポ主催で『世界最強タッグ戦』をやったのも〝プロレスルネッサンス〟ということで、またファンに目を向けてもらいたいという狙いがあったんだけども、それでも、やっぱりダメなんだよね。テレビの視聴率もイマイチだし、東スポの売れ行きもイマイチ。そこで何かもう一回プロレスで勝負できないかと考えた時に、それはやっぱり異なる団体の現役チャンピオン同士がぶつかるというのが最高の試合なんじゃないかということで、猪木vs小林戦が生まれたわけです」

——この猪木vs小林戦の前に、櫻井さんに脅迫電話がかかってきたそうですが。

「うん、それで小林戦が終わった翌日、僕と猪木と新間氏はアメリカに飛んでね」

——猪木さんは74年3月21日にオハイオ州クリーブランドでアーニー・ラッドとNWF王座の防衛戦を行いましたが、これは逃避行だったと？

「〝試合を止めさせろ〟と。そういう電話が随分とあったよね。あちら側を後援している右翼関係とか〝組織〟から。でも、国際プロレスとは話が付いていたわけだし。まあ、逃げたと言ったら変だけど、そういうのはやっぱり面倒臭いしね」

——この一戦の実現に尽力したことで、会社から櫻井さんに社長賞が出たと聞いています。

「うん、日本に帰ってきたら、そんなのが出てて（苦笑）」

——それだけ東スポが売れたということですか？

「東スポが売れたということと、もうひとつはこの試合だけで一時的に売れたんじゃなくて、ファンの目をプロレスに振り向かせたと。それが大きかったよね。そして、スポーツ紙がまたプロレスに振り向いて、そこから猪木ブームに繋がっていくわけだけども。この年は猪木がいろんないい試合をやってますけど、10月の大木金太郎との試合も良かったですよ」

——日プロ崩壊後、大木さんは全日本プロレスに合流しましたが、途中から祖国の韓国に戻られていましたね。

「戻るというか、無断欠場をして韓国に帰っちゃって。このままだと日本のプロレス界と縁が切れてしまうと。そういう理由もあったと思うんだよね。それで何回も挑戦してきて」

——3月の時点で大木さんは猪木vs小林戦の勝者と馬場さんに対戦を要求していましたが、翌日に大木さんは馬場さんへの挑戦だけを撤回するという不可解な行動に出ています。これはやはり水面下で何らかの力が働いたんですか？

「それはね、あるマスコミの人間がいて…その人が馬場に頼まれたかどうかわからないけど、ストロング小林のところに行って挑戦を撤回しろというような話をしているし、大木のところにもたぶん行ったんだろうと思う」

——この猪木vs大木戦をベストバウトに挙げるファンも多いですよね。

「非常にスリルがあった。どうしてスリルがあったかというと、大木という選手は強いんですよ。それでね、僕は嫌いな言葉なんだけど、プロレス界に〝セメント〟という言葉がある。それができるんですよ、大木というのは。プロレスにはマッチメークというものがあるんだけど、そのルール破りを平気でやるのが大木だから」

——有名な試合では64年10月にテキサス州ヒューストンで行われたNWA世界王者ルー・テーズとのタイトルマッチでセメントを仕掛け、返り討ちに遭っていますね。

「だから、突然カッとなると、平気でガンガン行くという

オールドファンの誰もが名勝負に挙げる猪木vs大木戦も新間氏の仕掛け。この日、当初はアーニー・ラッドとのNWF王座防衛戦が予定されていた。猪木にとって、これが大木からシングル初勝利となる。

ね。そのテーズの件もあったから、いつどういう展開になるか、何があるかわからないという意味では非常にスリルのある試合でした。試合前に猪木が先手を打って、大木金太郎のテンプルに強烈な一発を入れて戦意を喪失させたという。僕らが見てるとわかる。グラウンドになった時も、肘でもう一発こめかみに行ったんだよね。〝あっ、猪木がやったな〟と」

――翌75年6月には突如、国際プロレスのエースだったラッシャー木村が猪木さんに挑戦状を送付しました。それに対して猪木さんが提出した回答書は痛烈でしたよね。

「それはおそらく新間氏でしょう。あの文章の書き方は。この木村の件は面白かったよね。僕も新間氏に〝このままでいいの?〟って聞いたもの」

――〝貴殿は自分の立場と実力がおわかりになっていないようですので、先輩レスラーとしてひと言『己を知れ』と忠告させていただきます〟、〝日本選手権試合の相手としては貴殿は不適格者〟と完全に相手を見下した文面でした。

「吉原さんが〝これほど無礼で高飛車な文章は今まで見たことがない〟と本気で怒っちゃってね(笑)。これはね、吉原さんのやり方が下手なの」

――この時は事前の根回しがなかったみたいですね。

「ちゃんと根回しをして、内容証明で送っていれば、また違う形になったんです。この時は、いきなり送りつけたから」

――一方、新日本は手慣れていて、〝馬場選手を破った上で改めて私に挑戦されることを望みます〟と、まったく関係ない馬場さんを格下扱いしながら巻き込もうとするという(笑)。

「あの頃は常に猪木の頭には、ジャイアント馬場という存在があったんだと思う。それは要するにね、馬場を倒したいということじゃなくて、〝馬場的プロレス〟というものを許せなかったんですよ。それは東京プロレスを旗揚げした時から、もう言っていたよね。入門した時から、ずっと猪木は馬場の人柄というのは認めてるんですよ。猪木のプロレスに対する情熱や闘志と人間・馬場に対する気持ちは違うんだよね」

――この75年10月に馬場さんは大木金太郎を全日本に呼んで、猪木戦より短いタイムで完勝しますよね。この辺は今見ると、微笑ましいところもあるんですが。

「それは馬場のプロレスに対する考え方と猪木のプロレスに対する考え方の違いじゃないかな。馬場は〝いや、俺の方が短い時間で勝った〟と。でも、猪木に言わせると〝何だ、あの試合は!〟と(笑)。それは悔しいというよりも、馬場とは根本的に哲学が違うわけ。猪木は別に馬場が人間的に憎いわけじゃないんだよね。〝馬場さんはいい人だよ〟と言ってるんだから(笑)」

――その猪木さんの哲学にピッタリの相手が現れて、75年

12月11日に蔵前国技館でビル・ロビンソン戦が実現しました。

「本当にいい相手が欲しいわけですよ猪木とすれば。小林戦をやって、大木戦もやっちゃったけど、外国人のいいレスラーが来ないわけですよね。ロビンソンがいいんじゃないかというのは確かに僕も言ったし」

――この一戦も名勝負として語り継がれている試合ですが、猪木さん自身はロビンソン戦に関して、あまり良く言いませんよね。ロビンソンはプライドが高いので譲らないところがありますし、猪木さんが技術面で押されるシーンも見受けられましたから。

「でも、ロビンソンは猪木を凄く評価していましたよ。猪木とすれば、本当はロビンソンをずっと使いたかったわけ。でも、馬場に持っていかれちゃって」

――あれはファイトマネーの件で、新日本とトラブルになったと言われていますが。

「いや、トラブルというよりも馬場の方が余計に出したってことじゃない？ あの時はゴッチも怒ってたんだよね。ロビンソンもそっちは細かいところがあるし、家庭の事情で金がいるというのもあったみたいだけど、新日本としてはロビンソンをその後も呼びたかったんですよ。でも、あっさり全日本に行ってしまって。馬場サイドとしては、この猪木vsロビンソンでまたプロレス大賞のベストバウトを新日本に持っていかれたわけだよね。これじゃ堪らないというのがあったと思う。前の年も猪木vs小林でベストバウトを持っていかれてるし」

――猪木さんのライバルとして、本当に相応しい相手でしたよね。

「僕は今でも思う。あの後、せめて1年、少なくとも3回はロビンソンと対決できたでしょ。そうしたら、2人はもっといい勝負をやっていたんじゃないかって」

「連絡不十分で参加できず申訳ありません」猪木はわだかまりなく敬子未亡人に頭を下げた

「あなたもがんばって下さい」と敬子未亡人に激励され猪木もニッコリ。中央は井上社長

百田敬子さん、猪木、本社井上社長が歓談

東京スポーツ75年12月12日付に猪木が力道山未亡人の百田敬子さんに“謝罪”するシーンが掲載された。東スポの井上社長が仲介に入り、帝国ホテル・千草の間でしばし歓談。最後は猪木も笑顔を見せたが…。

――もしそうなったら、若い選手たちもああいうスタイルの試合を目指すようになって、その後の日本マット界の流れも多少は変わっていたかもしれないですよね。

「うん、変わったと思う。だけど、猪木vsロビンソンは1試合だけだったから、今でも人の口に上るというのもあるけどね。あれは猪木の生涯の中でも名勝負のうちに入ると僕は思いますよ」

ストロングスタイルが具現化された猪木vsビル・ロビンソン戦。同日開催の『力道山13回忌追善特別大試合』参加を要請されていた猪木は櫻井氏の取材を受けて、「これはどうしようもないこと。ロビンソン戦の興行収入の中から相当なものを本門寺へ直接、永代供養費として納めさせてもらいます」と答えた。

――この日は興行戦争で、同日に全日本プロレスと国際プロレスが協力して百田家が『力道山13回忌追善特別大試合』を日本武道館で開催しました。

「あれは裏が大変だったんだよねえ」

――新日本側はロビンソン戦を中止にするわけにはいかないので協力を見送る形になりましたが、それにより百田家は猪木さんを力道山一門から破門しましたよね。

「あれは力道山家の後継人と称する人が追悼興行を企画して、馬場がそれに乗っちゃったわけだけど、本当に大変だったんだよ。馬場に肩入れしていた〝ある組織〟も関わってきてね。〝東スポさんも協力してくれ〟という連絡が来たし」

――猪木さんも馬場さん側の〝ちょっと凄みがある人〟が出てきたということは言っているんですが、最終的に東スポが仲介して、猪木さんが力道山未亡人の百田敬子（現在は田中姓）さんに頭を下げている写真が紙面に載りますね。これはかなり屈辱的だったと思います。

「でも、あれがなかったら〝事件〟になってた。頭を下げろと夜中に説得したのは、僕と当時の東スポの井上社長なんですよ。〝面倒臭いから、頭を下げてしまえ〟と。途中から別の組織も乗り出してきてね。そこの人が猪木に実力行使するという話になったんだけど、〝猪木に頭を下げてもらえれば、こっちもそれ以上のことはしない〟ということで、東スポが帝国ホテルにセッティングして猪木を呼んだんです。猪木は〝俺は行かねえ〟ってゴネていたんだけど、前の晩の1時頃かな、猪木に最後の電話をして〝どうしても来い〟と言ったら、〝じゃあ、明日行きますよ。顔を立てますよ〟と言ってくれてね。それで収まったんですよ」

——まさに一触即発だったんですね。

「もう凄いヤバい感じだったな。向こうは〝来ないなら来なくていいですよ〟と言っていてね。猪木は当日の昼になったら気が変わったみたいで、新聞氏から電話がかかってきて〝ちょっと待っててください〟と。そうしたら、向こう側は〝こっちから行きますから〟と言うんで説得して引き止めてね。要するに、頭を下げた写真を1面に載せろということで。猪木はいまだに言いますよ。〝俺は東スポに拉致されて、頭を下げさせられた〟って。でも、あれがなかったら、ちょっと収まりがつかなかったね」

「異種格闘戦」と「シュートマッチ」

——モハメド・アリ戦は、櫻井さんがサンケイスポーツに掲載された八田一朗さんのコラムを猪木さんに見せたことが発火点のようですよね。

「そうそう、札幌でね。〝アリがこんなことを言ってるけど、本気なのかな？〟って」

——猪木さんは、どういう反応をされてました？

「笑ってましたよ。まだその時は、〝まあ、やってみるか〟という程度の話だったしね。まさかアリが乗ってくるとは思わないし、断られて当然なんだから。この時はパフォーマンスというか、猪木が自分をアピールしたいということで。アリというのもビッグマウスで、〝柔道だろうが何だろうが、みんなやっつけてやる！〟ぐらいのことを言っていたから、猪木は〝冗談じゃない！〟と。そういう姿勢を見せたかったというのが大きかった。アリがマレーシアでの防衛戦に行く途中、トランジットで日本に立ち寄った際に挑戦状を渡したわけだけど、〝やってやろうじゃないか！〟とアリが言っちゃったんで騒ぎになったんですよ。でも、アリはこの時点で猪木のことも何だかよくわかってないんだから」

——このアリ戦もそうなんですが、猪木さんは後先を考えずに、とりあえず話題をぶち上げてみるという破天荒な転がし方をしますよね。

「まあ、ある程度は計算していると思うけどね。乗ってきたら、それから考えればいいだろうというのは確かにある。ただ、自分一人で勝手にやることはあまりなかったから。そういうのは僕もよく言われたしね。〝こんなのどう、乗る?〟って(笑)。この時は僕も乗っちゃってね。アリに挑戦状を渡した直後のマレーシアでの試合にボクシングの担当記者を飛ばしたんです。もちろん、アリの世界戦を取材する目的で行ったんだけども、記者にしつこく猪木のことを聞かせたんですよ。そうしたら、アリも〝やってやる!〟ぐらいのことを言ってきてね」

——アリも体面上、そう言わざるを得ないですよね。

「まあ、その辺まではアリのリップサービスだったんだけどね」

——アリ戦が実現する過程で、ウィリエム・ルスカ戦という最初の異種格闘技戦がありました。当初、猪木さんは柔道衣を着て試合をするつもりだったという話を坂口さんから聞いたことがあるんですが。

「うん、本人は柔道衣でも何でもいいと言っていたんだけどね。ただ、東スポが後援するならば、〝プロレスvs柔道〟をさせると。昔、アド・サンテルvs講道館柔道というのがあったけど、そういうシチュエーションを作りたいということですよね。そして、プロレスが柔道を制す。そういう形を作ることに意義があると。それでレフェリーはプロレスも柔道も知っている遠藤幸吉でいいんじゃないかと」

——櫻井さんはルスカ戦の翌月、76年3月25日にニューヨークで行われたモハメド・アリ戦の調印式に同行取材されていますよね。集まった向こうのマスコミは、やはり〝これは茶番だ〟という雰囲気だったんですか?

「いやいや、猪木が調印式の前にも向こうのテレビに出て、〝エキシビションじゃないぞ。俺はアリを本気で倒す!〟みたいなことをガンガン言いまくったから、かなりアリ側は慌てていたよね。エセックスハウスというホテルに僕も一緒に泊まったんだけど、アリサイドの人たちが来ていて調印式の前の晩はかなり燃えてましたよ。興行を仕切ったリンカーン・ナショナル・プロダクションのロナルド・ホームズとか、シカゴから来ていたブラックモスリム(ネーション・オブ・イスラム)のハーバード・モハメドとかね。これはもう僕らは立ち入ることができないんだけど、結局、夜中の3時頃まで揉めてたね」

——ロナルド・ホームズという人物はボクシング興行を手掛けていたマフィアだと言われていますが、実際はどうなんですか?

「そうだと思う。確証はないんだけども」

——櫻井さんは直接、ホームズを取材されていますよね。

「してますけど、面と向かって〝あなたはマフィアか?〟とは聞けないでしょ(苦笑)。ただね、ニューヨークで食事に招待されて、有名なイタリア料理店に行ったんだけど、そこで会う連中と抱き合って頬っぺたを付けてたから、これはマフィア流の挨拶だなと(笑)。ホームズと交渉していたアリ側のブラックモスリムだって、結局は黒人社会のシンジケートだから。そういうところがこの試合を裏で動かしてたよね」

――これも諸説あるんですが、あの試合で猪木さんが繰り出したスライディングキックというのは、櫻井さんが小説『姿三四郎』（富田常雄著）を猪木さんに渡したことから誕生したんですか？

「一応、ヒントにはなったんだろうと思うよ。小説の中にそういう場面があってね。ウィリアム・リスターというボクシングの選手と野毛山で試合をやって。河出書房から出ていた大衆小説全集というのを猪木に渡したんです」

――ただ、小説の中で三四郎は仰向けの体勢は取りますが、相手を蹴りはしないんですよね。

「そうそう。だから、パンチを食わない方法というのはあるわけだよね。そこで手より長いものは何かというと、それは足だと」

――まあ、そうなりますね。

「ボクサーはフットワークが生命だから、それを殺すのが一番いいんじゃないかと。それをやったら弱いよと教えてくれたのは、元東洋フェザー級チャンピオンの金子繁治氏。金子ジムの会長ですね。この人も僕は仲が良くて、彼がチャンピオンの時に取材しているから。彼がボクサーの弱点を猪木に教えたんです」

――それにしても、よくボクシング側の人が猪木さんに協力しましたね。日本プロボクシング協会はこの一戦に対して、反対意見書を出していたじゃないですか。

「いや、それは個人個人の問題で。だから、金子ジムはアリの公開スパーリングも引き受けてるしね。あれは新日本の依頼だから」

――この試合で、ひとつの焦点となっているのは〝がんじがらめ〟と言われたルールです。最終的に発表したルールには、タックルや関節技は禁止事項として記されていません。

「ないですよ」

――表に出さないという約束でアリ側から付きつけられた〝裏ルール〟というのは、本当に存在していたんでしょうか？

「うん、それで前の晩までガタついてるんだから。僕は新間氏にメモを見せられましたよ。京王プラザホテルで最後の調印式をやったでしょ。調印したその後もまだ揉めたからね。アリは向こうでもプロレスラーとエキシビションをやってるでしょ（※AWA地区のシカゴでケニー・ジェイ、バディ・ウォルフと対戦）。だから、プロレスはそういうものだと思っていた。でも、新間氏は本気になっちゃってたから（笑）。猪木が絶対に勝つと信じ込んでるからね。アンジェロ・ダンディというプロボクシングのトレーナーが出てきて、状況が変わったよね。〝エキシビションをや

当時、東京スポーツは圧倒的な取材力で猪木vsモハメド・アリ戦に関する記事を連日掲載。櫻井氏がロナルド・ホームズにインタビューした記事は76年6月16日付の1面を飾っている。ホームズは海兵隊の一員として朝鮮戦争時に訪日経験のある親日家だった。

らせるならばいいけど、リアルファイトだったら冗談じゃないぞ〟と。ただ、リンカーン・ナショナル・プロダクションのホームズとしては、そんなことは関係ないわけですよ。〝契約したんだから、やれ。猪木をノックアウトしたら、いいじゃないか〟と」

――アリ側も一枚岩ではなかったわけですね。ホームズ側としては、もし試合が中止になったらビッグマネーが吹っ飛びますから。

「そうそう。でも、ブラックモスリムは〝この試合は危険だ〟という考えもあって。ホームズも半分は〝興行〟のつもりでいたんじゃないのかな。ところが、新日本側は本気だったというわけだよね。そういう問答があって、結局は物別れになったまま、とにかく時間が来て本番突入になっちゃったんです」

――当日、会場に入ってからもまだ揉めていたという話も聞きます。

「だから、アリ側のセルフディフェンスが凄いんだよ。試合の映像を見ればわかるけど、アンジェロ・ダンディは反応が速いよね。とにかく何かあったら、すぐにリングに飛び込むということだったらしいです。〝猪木が一発でも肘を使ったり、組みついて投げたりしたら試合を中止して引き揚げる〟と通告してきたんですよ」

――一説にはリングサイドに陣取ったアリ側のセコンドが

拳銃を隠し持っていたと言われていますが、本当なんですか？

「うん、それはあったかもね。リンカーン・プロダクションとブラックモスリムの両方」

――そうした裏事情を知った上で、櫻井さんはこの試合はどうなると予想されていました？

「これはまったく予想がつかなかった。あの時は、アリが何ラウンドで猪木をノックアウトするかという予想が圧倒的に多かったよね。そこは悲しいかな、やっぱりプロボクシングの世界ヘビー級チャンピオンとプロレスのチャンピオンのグレードの差なんですよ。試合当日も各社のリングサイド席に陣取ったのは、プロレス担当記者よりもプロボクシング担当記者が圧倒的に多かったの。つまり、これは猪木の試合じゃなくて、アリの試合だったんです」

――テレビの中継もそうでしたが、この試合は〝猪木vsアリ〟ではなく、〝アリvs猪木〟なんですよね。

「テレビ朝日もそうでした。だから、解説もボクシングの後藤秀夫さんだったでしょ。当時、アリというのはボクシング関係者だけじゃなく、スポーツの担当者にとって神様ですよ。猪木がアリをぶっ倒すなんて、とんでもないと。でも、プロレス担当記者だって猪木がアリに勝てるかというと、そうは思っていなかったんじゃないかな。猪木もかなり金子ジムに行って練習していましたけど、そんなもんで世界のアリのパンチをかわせるわけがないんです」

――試合の翌日以降、東スポ以外は全紙が猪木さんを叩きましたね。

「そうですよ。後藤さんのテレビ解説は、猪木がこんなに寝てばかりいたんじゃアリはパンチを打てやしないと。早い話が、そういう解説だったんです。だから、翌日の新聞は〝何で猪木はずっと寝てたんだ〟という論調でね。でも、あれしかないじゃないですか？　スタンディングポジションで行ったら、パンチが来るに決まってるもの。猪木だって必死ですよ。しかもね、ハッキリ言って、この時の猪木は全盛期を過ぎてるわけ。だから、運動能力だって落ちてきているし。でも、よくやったと思いますよ。僕から見れば、非常にスリルのある試合だった。猪木のキックは確かに当たってたもの」

――この後も東スポは紙面で猪木vsアリの〝再戦〟を追いかけていましたが、実際に水面下で話は進められていたんですか？

「僕はないと思います。アリは、まったくやる気がなかった。だから、アリ側の方も誕生日に猪木を呼んだりして、仲良しパフォーマンスになっちゃって。また、それだけのお金も新日本になかったですしね」

――この後、アリ戦の余波が思わぬ形で猪木さんに降りかかります。10月に韓国へ行ってパク・ソンナンと対戦しましたが、結果的にセメントマッチになってしまいました。

「これは僕は現地には行っていないんですよ。電話で逐一、新間氏から報告を受けてね。試合は見ました？」

――『ワールドプロレスリング』で放映された76年10月10日、ソウルでのNWFヘビー級戦は見ました。猪木さんがセメントでパクを潰したとされる前日の大邱での試合は、撮影されていないんですよね。

「まあ、これは新間流のオーバーな言い方かもしれないんだけども、〝いやあ櫻井さん、猪木の恐ろしさを見たよ。あのまま行ったら、猪木は本当に殺しちゃったかもしれない〟という内容の国際電話がかかってきましたよ（笑）。この韓国遠征は、東スポも記者は行ってないいんだよね。カメラは出したけど」

――急遽組まれたとされる大邱の試合の写真は、今まで世に出たことがないんです。

「おそらく写真はないはずですよ。パク・ソンナンというより、韓国側（大韓プロレス協会）は本気でここで猪木をぶっ倒すつもりでいたんですよね。だから、エキサイトして予定にない試合をやったんです。そうしたら、猪木の急所攻めが凄くて、パク・ソンナンが逃げ出しちゃったというね」

――12月のパキスタン遠征でもアクラム・ペールワンとの試合で似たような状況になりましたが、この時は東スポの特派員の方が同行されていますね。

「これも僕が電話で報告を受けていたんだけどね、もう後の試合は全部流れたの。大騒ぎになって。猪木が泊まっていたホテルも大群衆に囲まれてね。現地に行っていた記者も〝ホテルから出られないですよ〟と言っていましたから」

――猪木さんが帰国された時、空港で記者会見を開きましたが、櫻井さんも行かれていますね。

「うん、それから一緒にメシを食いに行ったんだけど、猪木は〝攻めながら、カモン、ギブアップと言ってるのに、しねえんだよ〟と。アクラムの一族というのはとにかく負けるのが嫌いというか、負けたら観衆が承知しないという状況だったからね。猪木は〝これはあいつのプライドじゃないかな。大観衆がワーワー騒いでるし、ギブアップするより折られる方に気持ちを決めたんじゃないか。折るなら折れというぐらいの気迫は伝わってきた〟と言っていましたよ。〝それでしょうがないからグッと力を入れたんだけど、あんなに気持ち良く折れるとは思わなかった〟って（笑）」

――この試合は映像が残っていますが、猪木さんが腕を噛まれた仕返しにアクラムの眼に指を入れたとされる瞬間は撮れていません。本当に猪木さんはやったんですかね？

「噛まれたというのは本当みたいですよ。それは派遣していた記者も言っていましたけどね。試合が終わった後、消毒が大変だったって。まあ、眼に指を入れるというのはゴッチ流の奥の手だよね。猪木はいざという時は捨て身になるところがあるし。決して自分から好んではやらないだろうけども、そういう術を身につけていることは確かですよ。それはゴッチ直伝なんだよね。ただ、晩年の猪木はその力がなくなってきて。だから、試合も緩くなったし」

——アリ戦は酷評されましたが、一連の異種格闘技戦は大ヒットしましたね。この時代に猪木ファンになったという人も多いですし。

「猪木の格闘技戦の中で僕が評価できるのはモンスターマン戦、それからウィリー・ウィリアムス戦ぐらいですね。他の試合はどうってことないな。ミスターX戦とかひどい試合もあったし。かなり後の方だけど、アノアロ・アティサノエ戦なんてのもひどかったよね。僕は猪木にハッキリ言ったもん。〝あれは恥ずかしいよ〟って」

——ウガンダで独裁政権を敷き、数十万人を虐殺したとされるイディ・アミン大統領との格闘技戦が浮上したこともありました。

「これは話題作りだな(笑)」

——猪木さんは、その気になっていたんですか?

「猪木にすれば、得意のホラを吹いてみて、向こうが乗ってくれればいいかなというね。あの頃は『007』シリーズの殺し屋役だったジョーズ(俳優のリチャード・キール)とやるという話もありましたよね。でも、もし本当にやっていたら、アティサノエより始末が悪かったんじゃないの」

——77年12月には格闘技戦ではありませんが、猪木さんがグレート・アントニオを顔面蹴りでKOするという壮絶な試合がありました。

「これなんかは別の意味で凄い試合だったんですけどね。グレート・アントニオは、もうプロレスラーとしてヨレヨレだったから。アントニオは『第3回ワールドリーグ戦』で日本プロレスに来た時もゴッチたちに袋叩きにされていますしね。あの時のアントニオの態度は物凄かったもの」

——その初来日時にアントニオがカール・ゴッチやミスターX(ビル・ミラー)にリンチされた話は、おそらく猪木さんも知っていたはずですし、どうしてそんな選手を呼んだんですかね?

「あれは〝興行〟ですよ」

——でも、まともな試合ができないのは最初からわかっているわけじゃないですか。

「まあ、猪木もその頃はつまらない試合もやってたもんな。元々、グレート・アントニオというのはそんなに強くないしね。力はあるけど、ただデカいだけで。アリ戦の後で新日本も懐が苦しかったし、誰かバリューのあるやつがいないかということで、昔、力道山とやったグレート・アントニオを呼んだわけですよ。まだ本格的にスタン・ハンセンで商売になる時期じゃないし、異種格闘技戦以外ではタイガー・ジェット・シンぐらいしか相手はいなかったよね。あの時、昔のようにアントニオにバスを引っ張らせようとしたら、もうそんな力もなかった。だから、一発で潰しちゃったわけだよね。新日本もああいう試合を組まざるを得ない苦しい不振の時代があったということですよ」

8・26夢のオールスター戦

——東スポは73年2月に新日本プロレス、全日本プロレス、崩壊寸前だった日本プロレス、国際プロレスの4団体によるオールスター戦の実現に向けて水面下で動いたことがありますよね。話は進展することなく、このプランはすぐに消滅したそうですが。

「当時の井上社長の命令で、僕が各団体のトップを銀座東急ホテルに集めたんだけど、もうセッティングだけで大変でねえ。この時、猪木は乗ってきた。馬場はまったく乗ってこない。日プロの芳の里さんは、〝やるんなら、やってもいいよ〟という感じでね。4人の中で国際の吉原さんだけが〝やるべきだ〟と積極的でした。結局は話にならなくて、みんなで食事をして終わりでしたよ」

——それから6年後、東スポ社内で再びオールスター戦の開催案が浮上したわけですね。

「1月の編集会議で、〝今年は創立20周年ということで何かやるならプロレスしかないんじゃないですか〟と僕が提案してね。まず2月に新日本の新間氏、全日本の大峡正夫さんの両営業部長に会社に来てもらって、その時は悪いけど、吉原さんは呼ばなかったんですよ。とにかく、これは馬場と猪木が納得しない限り実現不可能だと。国際は必ず乗ってくるだろうということでね。金銭的な部分では団体側に好条件の話だったので、営業サイドは乗り気だったんです。それで2人に話を持ち帰ってもらったんだけど、大峡さんから〝御大はノーと言っています〟と電話がかかってきましたよ（苦笑）。だから、一番先に乗ってきたのは新日本。それで僕が馬場のところへ行ってね、〝協力してくれないの？〟と。そうしたら、馬場は〝俺が協力しなきゃできないの？　じゃあ、俺が悪者になっちゃうじゃないか。アンタ、上手くやってくれる？〟ということでね。当然、そうなったら国際プロレスを入れないわけにはいかないし、鈴木利夫さんという当時の総務部長を呼んで、新間氏、全日本の大峡さんと3人を会わせて、〝まずは3人で営業の話をしてくれ〟と（笑）。マッチメークは馬場と猪木に任せるということになったんだけど、最後の最後までまとまらなくてね。僕が2人の間を行ったり来たりして、まとめましたよ」

——この時、櫻井さんは馬場さんと猪木さんを引き合わせていますね。

「馬場が〝猪木に会わせてよ〟と言うから、六本木の『梅江大飯店』という中華料理屋にセッティングしてね。その日、新日本は水戸で試合があったから、僕が猪木を迎えに行って一緒に深夜に帰ってきたんですけど、馬場はちゃんと待っていてくれましたよ。僕は途中で席を外してね。少し経ってから部屋に戻ったんですけど、殴り合ってるかと思ったら、笑いながら話をしていたから安心しました。ただねえ、マッチメークは互いの駆け引きがあって苦労しましたよ。猪木はできれば馬場とやりたくて」

——当初、東スポ側は馬場vs猪木の一騎打ちを希望していたそうですが。

「当然、そうです。具体的な交渉もしたんだけども、これは馬場が絶対に〝イエス〟と言わなかった。猪木は話し合いに応じてもいいという柔軟な姿勢を持っていたんだけど」

——シングルは無理としても、タッグでのＢＩ対決というのも難しかったんですか？

「難しいねえ。馬場が猪木を信用していなかったから。これはね、リングの上で裏切られても後から〝話が違う〟とは言えないんですよ。力道山vs木村政彦戦以来、プロレスというのはそうなんだよね。だから、それだけ覚悟を持ってリングに上がらなきゃいけないという。僕は後年に木村政彦氏を取材した時、本人に言ったこともありますしね。〝それを言っちゃいけないんじゃないか〟と。だから、ＢＩ対決はできない。猪木はやってもいいよと言うけど、これは自信があるから。そこで結局、馬場と猪木がタッグを組むということになって。東スポ側として馬場vs猪木、鶴田vs藤波、ブッチャーvsシンといった具体的な希望のカードをいろいろと出したんですけど、馬場に言わせれば、〝そんなカードはダメだよ。話にならない〟ということでね。最初に僕が考えたのは、とにかく対抗戦のシングルマッチ。3団体からトップどころが出てシングルでぶつかるというのがファンの観たいカードなわけだし。結局、マッチメークは馬場と猪木の2人に任せるということになったんです。でも、カード発表の日が迫っても、これが全然まとまらない。僕と馬場と猪木の3人で何度も会ったりしていたんですけど、どうにもならなくて最後に馬場が言ったんですよ。〝櫻井さん、任せるよ。あなたが上手く考えてよ〟と。ただし、それまでの〝事情〟を考慮してということでね。それからは僕がお互いの意見を聞きながらカードをまとめていったんですけど、馬場が新日本vs全日本のシングルを徹底的に拒否したこともあって、ああいうカード編成になったわけです」

——この大会は対抗戦図式の試合も幾つか組まれましたが、それ以外のカードは他団体の選手とあまり絡まなくても済む絶妙な組み合わせになっていますね。

「それはそうですよ（笑）。困ったのは国際プロレスの吉原さんが〝ラッシャー木村を出す〟と。そうしたら、猪木が

〝相手はストロング小林でいいじゃないか〟と言い出してね。でも、これは遺恨試合になるかもしれないわけですよ」

——小林さんが国際プロレスを辞める時は、かなりゴタゴタしましたから。

「でも、猪木は〝木村と小林じゃ、そんなガチンガチンの喧嘩にならないよ〟と言うんだよね。〝2人ともいい人だから〟と（笑）。まあ、確かに木村も小林も心が優しいからね。〝思い切って、やらせてみたら〟と猪木が言ったの。本当にそうなったけどもね。結果は木村のリングアウト勝ちになったんだけど、2人が性格の悪い人間だったら凄い試合になっちゃったと思う（笑）」

——ここから各カードを振り返ってみたいんですが、記念すべき第1試合は3団体混合のバトルロイヤルでした。

「バトルロイヤルの人選は、各団体の方から選手を推薦してもらうということで決まったんです。これは他のカードも同じで、まずオールスター戦に出場させる選手の全リストを団体側に出してもらって、その中からいろいろとカードを決めていったんですよ。当初、僕は若手同士で対戦させるなら前田（日明）vs大仁田（厚）というカードも考えたんだけどね。僕としては前田に当てるなら、全日本からは渕（正信）や薗田（一治）よりも大仁田だろうと。これは実現していたら、面白かったよね。でも、新日本vs全日本のシングルはダメだということで、最終的にはバトルロイヤルになっちゃって（笑）。しかも、最初は若手だけでやるという話だったんだけど、小鉄ちゃんがどうしても入りたいと言ってきてね（笑）」

——その理由は何だったんですか？

「〝なぜベテランの山本小鉄が若手のバトルに入るんだ〟という意見もあったんですよ。でも、

『プロレス 夢のオールスター戦』は櫻井氏が仲介役としてマッチメークをまとめ、ファンの夢を実現させた興行として永遠に歴史に残る。それは櫻井氏にとってもプロレスロマンの結晶であった。

僕は彼が入ることによって逆に上手く行くだろうと。猪木は〝それじゃ小鉄が優勝じゃねえか、この試合は〟と言っていたけども（笑）。まあ、それはそれでね、小鉄の役割というものがあったわけです。この時期、小鉄ちゃんはレスラーというだけじゃなく、すでにレフェリーという立場でもあったからね。要は若手が熱くなったりして、オープニングから試合がメチャクチャになっても困るということです。その部分に関しては、東スポ側から馬場と猪木に対して〝すべての責任を持ってくれ〟と事前に言いました。逆に言えば、個々の選手には何も言ってないわけだけど。だから、そういう視点で見ていると、この試合は面白かったよ。前田がいきなり大仁田を蹴ったりしてね。その時、大仁田が何かわめいていたよね。どうしてもそういう場面は出てくるわけだから、小鉄があの中に入ることによって感情的な部分の〝中和剤〟として、上手く試合をリードしてくれればいいなという意図があったんです。他によく動いていたのは全日本では渕、新日本では北沢（幹之＝魁勝司）でしたね。上手く中和させる役割を果たしていたというか、その辺はさすがだよね。出るはずだった越中（詩郎）が直前でメンバーから外された理由は僕もよくわからないんだけど、馬場が外してきたんですよ。後から勘ぐると、馬場はあまり越中を好きじゃなかったのかな。結構、越中は反抗的なところがあったからね（笑）」

——第2試合は同郷ということで、『越境・鹿児島選手権』と形容された新日本vs国際のシングル対抗戦、荒川真（ドン荒川）vsスネーク奄美でした。試合内容に関してだけいえば、この一戦をベストバウトに挙げる声も少なくないですよね。

「このカードは、すんなり決まったんだよね。全日本は関係ないから（笑）。吉原さんは任せますよという感じで、あまりマッチメークにこだわらなかったんです。実はカードを組むにあたって鹿児島出身というのは、あまり意識しなかったんですよ（笑）。結果的にそうなっただけでね。当時のランクから言うと、荒川も奄美も前座の中の実力者。荒川と誰をやらせるかという話になった時に、猪木が奄美の名前を出したんだよね。猪木はよく〝俺は新聞も読んでねえし、テレビも見ねえよ〟なんて言うけど、ちゃんと見ていたし、いろんな人から情報を得たりしていたから。この試合が組まれた意味というのは、要は半分セメントでも面白いよということでね」

——荒川さんは柔道とアマレスの経験者、一方の奄美さんは中学卒業後に大相撲に入って最高位は三段目、廃業後は高校に入学してアマレスで国体を制していますね。

「だから、同郷というよりもガチンコの実力がある選手同士という意味合いだったんですよ。これは試合内容も良かった。最後の荒川のバックドロップも見事でしたよ。そうしたら、後に奄美がおかしくなっちゃってね。当時から脳に腫瘍があったのかな。この翌年に奄美は引退したけど、今になって思えば、この時も無理をして試合をやっていたのかもしれないね」

——第3試合は新日本の星野勘太郎と国際のマイティ井上が合体し、対する相手は石川隆士（孝志）＆木戸修という新日本＆全日本の混成チームでした。

「僕は井上vs星野のシングルというカードを推薦したんだけど、結果的にこういう形になってね。これ以前に2人がタッグマッチで当たった時、いい試合をしているし、僕は2人をシングルでやらせてみたいなと思ったんですよ。この大会は全体的に対抗戦というよりもお祭りムードになったけど、井上vs星野が実現しなかったのも要するに〝変な試合〟になっちゃ困るということでね。どちらも気が強いし、引かないから（笑）」

——星野さんと井上さんは新日本vs国際の対抗戦で、IWA世界タッグ王座を巡って対戦経験がありました。

「対抗戦になると新日本の選手は〝ナメられたくない！〟というのが出るけれども、そういうものを国際で持っていたのが井上だよね。だから、実際にやったとしても取っ組み合って最後は両者リングアウトとか、そういう試合になったでしょうし。結局、星野と井上が組むことになって。そうなると、どうしてもそこに全日本の選手を入れなきゃいけないということで、馬場は石川を出してきたよね。最初、馬場は〝2人でもいいよ〟と言ったんだけど、最終的には猪木が木戸を推薦したんです。最後の勝負は星野と木戸になったでしょ。まあ、これは言ってみれば、大人の裁定ですよ。テーマとしては〝業師対決〟ということでしたけど、石川は一枚落ちたかな。ちょっと4人の中で浮いていたというか、あまり動いていなかったもの。石川は、とりあえず入っていただけという感じだよね」

——第4試合は新日本の木村健吾（健悟）、全日本の佐藤昭夫（昭雄）、国際の阿修羅・原という3団体の期待のホープがトリオを結成しました。

「昭雄がアメリカから帰ってきて、馬場としては売り出したかったんです。そこで僕は藤原（喜明）とのシングルなんていうのも考えたよね。でも、これも馬場に一発でハネられた（笑）。新日本vs全日本だし、馬場は〝昭雄を潰す気か!?〟という感じでね」

——対戦相手は、その藤原喜明、永源遙、寺西勇というメンバーでした。

「藤原はジリジリと上がってきた頃で、若手のリーダー格。コーチだった小鉄の助手みたいな位置でね。どんな相手にもガンガン行くタイプだし、対抗戦には一番向いてるでしょ（笑）。昭雄もアメリカから帰ってきた頃は良かったですよ。技は上手いしね。ただ、藤原とシングルでぶつかっていたら、やられちゃったかもしれないな。おそらく荒川と奄美の試合みたいになったと思う。今になって考えれば、昭雄と健悟をぶつけるのも面白かったかもしれないよね。でも、当然シングルは無理ということで、このトリオに落ち着いたんだけども、意味合いとしては健悟、昭雄の売り出しカードだよね。相手が永源、藤原、寺西というメンバーになったのは、〝実力者トリオ〟ということです。つまり、この3人ならどんな相手であろうと何とでもできるだろうというね。言葉は悪いけど、原は付録みたいなものだったな。一人でウロウロしていたというか試合をしていて、どうも原だけタイミングが合わなかったよね」

――第5試合は新日本の長州力と国際のアニマル浜口がコンビを組んだことで後に維新軍の原点として語られる一戦ですが、この時は4選手全員が現役タッグ王者でもありましたよね。グレート小鹿&大熊元司はアジア・タッグ王者、長州さんは坂口征二とのコンビで北米タッグ王者、浜口さんはマイティ井上とのコンビでIWA世界タッグ王者でした。

「結局、これもタッグになっちゃったんだけども、僕としては長州vs浜口のシングルを是非ともやりたかったんだよね。これは猪木も別にいいんじゃないかと言っていたし。前年の暮れにタッグで当たった時も2人はいい試合をやっていましたよ」

――新日本のリングで対抗戦として、長州&木戸vs浜口&寺西というカードが実現しましたね。

「そういうのも見て、僕はシングルでやらせてみたいなと思ったんです。この長州vs浜口はダメになったというよりも、アジア・タッグ王者の小鹿&大熊をどうしても出したいという馬場の意向もあったんですよ」

――国際の井上&浜口は、77年11月に極道コンビからアジア・タッグ王座を奪取しています。

「じゃあ、相手をどうするかという話になって長州と浜口に落ち着いたんです。これは馬場もスンナリOKしました。極道コンビの相手として、星野&健悟という案もあったんですよ。でも、星野と小鹿というのがあまり関係が良くなかった。だから、そこはこちら側が配慮したんだよね。日本プロレス末期の怨念（猪木の除名や坂口の離脱）もあるし、小鹿と大熊は全日本で馬場のガードマン的な存在ということもあって、あの2人の相手を新日本から選ぶのは難しい部分もあったんです。でも、長州はそういう因縁がないから、馬場も猪木も彼でいいんじゃないかということで最終的にこういうカードになったんですよ。それにもし試合中におかしくなっても小鹿と大熊の2人なら、どうにでも対処できるだろうと。結局、試合は極道コンビのいつものパターン通り（レフェリーへの暴行で反則負け）になったけどね」

――第6試合は新日本vs全日本の唯一のシングル対抗戦で、

カードは坂口征二vsロッキー羽田でした。当時、坂口さんは新日本のナンバー2でしたが、どうして対戦相手が伸び悩んでいた羽田さんだったんでしょうか？

「とにかく馬場は新日本vs全日本のシングルは一切ダメということだったんですけど、格が違えばいいんですよ。羽田はアメリカ帰りでしたけど、まだまだ坂口とは格が違う。つまり、羽田が負けてもおかしくないということもあって、これは馬場もOKしたんです。この試合は確かに対抗戦なんだけれども、意味合いとしては羽田の売り出しという感じですね。馬場は〝羽田の入場の時に、ロッキーのテーマ曲を流してくれ〟と言ってきて僕は妙な注文を付けるなと思ったけど、映画の『ロッキー』がヒットしてるということで、そういう売り出し方を考えていたんでしょう。当時の羽田の格から言えば、この位置は抜擢ですからね。それに馬場は〝あいつなら坂口と身長も合うだろう〟と（笑）。対戦する坂口としては、気楽なもんだったんじゃないかな。当初は、坂口とラッシャー木村をシングルでぶつけるという案もあったんです。でも、これは国際側を立てたというか、国際プロレスのトップをどう使うかということを優先したわけですね。木村に坂口をぶつけるよりも、ストロング小林が国際を飛び出して、まだ5年しか経っていなかったし、木村との遺恨試合の方が盛り上がるだろうと」

——第7試合はジャンボ鶴田、藤波辰巳（辰爾）、ミル・マスカラスのトリオ結成で、これはBI砲復活と並んで大会の目玉でしたね。対戦相手はフリーとして新日本に上がっていたマサ斎藤、佐藤昭雄さんと共にアメリカから帰国したばかりの高千穂明久（ザ・グレート・カブキ）、前月に全日本所属となり

オールスター戦で藤波辰巳、ジャンボ鶴田、ミル・マスカラスが競演。東京スポーツがB！砲の対戦相手を公募したファン投票では、マスカラスとビル・ロビンソン、アンドレ・ザ・ジャイアント、ボブ・バックランドのコンビ結成を望む声もあった。

キム・ドクから改名したばかりのタイガー戸口でした。

「当初、東スポ側は鶴田vs藤波のシングルを希望したんですけど、これも揉めてね。新日本としては、OKだったんです。それに僕は個人的にいろいろと選手たちに話を聞いて回ったんだけども、鶴田も藤波も〝別にやってもいいですよ〟というようなことを言っていたんですよ。でも、馬場はダメだと。それでBI砲と同じく2人を組ませることにしたわけです」

——そこにマスカラスを組み込んだのは、どういう理由からだったんですか？

「馬場としては、マスカラスを出す予定はなかったんですよ。最初は鶴田と藤波を組ませて、相手は戸口&斎藤というカードでね。ところが、どういう訳か馬場があまりいい顔をしなかったんだよね。猪木も考え込んでいたし、これは困ったなと。そこで僕がマスカラスを入れたらどうかと提案したんです。当時、スーパースターでしたからね。そういう経緯で、この超人気トリオが生まれたわけですよ」

——日本人で固めて、そこに国際が売り出し中だった阿修羅・原を組み込むという案は出なかったんでしょうか？

「国際プロレスの顔を立てて、ここに原を入れるという案は出ませんでしたね。原のことは、馬場も猪木もあまり買っていなかったんです。だから、原のカードが下の方になっちゃったんだけども。相手側のもう一人はアメリカ帰りで、これから馬場としても売りたかった高千穂ということで落ち着いてね。言ってしまえば、ここに高千穂を入れることによって、この試合は全日本がリーダーシップを取れるということなんです。6人中、国際の選手はいないし、新日本側は藤波とフリーの斎藤だけですから。つまり、これは全日本の試合なんですよ。最後もマスカラスvs斎藤という顔合わせになって良かったんじゃないかな。戸口、高千穂はこれから売っていこうという選手だし、マスカラスはいいカッコしいだし、あの中で大人は斎藤だけだったということですよ（笑）」

——セミファイナルは今大会で唯一〝遺恨〟を前面に打ち出したカード、ラッシャー木村vsストロング小林でした。

「先ほど言った坂口vs木村でも良かったんですけど、僕としては一つ一つの試合に意味がないといけないということでね。もちろん、どういうカードなら記事になるかという思惑もあるし、これは僕自身の夢のカードというところもあって。もちろん、遺恨試合ということで東スポ側としては懸念もあったんですけど、全日本は関係ないから、吉原さんの〝ああ、いいですよ〟の一言でOKでした（笑）。吉原さんとしても自信があったんじゃないかな、木村に関しては」

——74年に小林さんが国際プロレスを離脱して東スポ所属選手になった経緯を考えると、このリングで国際の新旧エース対決が実現したことに因果のようなものも感じます。

「小林が国際プロレスでチャンピオンだった時代、団体の中でやっかみというのがあったみたいでね。彼は凄く大人しい性格でしょ。だから、辛い立場じゃなかったのかな。あの頃は興行的にも良かったし、小林人気というのは確かにありましたから。その小林が辛い思いをして悩んでいるという情報に、新間氏はパッと飛びついたわけです。あの時、新間氏はまず小林のお母さんを口説き落としたんだよね。その結果、あの猪木vs小林の名勝負が生まれたんですよ。でも、木村は猪木のように小林の良さを引き出せなかったよね。木村はあまり受けが上手くないファイタータイプだったし、小林は基本的にはいいレスリングをやるんだけど、乱闘はそれほど上手くないしね」

——そして、メインイベントは馬場&猪木vsブッチャー&シンというドリームカードでした。オールスター戦が今でも語り継がれている最大の理由は、関係が断絶していたBI砲を再結成させたことに尽きますよね。

「他のカードもそうなんですけど、東スポ側が提案したブッチャーvsシンのシングルも馬場がダメだと。要するに、馬場としては新日本が一気に潰しに掛かるんじゃないかという疑念があったんです。これはもう時効だから言いますけど、銀座東急ホテルの1階の喫茶室で馬場と2人で会っていた時にね、〝櫻井さん、わかるだろ？　俺は木村政彦にはなりたくないよ〟と言ったよね。つまり、あの力道山vs木村政彦のことを言ってるんですよ。〝どんなマッチメークであろうとも俺は猪木を信用できない〟ということを暗に僕に言ったわけです。紙面で〝過去のいきさつ〟とか〝クリアすべき問題〟という言葉が話題になったけれども、それは馬場一流の言い方でね。猪木に対して、具体的な要求はなかったんですよ。猪木と同格扱いとか、そういうこともあまり関係ない。ハッキリ言えば、猪木が潰しに掛かってくるんじゃないかというのが馬場の本音で、それはもう根深いものだったね。だから、メインはBI対決から馬場&猪木のタッグということになったんだけども、これは東スポが出した妥協案で、もうこれしか話がまとまらないだろうと」

——対戦相手は、どういう経緯で決まったんですか？

「次に相手をどうするかという話になるわけですけど、馬場の希望としてはファンクスとやらせてほしいということでね。ところが、これは猪木が〝ノー〟だと。このカードはBI砲最後の試合、猪木が日本プロレスを追放される直前にやった試合と同じですよね（71年12月7日＝札幌中島スポーツセンター、BI砲がインター・タッグ王座から陥落）。でも、ファンクスというのは、えげつないほどの馬場シンパだから。オールスター戦の頃は外国人レスラーのブッキングなんかもドリーが仕切っていたし、馬場とファンクスの関係を見れば、今度は逆に猪木の方が〝あいつらは信用できない〟というね。そこでブッチャーとシンのタッグという案は僕が出したんだけれども、これだって彼らがOKするかどうかわからない。馬場は〝ブッチャーはシンが大嫌いだから、おそらくノーって言うよ〟と言っていたしね。そこで僕はまず新日本側にシンの出場を打診して、京王プラザホテルでシンと直接、会ったんです。その席で〝ブッチャーとタッグを組むのはどうか？〟と聞いたら、シンは〝あいつは昔、俺の子分だったから〟と。話を聞いたら、以前、シンがオーストラリアでファイトしていた時にブッチャーが来たんだけれども、自分の方がトップを取っていたということでね。だから、別に構わないという感じでシンはOKしたんです。それで〝シンはOKしてるから〟と馬場に頼んだら、〝じゃあ、しょうがないな〟と。そういう視点で見ると、メインに出た4人の駆け引きは面白かったよ。これは後から馬場に聞いた話なんだけど、あの試合に出たということでブッチャーはファイトマネー以外にボーナスを要求してきたみたいでね。馬場は払ったと言っていましたよ」

——当時、東スポの紙面ではBI砲の対戦相手を募集するファン投票をしていましたよね？

「これも今だから話せるけど、あくまでもBI砲の相手はファン投票という形を取るということでね。実際に葉書はたくさん来ました。ファンクス、鶴田&藤波、アンドレ&ブッチャーとか、いろいろなチームの名前が挙がったよね。でも、当時の感覚で言ったらBI砲と鶴田&藤波がぶつかるというのもできないカードなわけですよ。ブッチャーとシンは両団体のヒールのトップで、ある意味では誰でも

オールスター戦の詳報が掲載された東京スポーツ79年8月28日付の1面には、「劇的公約『馬場・猪木年内決戦』」と見出しが打たれた。櫻井氏の書名原稿には「猪木はこの秋、10月にラッシャー木村との対決が内定」という一文があり、この一戦の結果次第では年末にBI対決が「実現か？」と結んでいる。

知っている大スターでしたし、BI砲と戦わせるなら、この2人が最高じゃないかというのが僕の結論でね。これは絶対に日本武道館が超満員になると。実際に試合も面白かったし、今になって考えてみても、やっぱりブッチャー&シンがベストだよね」

——あの日、メインの試合が終わった後にリング上で猪木さんが〝次は馬場さん、俺と一騎打ちをやろう〟と呼び掛けましたよね。あれは完全に猪木さんのフライングだったそうですが。

「あれだけの大観衆の前で言われれば、馬場も〝ノー〟とは言えないからOKしたよね。それで東スポは、翌年もオールスター戦をやろうと動いたんです。その時は馬場vs猪木戦で行けるかなということでね。実際に交渉に入ったんだけども、結局それはまとまらなかった。あの時は日本武道館で猪木コールが爆発したんだよねえ」

——有名な話ですが、それはサクラだったんですよね？

「うん、新間氏の作戦でね。新間氏と息子（寿恒氏）がたくさん人を集めて、馬場は〝やられた〟と後で文句を言っていたけど、僕は馬場に言いましたよ。〝それは戦略の違いだろう。君の方だって米沢（良蔵＝渉外部長）氏が人を集めて、馬場コールをやらせれば良かったじゃないか。そこが新間氏と米沢氏の違いだな〟と。馬場も〝まあ、そうだけどさ〟とか言っていたけど、そこが新間氏の凄いところなんですよ」

——大会前日までメインイベントのマッチメークで揉めたという話を聞いたことがあるんですが、そうなんですか？

「大会の前の晩に、九段下のグランドパレスというホテルで馬場と猪木が会ってるんだよね。猪木が呼び出しをかけて。これは僕もその場に立ち会ったわけじゃないから、詳しいことはわからないんだけど」

——謎の密会ということですね。

「猪木は〝そんなことないよ〟と言ってるから、馬場がどこかに漏らしたんだよね。僕が馬場に聞いた話だと、猪木の方から〝ノーと言ったら、明日は出ない〟というような要求があったみたいでね」

——この世界では、よくあるパターンですよね。試合が近づけば近づくほど中止にはできないので、逆に選手側の意見が通りやすくなったりしますから。

「〝俺がノーと言って猪木が出ないということになると、俺が東スポから恨まれるから〟と。馬場は僕にそう言いましたよ」

——これは〝たられば〟の話ですし、デリケートな質問なんですが、もしBIの一騎打ちが組まれていたら、やはり猪木さんはリング上で裏切ると思いますか？

「どうだろうなあ……馬場に譲ったかもしれない。ある部分ではね。実を取って、試合内容では圧倒するかもしれないけど。猪木という男は、そういうところがあるから」

——今、櫻井さんがオールスター戦を総括するとしたら、どういう想いですか？

「馬場、猪木がどういう腹積もりを持っていたかは知らないけれども、8・26に僕が打ち込んだ理由というのはね、これはプロレスのロマンなんですよ。東スポが主催した73年の『世界最強タッグ戦』にしてもそうですしね。すでに全盛期を過ぎてはいたけれども、伝説のルー・テーズとカール・ゴッチが組んで猪木と坂口がぶつかる。そこにロマンやストーリーがあるじゃないですか。東スポが仲介に入った74年の猪木vs小林だって同じなんです。力道山vs木村以来、20年ぶりの日本人トップ同士の対決、事実上の日本選手権ということで朝刊スポーツ紙も大々的に取り上げたわけですよ。でも、今は何をやろうともプロレスは社会的な話題にならない。ロマンチシズムというものが今のプロレスには求められないんですよね。だから、人々の心に響かないんです。オールスター戦の話を持ちかけた時、全日本の大峡さんも〝是非やらせていただきたい。これは私のロマンです〟と言っていましたよ。僕が東スポの紙面で追求していたのは、『プロレスロマン』ですから。これは『東スポロマン』と言ってもいい。僕が編集局長でいた時代は、プロレスだけじゃなく野球でも何でも同じですよ。UFOにしても河童にしても、それはロマンなんです。そういうものが今のプロレスには感じられないよね。僕から言わせれば、ロマンのないものは大衆ウケしないんですよ」

——先ほども話に出ましたが、東スポ側は翌年に第2回大会の開催を計画したものの、思うように話が進まず頓挫しましたよね。

「やっぱり、僕としては馬場vs猪木のシングルというカードをやりたかったな。第2回のオールスター戦はいろんなことがあって潰れてしまったんだけど、この時だって雰囲気的に馬場は〝冗談じゃない〟という感じだったからね。でも、こうやって振り返ってみると、各試合にいろんなストーリーがあったし、当時は本当にいい人材がいたなと思いますよ。そして、それぞれのレスラーに強烈な個性があった。それに、やっぱりみんなプロだったよね。カードが決まってから、ゴネた選手は一人もいなかったから。評価は見る人によって違うだろうけれども、僕はそれなりにどの試合も良かったと思うし、手を抜いた試合は一試合もなかったよ。残念ながらシングルは無理だったけど、BI砲を最後に組ませてプロレス界にとっていいメモリーになったんじゃないかな」

〝燃える闘魂〟の終焉

——80年2月には極真空手と関係が深かった梶原一騎さん

が動いて、猪木vsウィリー・ウィリアムス戦が実現しました。

「うん、あれは梶原さんが実行委員だよね。これもスリルのある試合だった。半分本気になったから」

――80年代に入ると、梶原さんはアブドーラ・ザ・ブッチャーの引き抜きやタイガーマスクのデビューなど新日本プロレスのリングに深く関わってきますよね。

「梶原一騎という人は、最初は物凄いプロレスファンでね。61年頃、少年誌にプロレス悪役列伝のようなものを書きたいというんで、よく新橋の駅前のバーで会って、僕がネタを提供していたんだけども。その後、『ジャイアント台風』や『タイガーマスク』を書く時も僕は結構アイディアを提供したんですよ。今でも弟の真樹日佐夫さんとは付き合っているけども、彼もよく僕のところにプロレスのネタを聞きに来て自分でも書き始めてね」

――話が前後してしまうんですが、極真空手といえば、モハメド・アリ戦の前に猪木さんが総本部の道場に出向いて大山倍達総裁から蹴りの指導を受けたことがありましたよね。

「うん、あれも僕が連れて行ったわけだからね」

――猪木vsアリ戦に大山総裁を絡めたのは、どういう意図があったんですか?

「要するに、あれもアリ戦の盛り上げの一環だったんだけども、その前にいろいろあってね。75年に極真会館が『第1回オープントーナメント全世界空手道選手権』という大会をやった時、梶原一騎さんが〝誰でも挑戦を受けてやる〟というようなことを漫画誌の中で書いたんですよ。それで新日本が申込書を極真会館に送ったんです。そうしたら、新日本に大山さんから電話がかかってきて、〝本気かね？〟と。新間氏は〝本気だ〟と。それで2人がホテルニュージャパンのラウンジで会うことになったんです。新間氏から一緒に来てくれと電話が来たんで、しょうがないから僕も行きましたよ。その2人が話している後ろの席で、僕はコーヒーを飲んでいてね（笑）」

――会談の内容というのは？

「〝新間さん、これはないだろう〟と大山さんが言うわけ。でも、新間氏は〝本気も本気。猪木はやる気でいますよ〟と。大山さんは〝空手には空手のルールがあるんだから〟と説明したんだけど、新間氏は〝先生ね、そんなこと言ったって、ルールもへったくれもないじゃないですか。ウチは試合場に行って、やりたいことをやって、全部反則負けでもいいです〟と強気だったよねえ。それで最後は〝先生に猪木を認めてもらえればいいんですよ〟ということになってね。結局、僕が大山さんに〝猪木は強い〟というような内容の観戦記を東スポに書いてもらったんです」

――大山総裁は、その年の6月26日に蔵前国技館で行われた猪木vsタイガー・ジェット・シンのNWF戦の感想を東スポに寄稿しました。その記事には〝確かにプロレスは武道とは違う。しかし、それを単なるスポーツショーとして片づけてしまうことのできない迫力が、猪木君のファイトの中にある〃、〃シンを倒した猪木君に、戦いに生きる男の『根性の凄み』を見た〃と書かれています。

「それで新日本は殴り込みをかけるのをやめたんです。その後、大山さんから電話がかかってきてね。〃櫻井さん、肉を食おうよ〃と、ご馳走になっちゃって（笑）。もちろん前から取材に行って知ってはいたんだけど、それで仲良くなってね。今度は猪木vsアリ戦を盛り上げるために、大山さんにボクサーと戦うコツを教えてもらおうと猪木を連れて行ったんですよ。大山さんは足を掛けて倒した時に、上から殴れと。もちろんルールの問題で、その戦法はできなくなったんだけどね。でも、大山さんも猪木の力を認めて味方になったということで、アリ戦を盛り上げるには物凄く役に立ったんだよね」

――体面上の問題からウィリーは極真会館を破門された形で猪木戦のリングに上がりましたが、この試合は舞台裏が壮絶でしたよね。いざという時、極真側の人間ではないと一瞬で判断できるようにリングサイドに入ったカメラマンに揃いのウインドブレーカーを着せるという異常なまでの厳戒態勢でした。

「ああ、あったよね、そんなことが（笑）。彼とも今も付き合いがあるんだけど、あの時は添野義二さん（現・世界

猪木vsウィリー・ウィリアムス戦の模様を報じた東京スポーツ80年2月29日付の紙面に櫻井氏は「後味の悪い消化不良の試合」、「セコンドの介入に重大責任」という見出しで、「レフェリーを含めた試合管理者」を批判する内容のコラムを寄せた。

空手道連盟士道館総帥）が門下生をたくさん連れてきてね。彼がウィリー側の防衛隊長みたいな感じで会場に来ていたでしょ。まあ、最終的に添野さんも梶原さんもみんな大山さんに破門されちゃうんだけど」

――ウィリー側と控室が一緒だった藤原敏男さんに聞いたんですが、セコンドがみんな拳にテーピングをガッチリ巻き始めて完全に臨戦態勢に入っていたそうです。

「いざという時のためにね。裏で新間氏も添野さんに蹴られたもの。でも、それ以降は仲良くなってね。猪木側の方にも名古屋から空手の人たちが来ていましたし」

――猪木さんと空手家の水谷征夫氏が創設した寛水流ですね。

「新間氏が抑えて、そんなに前面には出なかったんです。あの時、寛水流は猟銃を持ってきていたんだよね。僕は〝空手に猟銃はないだろう〟と言ったんだけど。まあ、そのぐらいスリルのあった試合ですよ」

――同年12月に新日本プロレスは世界統一を掲げたインターナショナル・レスリング・グランプリ＝ＩＷＧＰ構想を正式発表しましたが、あれは夢がありましたよね。

「最初の話では、ＩＷＧＰというのはタイトルにしないということだったんだけどね。その頃、アメリカのＮＷＡ世界ヘビー級王座というのがどんどんローカルタイトルみたいになっちゃったでしょ。権威があったのは、僕はドリー・ファンク・ジュニアまでだと思う。その後はジャック・ブリスコ、テリー・ファンク、ダスティ・ローデスとグレードが落ちてきて、リック・フレアーの頃は本当にノースカロライナのローカルタイトルになっちゃってる。だから、ＮＷＡの価値がなくなってきて、そこでニューヨーク（ＷＷＦ）のビンス・マクマホンがＩＷＧＰに賛同したというのは大きいよね。ところが、いつの間にか普通のタイトルになっちゃって。だから、これを考え付いた新間氏としては本意じゃなかったかもしれない。新間氏は83年に新日本を辞めているでしょ」

――ＩＷＧＰのスタートを発端に、新日本プロレスと全日本プロレスの間で選手の引き抜きが熾烈を極めました。当然、事前に櫻井さんのところにも情報が逐一入ってくるわけですよね？

「まあ、影で手引きしたマスコミの人もいるしね（笑）」

――70年代は〝冷戦〟でしたが、これで一気に〝開戦〟しましたね。

「それまでは暗黙のルールがあったんだけど、新日本がアブドーラ・ザ・ブッチャーを引き抜いたことで始まっちゃったよね。それでタイガー戸口も新日本に来たり。みんなＩＷＧＰに賛同して、参加したいというような名目はあったけど（笑）。ただ、やっぱりプロレスのスタイルそのものが違うでしょ。だから、ブッチャーにしても新日本に来て戸惑っていたしね。いい試合なんて、一つもやってないし。せっかく全日本から引き抜いたんだけど、猪木vsブッチャー戦でいい試合というのは一つも記憶がない」

――引き抜いたはいいものの、新日本が上手くブッチャーを使いこなせませんでしたから。

「これはブッチャーそのものにも問題があるんだろうけども、ああいうスタイルはやっぱり馬場向きなんですよ。逆にハンセンが全日本に行っても、もう馬場じゃ相手にならないし。それから、今度は全日本からブルーザー・ブロディを引っ張ってきたけど、それだってダメですよ」

――80年代に入って猪木さんは糖尿病が悪化したこともあり、明らかに肉体が衰え始めましたから。

「ですから、猪木が80年（9月25日）に広島でスタン・ハンセンに勝った試合があるでしょ。僕はあの辺りで、潔く猪木が引退していたらカッコ良かったなと思う」

――カウンターで逆ラリアットを決めた有名な一戦ですね。櫻井さんから見ると、あの辺でギリギリですか？

「うん、あの時だって、よく勝ったよ。でも、スタン・ハンセンは猪木といい試合をやってる。結局、猪木とやることによって彼もグレードが上がったんだから。昔、ＭＳＧでブルーノ・サンマルチノに勝ったのも本当に弾みで勝っちゃったようなものだしね（※ハンセンがボディスラムを掛け損ない、サンマルチノが頸椎を損傷）。あれでビンス・マクマホンは、もう使わないと。〝デンジャラス〟という烙印を押されたら、もう使ってもらえないわけです。おそらく新日本に呼ばれなかったら、テキサス辺りに帰って細々とやっていたと思う。ところが、日本に来て猪木とやって、もうトップランクになっちゃったから。猪木との試合がなかったら、全日本に行ってもＰＷＦの会長なんかになれなかったと思うよ」

――ところで、この時代に村松友視さんの『私、プロレスの味方です』（情報センター出版局）という本が話題になりましたよね。櫻井さんは、どう思いました？

「僕は異論を出したことがあってね。あれは冒頭から、プロレスというのは裏通りのものであるという視点に立ってるでしょ。それでいいんだと」

――確かに、それが前提でした。

「プロレスは日陰のものだと。〝それでも私はプロレスの味方です〟と。そういうところが僕は気に入らなくてね。いや、そんなもんじゃないと。プロレスはもっと正々堂々とした明るいものだと。だから、何も味方してもらわなくてもいいと僕は反論したことがある」

――あの本はアントニオ猪木を称賛する内容でしたが、猪木さんは喜んでいましたか？

「猪木はインテリが好きだから（笑）。僕も別に村松さん自身は嫌いじゃないし、書いた物は好きだから。『時代屋の女房』（第87回直木賞受賞作）とか実に面白く読んだし」

――櫻井さんはあまり評価されていない時期ですが、タイガーマスクの登場や藤波辰巳vs長州力の名勝負数え唄、猪木vs新国際軍団の抗争などもあって80年代前半は新日本ブームが巻き起こりました。

「国際軍団との1vs3の試合も、僕は〝それは良くないよ〟と言ったんだけどね」

――それをやってしまうと、リアリティーがなくなると?

「そういうことですね。この時期から、〝これが猪木のプロレスだ〟と思える試合がどんどん消えてなくなるわけですよ。やっぱりね、プロレスというのはシングルマッチであって、せいぜいタッグマッチまで。僕はバトルロイヤルも良くないと思うし。スタニスラウス・ズビスコ、ジョー・ステッカー、エド・ストラングラー・ルイスの時代は、みんなシングルマッチですよ。それが本当のプロレスだと思うね。ルー・テーズの全盛期でも、NWAの全盛期でも、みんなシングルなんです。だから、猪木の名勝負というのもタッグマッチはそれほどない。タッグは結局、タッグなんだもん。要するに〝鬼ごっこ〟なんですよ、僕に言わせれば。だから、シングルマッチの名勝負が…」

――なくなった時がアントニオ猪木の終焉だったと?

「そういうことです。だから、僕は巌流島の猪木vsマサ斎藤戦（87年10月4日）だって、それほど評価してないし」

――お互いのレスリング技術が所々で垣間見られて、今観ても興味深い試合ですけどね。

「だけど、僕に言わせれば、両方が休んでいるのがわかるんだよね。この試合はテレビで観ただけなんだけど」

――まあ、それは長時間の試合だったので致し方ないところだと思いますが。

「やっぱりこの時期はもう猪木の力は落ちてるし、むしろマサ斎藤の方が力は入ってましたよ」

――この巌流島の決闘もそうなんですが、ガチガチのストロングスタイルの試合をやる一方で、デスマッチをやったり、1vs3の変則マッチをやったり、そういう柔軟性もアントニオ猪木の魅力のひとつですよね。

「それはいいと思う。発想そのものは素晴らしい。要は内容の問題。上田とのネイルデスマッチ（78年2月8日＝日本武道館）は僕が解説していたけども、やっぱりスリルがあったよ。怖かったもの」

――さすがに落ちないだろうと思っていても、アクシデントで落ちる可能性がありますからね。

「いや、試合前に猪木は落ちることを覚悟してると言っていましたよ。〝相手が上田だから〟と。この頃は、もちろん上田も力が落ちてますよ。腰も悪くなってるし。でも、やっぱり上田の〝勝負根性〟というものを猪木が高く評価していたから。上田は、やる時はやるからね」

――いろいろ逸話は聞いています。

「猪木は、〝あいつだから、本当に落ちるかもしれない〟と。実際にギリギリまで行ったよね。ただ、あの前後は猪木の力も落ちて。だから、ボブ・バックランドとの一連の試合というのも僕はあまり評価していないんだけども。解説しながら、猪木の力も落ちたなと思った」

――シンやハンセンを引き抜かれた後もアンドレ・ザ・ジャイアント、ハルク・ホーガン、ブルーザー・ブロディと対戦相手にはそれほど事欠かなかったんですけどね。

「ブロディと猪木の試合というのはね、僕はまったく評価してない。2人は噛み合わないもの。技を仕掛けても、お互いのタイミングも合わないし。ブロディが猪木のペースに乗ってこない。それで猪木が勝っても反則勝ちとかね。そういうのが出るようになったら、もう辞めた方が良かったんです。アンドレ・ザ・ジャイアントとは、結構いい試合をやってたけども」

――あの体格の選手と普通に試合を成立させてしまうという。そこが猪木さんの凄いところですよね。

「あれは凄いと思った。それに、いざとなると力が出るもんだなと。あのジャイアントをボディスラムで投げたからね。いくらジャイアントが受け身を取るにしても」

――もし崩れたら、自分も相手も大怪我をしますからね。

「あれは凄いですよ。試合の内容も良かったし」

――アントニオ猪木というレスラーの画期的なところは、フィニッシュホールドをたくさん持っていたことだと思うんですよ。猪木さんの名勝負を並べてみると、かなりフィニッシュが違いますから。

「東京プロレスの頃からアメリカで覚えてきたものをどんどん出していったよね。これはね、アメリカで馬場はメインストリートを回っていた。ニューヨークのMSGや五大湖近くでも大きいマーケットをずっと回ってたけど、猪木の場合はやれオレゴンだ、テネシーだ、アラバマだ、テキサスだと、いろんな場所でいろんなものを覚えてきたよね。それと年齢的なものもある。猪木がアメリカを回っていた時は21～23歳だから、一番吸収する年齢ですよ。しかも、肉体的にも一番いい時代だしね」

――スタイルとしては珍しいですよね。普通のレスラーはフィニッシュホールドが決まっていて、そこに向けて試合を展開させていきますから。

「猪木の場合は、ひとつの技を売り物にしないというね。そこは猪木の天性の感覚もあるだろうし、猪木の柔軟で研究熱心なところもそこに昇華されているんだろうし。いろんなことをやってみたいという猪木のプロレス思想もあると思う」

――話は変わりますが、新日本プロレスは旗揚げ戦からカール・ゴッチと密な関係にありましたが、80年代に入って徐々に疎遠になっていきます。84年になってゴッチさんは新日本を離れて旧UWFに協力するようになりますが、やはり金銭的な問題からなんですか？

「これは新間氏が交渉に当たっていたから僕もよく知ってるんだけども、ゴッチの要求はかなりキツいんだよね。結局、そんなに払えないということで決裂したんです。まあ、それまでゴッチを優遇しすぎたんですよ。でも、ゴッチだって別にボランティアで来ているわけじゃないんだから。

――ゴッチさんの家で指導を受けた選手も多いですし、何かというと、新日本はゴッチを呼んだでしょ」

外武者修行のブッキングを頼んだり、新日本とって欠かせない存在でしたから。

「ゴッチの娘婿にミスター空中というのがいて、彼がかなりの金額の要求をしてきたんだよね」

――一時期、空中さんは新日本でレフェリーもされていましたよね。

「まだ新間氏がいた時代でしょ。〝そんなのは冗談じゃない〟ということでね。それから関係がおかしくなった」

――猪木さんもそういう姿を見て幻滅したというようなことを言っていました。

「最初はゴッチも金じゃなかったんだけどね。結局、おかしくなったのはマネージメントを空中がするようになってからですよ」

――84年4月に旧UWFが誕生した時、猪木さんも移るはずだったと言われていますが、真相はどうなんですか？

「結局は新間氏の先走りだったんじゃないかな。猪木とすれば…謎なんだよ。新間氏も本当のことを言わないんだよね。絶対に来る予定だったと言っていたけど、猪木に聞くと〝俺はそんな約束してないんだよ〟というし。それは謎だなあ」

――87年には、東スポが絡んで新日本のリングにTPG（たけしプロレス軍団）が出現しました。あれは前年のフライデー襲撃事件で東スポとたけし軍団が揉めたことがそもそもの始まりなんですよね？

「そうそう。それでたけし軍団と野球の試合をやって、東スポがコテンパンに負けてね。あれは僕が編集局次長時代かな。そういう流れで、ビートたけしと仲良くなって。たけし軍団というのは、みんなプロレスが好きなんだ。それで一回、猪木と会わせてくださいよという話になって」

――櫻井さんがセッティングされたと聞いていますが。

「僕が六本木の全日空ホテルを取って、たけしと猪木の食事会をやったんです。あの時、たけし軍団も3人ぐらい付いてきてね。確かにみんなプロレスに詳しいんだけども、ただ、それはファンとして詳しいんだよね。プロレスをちょっと誤解しているというか、曲解している部分もあって。それで〝プロレスをやりたいです〟と。冗談でね」

――でも、それに東スポは乗りましたね（笑）。

東京スポーツ

ここがたけし ハブの牙 道場

本紙がついに発見

ビートたけし プロレス大挑戦

あす新日試合場へ殴り込み

11月中旬から極秘特訓

元プロレスラーが猛コーチ

東京スポーツは87年9月8日付の1面でビートたけしのプロレス新団体設立をスクープした。こちらはTPGの秘密基地『ハブの牙』を突き止めた同年12月4日付の記事。ここはウォーリー山口氏が経営していた東京・大田区のプロレスショップ『マニアックス』の地下で、元々リングが設置してあった。

「まあ、それも面白いなということで（笑）。でも、たけしや軍団が試合をやるわけにはいかないからね。じゃあ、誰か強力なレスラーをスカウトして猪木に挑戦すればいいということになって、たけし軍団の切り札としてビッグバン・ベイダーが生まれたんです。『スター・ウォーズ』のダース・ベイダーから取って名前を付けてね。あれはマスクもコスチュームも東スポが全部作ったんですよ」

——12月27日、両国国技館にベイダーを引き連れたTPGが乗り込む形になりましたが、カード変更を繰り返した結果、最後には観客が怒り出して暴動になりました。

「あの時は〝お笑いにナメられてたまるか！〟と山本小鉄が怒っちゃってね。控室で〝リングに上がってこい。やってやろうじゃないか！〟と、たけし軍団を脅かしたんですよ。それで、たけしたちが帰っちゃったんだ。たけし側もプロレスというのはどうにでもなるもんだというイメージを持っていたみたいだけど、山本小鉄にしてみれば、そうは行くかいという気持ちもあってね」

——猪木さんは乗り気だったんですか？

「猪木は、客が来ればいいじゃないかという（笑）。その時はね。まあ、結構たけしとは意気投合していたし」

——ということは、もし成功していたら、その後もTPGは続いていたわけですか？

「うん、たけし軍団に続々レスラーを入れてね。そうしたら、面白かったと思うよ。長州の維新軍みたいに、団体の中に独立団体を作ってね。そうすれば、たけし人気と相まって盛り上がるかなということだったんだけど、山本小鉄が本気で怒っちゃって（笑）。それで、たけし側もやってられないということで」

——もうこの時期は、〝猪木はいつ引退するのか？〟とファンの興味はXデーに移りつつありましたよね。

「僕は89年2月に両国国技館で長州に完全にフォールされた時、〝ああ、本当に終わった〟と思った。あの試合で猪木が自ら昭和のプロレスを締め括ったんだよね」

――試合後、猪木さんは号泣していました。その前年にも、長州さんには小樽と札幌で2回フォールを奪われていますし。

「だから、最後に長州にトドメを刺されたなと思うんだけど、長州はずっとそれを目標にあそこまで来たんだ。あの時は長州が37歳で、猪木が46歳でしょ。これはもうしょうがないんだけど、見事に猪木が、昭和が終わったなと」

――ちょうど年号が昭和から平成に変わる時期でした。

「長州が両国でフォールしたのが平成元年ですよね。その前に、これも僕は非常に印象に残っていて、札幌で長州にフォール負けした。その時は編集局長という立場だったからテレビの解説は降りていたんだけど、当時、藤波がIWGPのチャンピオンで、その挑戦者を決めるリーグ戦でしたよね。藤波が〝猪木さんに勝つまでは俺はベルトを締めない〟と言っていて。そのリーグ戦で長州と猪木が当たって、あの時も見事なフォールでしたよ」

――最後は後頭部へのラリアットでした。

「リーグ戦そのものは猪木が勝って、藤波と横浜文化体育館（88年8月8日）でタイトルマッチをやってね。この試合も名勝負と言われているんだけど、それよりも僕は88～89年の猪木vs長州戦が強烈に印象に残ってる。藤波とは時間切れ引き分けで確かにいい試合をやったけど、これは猪木が藤波を強烈に引っ張って売り出したんだと僕は思うんだよね。でも、長州は本気になっていたから。平成になっ

櫻井氏が昭和の終焉を感じたという89年2月22日、両国国技館における猪木vs長州力戦。同年度のプロレス大賞にて、猪木は「特別功労賞」を受賞。MVPは新生UWFの前田日明、ベストバウトは天龍源一郎vsジャンボ鶴田の三冠戦で時代は確実に変わろうとしていた。

てからも大龍に負けたりしているけど、これは猪木にとって付録みたいなものだよね（苦笑）。やっぱり、あの両国が印象深い。僕はここでアントニオ猪木は終わったと思うんだよね」

――ところで、若手時代からのお付き合いですし、猪木さんは櫻井さんの前では『アントニオ猪木』ではない素の表情も見せるんですよね？

「まあ、僕にとっては〝猪木クン〟であり、〝寛ちゃん〟だしねえ（笑）。だから、彼が変な試合をした時はやっぱり悲しいよね。最後の方は、〝ああ、猪木らしくないなあ〟という試合が幾つもあったし」

――長年、取材されてきて猪木さんが辛そうにしていたのは、いつ頃ですか？

「そうだなあ、一番最初は彼が日本プロレスを追放されて新日本を旗揚げした時かな。マンションへ行ったら、そこでボサーッとしていたよね。〝これからどうなるかわからないけど、とにかく何かやりますよ〟と。あの時は、彼なりに苦労したと思います。それから、アリ戦の後もちょっと寂しそうだったよね」

――世間から酷評されただけでなく、凄まじい額の借金まで背負ったわけですからね。

「糖尿になった時も辛そうだったし。まあ、いろいろ彼の辛いところを見ていますけど、苦しい話をしていても最後に彼は笑うんですよね。独特の笑顔をするでしょ？　というのは、彼が人生の中で一番辛かったのはブラジル時代でね。よく僕に言ってたもの。〝電気もない小屋にいたんですよ〟と。彼が向こうへ行ったのは、まだ中学2年の時だからね。〝そういう生活をしたこともあるから、大概のことには驚かないんです〟と言っていました。まあ、倍賞美津子とも本心では別れたくなかったしね。でも、別れざるを得ないという状況になって。あの時も辛かったみたい。ただ、僕もみっちゃんと離婚する時はちょっと苦言を呈したけどね」

――猪木さんもフライデーされましたから。

「猪木も〝俺は一言も弁解できねえ〟と言っていたけど、責任を取って坊主になってね。でも、それも笑い飛ばしてしまうところが猪木の懐の深さだな。猪木という人間は憎めないんだよね。突然、電話がかかってくるんですよ。新間氏と揉めた時とかね」

――最初の国会議員時代ですね。あの時は東スポも猪木さんをかなり叩きましたが、ためらいはなかったんですか？

「猪木が怒って、僕のことを告訴すると言ってきたけどね。さすがにそれはできなくて、矛先は東スポでコラムを書いていた政治評論家の菊地久さんに向いたけども。でも、僕にとってプロレスとは何かと言ったら、東スポの記事を書くということが主で、プロレスはその対象であるわけだから。当然、プロレスというものを理解しなきゃいけないけども、僕がプロレス側に行っちゃったらダメなんだよね。それはもう、猪木もわかっていたし。だから、僕は〝じゃあ、堂々と反論しろよ〟と。〝陰で、あの野郎とわめいてもダメだよ〟と言ったの。猪木がいろんな問題を起こした時は、東スポは堂々と叩くし。反論があれば当然書くし。だって、別に猪木の御用新聞じゃないわけだから。その辺は、お互いわかってるからね。だから、僕は猪木と付き合いが切れたことはないです。大喧嘩をしたことも一回もないし」

――これは以前から思っていたことなんですが、アントニオ猪木というレスラーは文句なしに素晴らしいんですけども、櫻井さんが側にいたから、あそこまでの存在になったような気もするんです。

「うーん、どうでしょうね。ただ、僕は昭和のプロレス＝アントニオ猪木だと思っているから、紙面でもそう盛り上げていったし。75年に猪木が自伝を出したいと言ってね。大きな声じゃ言えないけど、僕が彼に話を聞いてゴーストライターをやったんです。これがプロレス本の走りみたいなものだよね」

――最初の自伝『燃えよ闘魂』（東京スポーツ新聞社）ですね。

「これは猪木寛至著として出したんだけど、どういうタイトルを付けようかと。当時、僕が愛読していた作家の司馬遼太郎が週刊誌に土方歳三の生涯を描いた『燃えよ剣』という小説を連載していてね。これが物凄く人気を呼んでいたんですよ。それでタイトルを『燃えよ闘魂』にしたんです。そうしたら、舟橋（慶一）アナウンサーがそのタイトルを〝燃える闘魂〟とテレビで連呼するようになって、あのキャッチフレーズが生まれたんだけど、この〝闘魂〟というのは猪木の人生の座標みたいなものですよね。これは最近の話なんですけど、ある曹洞宗のお寺から、若いお坊さんたちの修行の道場に猪木の言葉を掲額したいと相談されてね。その件で猪木とホテルオークラで会って、話をしたんです。その時、猪木が〝こういうのはどうですかね？〟と書いたのが『魂道（こんどう）』という言葉なんですよ。魂の道ですよね。いい言葉を思い付いたなと。これは僕はサジェスチョンしてないですよ。猪木は〝燃える闘魂〟よりもう一歩、進歩したなと思ってね。それをお寺に渡したんです」

――引退セレモニーで詠んだ詩のタイトルも『道』でした。

「彼は〝道〟という言葉が好きなんだよね。それがひとつの猪木の志ですよ。若いお坊さんたちに対して贈った〝魂道〟というのも、いい言葉だなと。やっぱり猪木が目指しているのはそこかなと僕は思いましたけどね。かつて…という言葉は非常に嫌だけど、かつてプロレスは文化であったと。果たして今はプロレスが文化と言えるかどうかわからないけど、僕は〝昭和のプロレス〟は文化だと思っているんです。力道山もそうですけど、猪木はみんなに影響を与えていますよ。だから、『昭和スポーツ文化史』という本があるとすれば、彼は重要な登場人物ですよね。そして、その中でミスタープロレスは猪木なんですよ。野球でいえば、彼は長嶋茂雄ですよね。力道山は川上哲治です。猪木の功績は大きいですよ」

——猪木さんは後継者を育てようという考えはなかったんですかね？

「というよりね、後継者になる素材もいなかった。力道山の死後、プロレスの歴史の中で猪木の後に入ってきた人たちがいるでしょ。スターになっていったジャンボ鶴田、長州力、藤波辰爾、天龍源一郎、みんな目標にしたのは猪木なんですよ」

——鶴田さんもですか⁉

「そうですよ、あの鶴田でさえね。僕は鶴田とよく喋ったんだけど、彼は〝猪木さんと勝負してみたい〟と言っていたし。彼の口から〝馬場〟という名前は出なかったですから。75年1月に第1回プロレス大賞の授賞式があったでしょ？」

——猪木さんがMVPを獲られていますね。

「猪木vs小林もベストバウトになってね。その時、馬場は最高殊勲賞を獲ったんだけど、その時に鶴田も一緒に付いてきて」

——鶴田さんも技能賞を受賞しました。

「東京プリンスホテルで授賞式をやったんですけど、会場の中は右の端が全日本で、左の端が新日本ですよ。国際も一塊あって、小鹿や大熊なんかが馬場を取り囲んで誰も寄せ付けないという凄い雰囲気だったよね。しかも、パーティーが始まっても、その集団がなかなか動かない。その時に僕が鶴田に〝ちょっと画作りするから、猪木のところに行ってくれない？〟と頼んだら、馬場が睨んでいてね(笑)。でも、鶴田は〝いいですよ、行きますよ。紹介してください〟と猪木のところへ行きましたよ。鶴田は〝よろしくお願いします〟と言って握手して、猪木も〝いい試合やってるなあ〟とか言ってたな。あの時、鶴田だけでしたよ、猪木のところに行ったのは。78年に藤波が日本に帰ってきてジュニアの人気が爆発した時、僕が鶴田を夜中に引っ張り出してね。世田谷の砧にあった全日本のジムに行って、〝近いから等々力まで行かない？〟と誘って藤波と対談をさせたことがあるんですよね」

——その年の10月ですね。いきなり東スポ紙上で2人の越境対談が実現しました。

「要するに〝俺たちが次の時代を背負う〟ということで、僕が全日本に黙って鶴田を新日本の道場へ連れて行ったん

猪木と鶴田が同じ壇上に立った74年度プロレス大賞授賞式。この日、山本小鉄、マシオ駒を間に挟んで猪木と鶴田が会話を交わす写真が残されている。この時期、小鉄、駒はそれぞれ新日本、全日本の現場責任者だった。

です（笑）。渕正信が鶴田の中古のベンツを運転して、僕も一緒に乗ってね。鶴田は喜んで行きましたよ。〝こっちのちゃんこの方が美味い〟とか言って2人とも喜んでいたし、新日本の方も大歓迎でね。それで鶴田と藤波の対談をやって、『ザ・プロレス』という東スポが出していた冊子と本紙にも載せて。そうしたら、物凄い勢いで馬場夫妻に文句を言われたけどね（笑）。鶴田に後で〝馬場に怒られただろ？〟と聞いたら、〝いやあ、いいですよ〟と。だってね、猪木も〝俺の後は鶴田だろうな〟ということは言っていたから」

――そうなんですか⁉

「猪木は〝今のプロレス界で俺に続くヘビー級は鶴田だ〟と言って、目をかけていましたから。鶴田にしてもそうだし、藤波だってそうだし、みんな猪木を目指していたんです。長州力が新日本に入ってきた時もね、入って1週間ぐらいで、すでに彼は打倒・猪木を決意したんです。これは彼をよく知る専修大学のレスリングのコーチをやっていた松浪健四郎さん（元衆議院議員）から聞いたんですけど、長州は入って1ヵ月後ぐらいに彼に打ち明けたそうですよ。専修大学の集まりで会った時に、〝何年か先には猪木さんに勝てるようになると思います〟と。例の噛ませ犬発言だって、僕は藤波に言ったんじゃなくて猪木に言ったんだと思う。最後まで彼は新日本に出たり入ったりしていたけども、やっぱり目標は打倒・猪木ですよ。確かに藤波との名勝負もありましたけど、それは長州にとって仮想・猪木ということです。天龍もそう。一生懸命、延髄斬りを練習してね。僕に〝やってもいいんですかね?〟と聞くから、〝いいんじゃないの。そんなタブーはないよ〟と。大仁田も僕に言ったもんね。〝俺、最初から新日本に入れば良かった。道が違ってたかもしれない〟って」

——今、名前が出た長州さんもそうですが、猪木さんは過去に金銭トラブルで揉めた豊登さんやクーデター未遂事件で裏切られた上田さんも新日本のリングに上げましたよね。猪木さんは〝許しきる〟という表現をされますが、心が広いのか、それともビジネス優先なのか、どちらなんでしょうか?

「もちろん、ビジネスライクに考えるところもあるだろうけど、彼はそういう心も持っているよね。馬場と猪木の関係が一番難しい時代でも、プロレス大賞で一緒になると馬場のところへ挨拶に行くのは猪木だもの。馬場は絶対に自分からは行かない。でも、猪木のそういうところが人を惹きつけたんだと思うし。馬場も懐は深いですよ。ラッシャー木村がレスラーとして全然使えなくなっても、ずっとギャラを払って使い続けたからね。馬場もそういうところはあるんです。藤波だってね、猪木のところを本気で飛び出そうとしたこともあるし」

——83年8月にアントンハイセル問題などの責任を取って、猪木さんが社長を辞任したクーデター騒動の時ですね。当初は藤波さんも退団して、新団体に参加する予定だったというのが定説になっています。

「藤波がトップにされちゃったんだよね。猪木を裏切って、藤波を中心に山本小鉄なんかと一緒にやっていくことになって。だから、猪木にすれば、あの時期はかなり屈辱だったわけです。結局、11月になって社長にカムバックしたけども、猪木はクーデターを起こした連中を全員許したものね」

——ここまで若手時代から振り返っていただきましたが、最後に改めて櫻井さんから見たアントニオ猪木とは?

「先ほども言ったけど、僕はプロレスは文化だと思っているんですよね。要するに、人間の魂に影響を与えるものが文化だと。そういう意味では〝昭和のプロレス〟というのは、ひとつの文化であるというのが僕の持論なんです。これは堂々と胸を張って言えるね。やっぱり力道山と猪木のプロレスで、どれだけの人々が魂を揺さぶられて影響を受けたのか。これはまさに文化なんですよ。その担い手となったのは力道山からアントニオ猪木。悪いんだけど、僕は馬場じゃないと思う。人々に影響を与えたのは猪木だったと思うし、猪木にカリスマ性があるというのもそこだよね。じゃあ、力道山と猪木のどちらが〝ミスター昭和プロレス〟かと言ったら、僕は猪木だと思います」

――力道山の全盛時代を知っている櫻井さんから見ても、そういう結論になりますか？

「確かに力道山もいたけれども、活躍したのは9年間ですから。その後、ずっと昭和が終わるまで猪木がずっとミスタープロレスだった。プロレスが人々に刺激や影響を与える、見る者の心を揺さぶる。それは少なくとも昭和で終わってるんですよ。選手がアスリートであるプロレスという意味では、前田が最後だろうな。僕は、やっぱり平成元年の長州戦が印象深くてね。この時に、猪木の時代が終わったということを痛感しましたね。だけど、それまではみんなの目標だった。やっぱり猪木が昭和のプロレスのナンバー1なんです。これはハッキリ言える。ミスター昭和プロレスというのは力道山ではなく、アントニオ猪木なんですよ」

プロフィール一覧

櫻井康雄（さくらい・やすお）

1936年12月23日、東京都牛込出身。61年に東京スポーツ新聞社に入社。後に取締役編集局長となる。放送開始時からテレビ朝日『ワールドプロレスリング』の解説者としても活躍。著書は『激録日本大戦争』『激録 力道山』『激録 馬場と猪木』（いずれも東京スポーツ新聞社）ほか。2017年4月10日没。

舟橋慶一（ふなはし・けいいち）

1938年2月6日、東京都新宿区出身。62年4月、日本教育テレビ（現・テレビ朝日）に入社し、69年7月からスタートした日本プロレス中継『ワールドプロレスリング』を担当。73年4月、同番組が新日本プロレス中継に移行した後も実況を務めた。現在は『伝承のちから研究会』を主宰。

新間 寿（しんま・ひさし）

1935年3月28日、東京都新宿区出身。66年に東京プロレス設立に携わった後、72年に新日本プロレスに入社。83年に退社するまで“過激な仕掛け人”としてアントニオ猪木をバックアップし、モハメド・アリとの格闘技世界一決定戦など数々のビッグマッチを実現させた。現在は初代タイガーマスク後援会代表理事、ストロングスタイルプロレス会長を務めている。

大塚直樹（おおつか・なおき）

1949年3月22日、東京都江戸川区出身。新日本プロレスの初代リングアナウンサーを経て、営業部長に就任。83年11月に新日本を退社し、新日本プロレス興行を設立。84年10月に同社を新団体『ジャパンプロレス』に発展させ、80年代中期の日本マット界を盛り上げた。現在は株式会社タジマ代表取締役。

永源 遙（えいげん・はるか）

1946年1月11日、石川県鹿島郡鹿西町出身。178cm、110kg。大相撲を経て、66年に東京プロレスに入門し、団体崩壊後は日本プロレスに移籍。73年から新日本プロレスに合流した。その後はジャパンプロレス、全日本プロレスで活躍。プロレスリング・ノア旗揚げに参加し、2006年3月に現役を引退した。16年11月28日没。

北沢幹之（きたざわ・もとゆき）

1942年2月15日、大分県国東郡安岐町出身。175cm、95kg。61年10月に日本プロレスに入門。東京プロレス設立、日プロ復帰と常にアントニオ猪木と行動を共にし、72年3月には新日本プロレス旗揚げに参加。81年4月に現役を退いた後は、レフェリーとして活躍した。

柴田勝久（しばた・かつひさ）

1943年12月4日、三重県桑名市出身。180cm、100kg。66年、大相撲から東京プロレスに入門。団体崩壊後、日本プロレスに移籍し、72年には新日本プロレス旗揚げに参加。77年2月9日の小沢正志戦を最後に引退。同年2月10日から99年6月25日、後楽園ホールでの引退興行までレフェリーとして活躍した。2010年1月16日没。

藤波辰爾（ふじなみ・たつみ）

1953年12月28日、大分県国東市出身。183cm、105kg。中学卒業後、日本プロレスに入門。71年5月9日、岐阜市民センターでの新海弘勝戦でデビューした。翌年、新日本プロレス旗揚げに参加。海外武者修行後、78年にWWWFジュニアヘビー級王者として凱旋し、ドラゴンブームを巻き起こした。現在はドラディションを主宰。

坂口征二（さかぐち・せいじ）

1942年2月17日、福岡県久留米市出身。196cm、130kg。65年に全日本柔道選手権を制覇。67年2月に日本プロレスに入団し、同年8月5日、アメリカ・カリフォルニア州サンバーナーディーノでのスティーブ・コバック戦でデビューした。73年3月に日プロを退団し、新日本プロレスに合流。社長業に専念するため90年3月に引退し、現在は同団体の相談役に就いている。

Gスピリッツ初出一覧

櫻井康雄×舟橋慶一×新間 寿　金曜夜8時の『ワールドプロレスリング』（23号＝2012年3月）
大塚直樹『格闘技世界一決定戦』の表と裏（36号＝2015年6月）
大塚直樹　極私的『今世紀最大のスーパーファイト』（12号＝2009年6月）
永源 遙　法界坊の危険な海外ツアー同行記（36号＝2015年6月）
新間 寿　追想―シュツットガルトの惨劇（7号＝2008年6月）
新間 寿　激録―ペールワン一族との攻防（18号＝2010年12月）
北沢幹之　魁勝司のストロングスタイル深イイ話（6号＝2008年4月、19号＝2011年3月）
柴田勝久　眠狂四郎がメキシコで〝狂犬〟だった時代（3号＝2007年11月）
追悼―柴田勝久1943～2010（15号＝2010年3月）
藤波辰爾　〝炎の飛龍〟が外国人レスラーを本音査定（18号＝2010年12月、23号＝2012年3月）
坂口征二　1973～1989年の「昭和・新日本」（30号＝2013年12月、36号＝2015年6月）
櫻井康雄　〝激動の昭和〟と〝燃える闘魂〟を語る（SPECIAL EDITION『アントニオ猪木』＝2010年9月、20号＝2011年6月）

G SPIRITS BOOK Vol.19

Gスピリッツ選集
第一巻 昭和・新日本篇

2024年4月10日　初版第1刷発行

編　　著　Gスピリッツ編集部
発 行 人　廣瀬和二
発 行 所　辰巳出版株式会社
〒113-0033 東京都文京区本郷1-33-13
春日町ビル5F
TEL：03-5931-5920（代表）
FAX：03-6386-3087（販売部）
印刷・製本　図書印刷株式会社

デザイン　柿沼みさと
編集　佐々木賢之、村上謙三久
編集協力　両角康彦、Office Maikai、清水 勉
写真・資料提供　高杉正彦、小出義明

ISBN 978-4-7778-3112-8